人力资本错配对经济效率的影响及对策

熊艳艳 著

本书是国家社会科学基金一般项目"人力资本错配对经济效率的影响及对策研究"(批准号：18BJY051)的最终成果，受浙江大学经济学院优秀学术著作出版资助计划资助

科学出版社

北京

内 容 简 介

本书旨在探讨人力资本在不同所有制部门之间的配置演变规律及其对经济效率的影响作用。研究发现，中国在从政府指令计划向市场配置资源的经济转型进程中，逐渐破除了劳动力市场的所有制身份藩篱。优化人力资本在不同所有制部门间的配置，可增加的经济总产出高于同期 R&D 支出，可增加的居民消费支出相当于同期零售市场交易额，可增加的企业全要素生产率达 6%。然而，虽然从整体上看中国劳动力市场上的所有制分割现象逐渐消失，但在异质性劳动力和不同地区之间，该所有制分割现象依然存在。

本书适合广大经济管理与人文社会科学类的学生与研究人员等读者阅读。

图书在版编目（CIP）数据

人力资本错配对经济效率的影响及对策 / 熊艳艳著. —北京：科学出版社，2024.5

ISBN 978-7-03-076578-9

Ⅰ. ①人… Ⅱ. ①熊… Ⅲ. ①人力资本–影响–经济效率–研究 Ⅳ. ①F241②F014.9

中国国家版本馆 CIP 数据核字（2023）第 183047 号

责任编辑：陈会迎 / 责任校对：姜丽策
责任印制：张 伟 / 封面设计：有道设计

科 学 出 版 社 出版
北京东黄城根北街 16 号
邮政编码：100717
http://www.sciencep.com

北京中科印刷有限公司印刷
科学出版社发行 各地新华书店经销

*

2024 年 5 月第 一 版　开本：720×1000　1/16
2024 年 5 月第一次印刷　印张：13 1/4
字数：268 000

定价：168.00 元
（如有印装质量问题，我社负责调换）

前　言

　　人力资本是现代经济发展的重要驱动力，人力资本配置关系到经济运行成效、居民生活质量以及企业生产和创新效率。虽然我国的人力资本已达到世界平均水平，但与大部分发达国家相比，在劳动生产率和创新效率方面仍有较大提升空间。深入探讨人力资本配置失衡问题能帮助我们更好地了解其变化趋势、成因和影响范围，从而提出有效对策，推动经济高质量发展。

　　我国经济正逐步向市场化、现代化转型，已逐渐破除城乡分立与农业工业分立的传统二元经济结构，极大地促进了要素自由流动。然而，随着经济发展步入新常态，国有部门与非国有部门分立的新二元经济结构已成为制约经济发展的制度性障碍。国有部门聚集了较多的高教育水平劳动力，而非国有部门难以获得高水平人才，导致两部门间人才配置失衡。这种失衡不仅影响经济总产出的增加，还会对居民的生活质量和企业生产效率造成负面影响。深入研究优化人力资本配置、纠正人力资本错配对于建立成熟的社会主义市场经济体制具有重要的理论和现实意义。

　　本书旨在揭示 1988~2018 年国有和非国有部门间人力资本要素配置失衡的演变规律，研究优化该要素配置对提高经济总产出、居民消费及企业生产效率的贡献，并提出相应的优化策略。研究结果可为政府构建更完善的要素市场化配置体制机制，实现从"人口数量红利"向"人口质量红利"的转变，促进经济高质量发展提供科学依据。本书遵循"提出问题—分析问题—解决问题"的研究逻辑。首先，在文献研究（第二章）基础上，结合宏观统计数据，通过数据分析阐述研究背景，展示待研究问题的现实基础（第三章）；其次，建立理论模型，并利用微观调查数据开展实证研究（第四章至第七章）；最后，针对研究结果提出相应的对策（第八章）。

　　通过本书的研究，可以发现，我国在从政府计划配置资源向市场配置资源转型过程中，逐渐破除了劳动力市场中的所有制身份藩篱，国有与非国有部门之间人力资本的配置逐渐趋于均衡。这是我国在劳动力市场改革上取得的重要成就之一，值得肯定。我国的成功经验表明，在改革中，强大的政府和有效的市场起着至关重要的作用。研究结果表明，统一的劳动力市场正在形成，由劳动力市场配置人力资本的功能正在增强。这是我国经济转型成功的重要证据之一。此外，本书系统研究了优化人力资本配置对经济总产出、居民消费和企业生产效率的提升作用。结果显示，增加的经济总产出高于同期 R&D 支出，增加的居民消费支出相当于同期零售市场交易额，增加的企业全要素生产率平均达到 6%。最后，本书发现，放松城乡户籍管制、降低老年人口抚养比、减少地方政府干预及推进产业结构升级，有利于提升人力资本在部门间的配置效率。

尽管从整体上看，中国劳动力市场上的所有制分割现象逐渐消失，但是在异质性劳动力和不同地区之间，该所有制分割现象依然存在。国有部门承担了更高的低人力资本劳动成本，非国有部门则承担了更高的高人力资本劳动成本。劳动力部门间配置失衡程度大体上呈现由东部地区向中西部地区逐渐增加的趋势。为巩固已有的改革成果、继续深化要素市场改革，在做强做优做大国有经济的同时继续发展好非国有经济，本书建议建立公平的竞争环境、健全劳动力市场运作机制、释放人口质量红利、优化经济发展方式、继续深化国有企业改革、完善薪酬和社会福利制度、提升劳动力就业技能。

我们希望本书的研究结果能引起更多的学术共鸣与争论。例如，今后可以进一步探讨国有与非国有企业内部劳动力市场的差异、公共部门与非公共部门劳动力市场的差异，以及新增劳动力在两部门间的配置等问题。此外，近年来的一些社会现象，如公务员考试热、大学毕业生考编热、"民工荒"、机器或者人工智能换人等，也值得在人力资本错配的理论框架下进一步深入研究。本人学识有限，如果本书的观点与论述有不妥之处，恳请方家不吝赐教。

熊艳艳
2023 年 4 月于杭州

目　　录

第一章　绪论 ··· 1
　第一节　研究缘起与研究意义 ·· 1
　第二节　研究问题与研究内容 ··· 3
　第三节　研究价值与研究展望 ·· 10

第二章　人力资本错配的研究综述 ·· 16
　第一节　人力资本错配的概念界定 ··· 16
　第二节　人力资本错配的测度方法 ··· 19
　第三节　我国人力资本配置状况 ·· 27
　第四节　人力资本错配的成因 ··· 31
　第五节　人力资本错配的影响作用 ··· 35
　第六节　优化人力资本配置的对策研究 ·· 40
　第七节　文献评述 ·· 42

第三章　市场经济转型中人力资本配置演变研究 ····························· 44
　第一节　引言 ··· 44
　第二节　数据来源 ·· 45
　第三节　演变规律 ·· 46
　第四节　本章小结 ·· 56

第四章　优化人力资本配置对经济总产出的影响 ····························· 58
　第一节　理论模型 ·· 58
　第二节　数据来源与样本选择 ·· 65
　第三节　测算结果与分析 ··· 71
　第四节　本章小结 ·· 83
　本章附录 ·· 84

第五章 优化人力资本配置对居民消费的影响 ………………… 87
第一节 消费需求的收入弹性 ………………………………… 87
第二节 模型设定 ……………………………………………… 90
第三节 数据与描述性统计 …………………………………… 92
第四节 测算结果与分析 ……………………………………… 100
第五节 本章小结 ……………………………………………… 103
本章附录 ………………………………………………………… 104

第六章 优化人力资本配置对企业效率的影响 ………………… 109
第一节 理论模型 ……………………………………………… 109
第二节 数据介绍 ……………………………………………… 115
第三节 劳动力错配的特征分析 ……………………………… 118
第四节 劳动力错配与企业效率 ……………………………… 131
第五节 本章小结 ……………………………………………… 142
本章附录 ………………………………………………………… 144

第七章 人力资本配置的影响因素研究 ………………………… 146
第一节 研究假设 ……………………………………………… 146
第二节 模型与数据 …………………………………………… 152
第三节 实证结果 ……………………………………………… 156
第四节 本章小结 ……………………………………………… 162
本章附录 ………………………………………………………… 163

第八章 优化人力资本配置的对策 ……………………………… 164
第一节 宏观层面的政策 ……………………………………… 165
第二节 微观层面的政策 ……………………………………… 169

参考文献 …………………………………………………………… 173

附录 劳动力市场改革大事记 …………………………………… 185

后记 ………………………………………………………………… 205

第一章 绪　　论

第一节　研究缘起与研究意义

中国改革开放四十多年来，劳动力市场经历了培育、发展和逐渐完善的过程。工资逐渐从由"计划制定"转变为由"市场决定"，教育回报率不断攀升。进入 21 世纪以来，教育回报率的变动虽然相对平缓，但是基本稳定在 9%~10% 的水平，已达到世界平均水平①。城镇地区的平均受教育水平不断上升，2019 年已达到 12.2 年②，高于世界平均水平的 8.5 年③，与发达国家的差距逐渐缩小④。但是，我国的劳动生产率依然低下，2022 年，我国单位劳动产出［以单位劳动力 GDP（gross domestic product，国内生产总值）来衡量］仅为 21 715 美元，明显低于世界平均水平的 26 531 美元，与美国的 124 857 美元相比差距更大，我国单位劳动产出仅

---

① 中国城镇地区的教育回报率是笔者根据 1988~2009 年中国城镇住户调查（Urban Household Survey，UHS）数据计算而得。

② 中国城镇地区平均受教育水平是笔者根据 UHS 数据、中国家庭追踪调查（China Family Panel Studies，CFPS）数据及中国家庭金融调查（China Household Finance Survey，CHFS）数据计算得来。

③ 根据联合国教育、科学及文化组织（United Nations Educational, Scientific, and Cultural Organization，UNESCO）公布的 2020 年统计数据，2019 年高人类发展指标经济体的平均受教育年限为 8.4 年，世界平均受教育年限为 8.5 年，中国（包括城镇与农村地区）平均受教育年限为 8.1 年。即使考虑到中国农村地区的受教育水平，中国与世界的差距也在减少，从 1990 年差 1 年的教育缩小到 2019 年时仅差 0.4 年的教育。

④ 文中比较了用我国微观调查数据测算的城镇地区受教育年限（12.2 年）与 UNESCO 测算的世界平均受教育年限（8.5 年），可能会高估我国的受教育水平。不过，UNESCO 也提供了历年预期受教育年限，该受教育年限是指如果保持当前各受教育水平的入学率不变，那么目前入学年龄儿童预期未来可达到的受教育年限。UNESCO 数据显示，2019 年，中国预期的平均受教育年限已达 14 年，与高人类发展指标经济体的预期平均受教育年限相同（14 年），高于世界预期的平均受教育年限（12.7 年）。根据《中国统计摘要 2020》的信息，中国义务教育阶段的入学率自 1990 年以来基本稳定，高中阶段入学率自 1995 年的 33.6% 上升到 2019 年的 89.5%，高等教育入学率自 1990 年的 3.4% 上升到 2019 年的 51.6%。因此，考虑到不断上升的升学率，UNESCO 可能提供了我国预期平均受教育年限的下限。换句话说，文中所用数据具有可比性。

为美国的17.4%①。不仅如此，与发达国家相比，我国的创新能力明显不足。虽然科技人员占比不断上升，从1991年的每千人中仅有0.4名研发人员上升到2019年的每千人中有1.5名研发人员，年均增长率达5%，高于同期G7发达经济体每千人中研发人数2%的年均增长率②，但是，创新效率仍然低下，研发人员的人均专利授权数显著较低。如图1.1所示，随着我国研发人员投入量的逐年增多，我国在美国专利商标局的发明专利授权数也快速增加。但是，我国创新效率仍显著低于其他经济体，表现为相同数量的研发人员全时当量数所获得的美国专利授权数显著低于其他经济体。

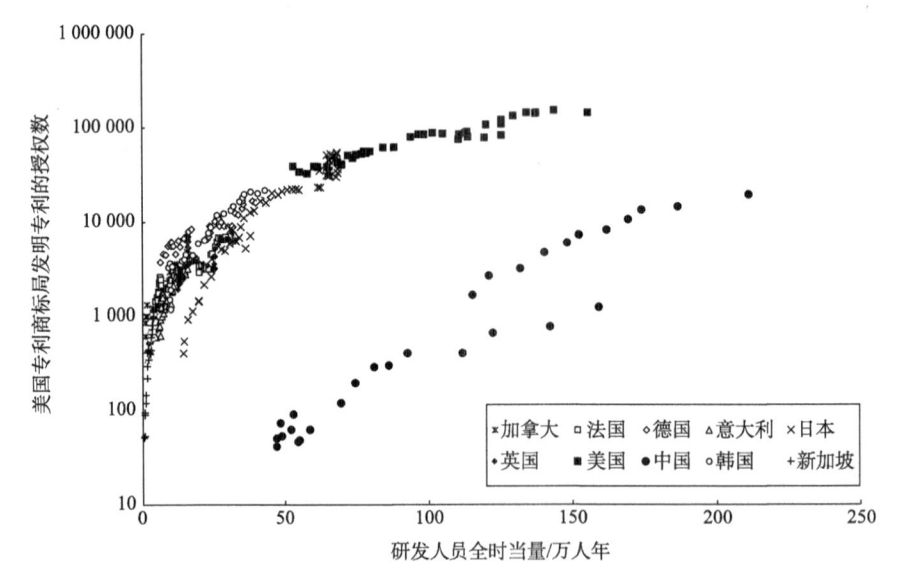

图1.1 各经济体在美国专利商标局发明专利授权数与研发人员全时当量
资料来源：研发人员全时当量来自经济合作与发展组织主要科技指标数据库（Main Science and Technology Indicators；https://stats.oecd.org/Index.aspx?DataSetCode=MSTI_PUB#）；美国专利商标局发明专利授权数来自美国专利商标局网站（http://www.uspto.gov/web/offices/ac/ido/oeip/taf/data/cst_utlh.htm）

那么，为什么我国人力资本已达到世界平均水平，但劳动生产率和创新效率仍然相对较低？本书认为主要原因之一可能在于人力资本要素的配置仍存在扭曲现象，人力资本存量较高的劳动力过多地聚集在生产效率较低且创新能力较低的经济部门，导致生产效率较高且创新能力相对较强的经济部门难以获得充足的人

---

① 数据来自国际劳工组织的全球劳动生产率数据库（https://ilostat.ilo.org/topics/labour-productivity/），按2015年价格计算。
② 同期，G7发达经济体每千人中研发人数的年均增长率分别为加拿大2.2%、法国2.7%、德国2.1%、意大利2.5%、日本1.1%、英国2.7%、美国1.8%。数据来自经济合作与发展组织主要科技指标数据库（Main Science and Technology Indicators）。

力资本存量较高的劳动力。

改革开放以来，我国逐步破除了城乡分立与农业工业分立的传统二元经济结构，极大地促进了要素自由流动。然而，随着经济发展步入新常态，国有部门与非国有部门分立的新二元经济结构已成为阻碍经济发展的制度性障碍（白重恩，2016；史晋川，2016）。十九届四中全会审议通过的《中共中央关于坚持和完善中国特色社会主义制度 推进国家治理体系和治理能力现代化若干重大问题的决定》强调要"深化国有企业改革"，"营造各种所有制主体依法平等使用资源要素、公平公正参与竞争、同等受到法律保护的市场环境"[①]。党的二十大报告中也指出"破除妨碍劳动力、人才流动的体制和政策弊端"[②]。因而，推进劳动力市场改革、优化不同所有制部门间的要素配置具有重要意义。

中国向市场经济转型的成功，一方面，很大程度上得益于劳动力市场的改革，使得劳动力从低效率的部门或行业流向高效率的部门或行业。劳动力流动的增强可以提高劳动力的配置效率，从而促进生产率的提高（Chanda and Dalgaard，2008；Bartelsman et al.，2013；Hsieh and Klenow，2009；Vollrath，2009）。另一方面，还依赖于非国有部门的快速发展。这使得劳动力有机会从国有部门流向非国有部门。然而，鲜有研究深入总结我国经济转型过程中，人力资本配置在国有与非国有部门间的演进变化过程，以及该优化过程对提升经济总产出、居民消费及企业生产效率的贡献。因此，本书旨在从这两个方面做出探讨，揭示人力资本要素在国有和非国有部门间配置失衡的现象，并在此基础上研究优化该要素配置对提升经济效率的影响程度。在总结劳动力市场转型经验的基础上，讨论目前仍存在的不足与挑战，以期为政府构建更加完善的要素市场化配置体制机制，实现从"人口数量红利"到"人口质量红利"的转变，促进经济高质量发展提供参考。

第二节 研究问题与研究内容

本书的研究对象是中国人力资本在国有与非国有部门间的错配现象及其对经济效率的影响作用。重点回答以下三个问题：①自经济转型以来，人力资本在国

[①] 中共中央关于坚持和完善中国特色社会主义制度 推进国家治理体系和治理能力现代化若干重大问题的决定[EB/OL]. https://www.gov.cn/zhengce/2019-11/05/content_5449023.htm?eqid=e8c58352000f09690000000264657f80，2019-11-05.

[②] 习近平：高举中国特色社会主义伟大旗帜 为全面建设社会主义现代化国家而团结奋斗——在中国共产党第二十次全国代表大会上的报告[EB/OL]. https://www.gov.cn/xinwen/2022-10/25/content_5721685.htm，2022-10-25.

有与非国有部门间的配置失衡呈现出什么样的演变规律？②人力资本在两部门间的错配对经济效率产生什么样的影响？③如何在两部门间实现人力资本的有效配置？

本书围绕上述三个问题展开研究，总体框架与各章主要的研究内容及研究结果概括如下。

第一章为绪论，分三节内容进行深入阐述。第一节介绍研究的缘起与意义，旨在揭示研究产生的背景与动机，并阐述其对理论与实践的重要性。第二节则明确提出研究问题，并详细阐述研究内容与主要的研究结果。第三节全面总结本书的学术价值与应用价值。一方面，展示了研究成果的学术创新性，凸显了其理论价值；另一方面，探讨了研究在实际应用中的广泛前景与潜在价值，体现了其实践意义。此外，还指出了当前研究的不足之处，并对未来有价值的研究方向进行了展望，旨在为后续研究者提供有益的参考与启示。

第二章综述了人力资本错配的相关理论与实证研究。学术界对劳动力流动的演变趋势、动因及其对经济效率的影响已做了较为丰富的研究。然而，目前仍较为缺乏关于人力资本错配的系统的研究综述。该章旨在梳理并评述现有文献，从概念、测度、状况、成因、影响和对策等方面全面综述关于人力资本错配的研究，为后续章节的研究提供思路和方向。

具体上讲，该章首先提出"人力资本错配"分为广义与狭义两种情况，分别以劳动力"数量"和"质量"的配置扭曲为核心要义，并从行业与部门间、性别之间、分割的劳动力市场间以及代际四个角度综述已有研究对此的界定。在厘清人力资本错配的概念后，该章综述其测度方式，将目前学术界主要的衡量方式概括为函数法和指标法，并分别进行详细介绍。在基本明晰了人力资本错配"是什么"和"如何测度"的问题后，该章从行业与部门、区域、性别和分割的劳动力市场四个角度总结概括了我国人力资本配置状况，以回答"什么样"的问题。接着，该章综述人力资本错配的成因，主要从制度因素（包括户籍制度和退休制度）、市场因素（包括工资差距、劳动力市场分割和产业结构升级）及社会因素三个方面，回答"如何形成"的问题。

那么，人力资本错配对经济会造成什么影响？该章继续总结已有研究对该问题的回答，从宏观影响和微观影响两个角度分别论述。在宏观影响方面，该章总结了人力资本错配对经济增长、产业结构、收入差距和失业的影响。在微观影响方面，该章首先论述人力资本错配对劳动力决策的影响，包括对个体教育投资、就业选择和生育行为的影响，其次论述其对企业行为的影响，包括对企业总产出、生产效率、技术创新、进出口选择以及创新和研发成果的影响，最后回答"怎么办"的问题，将现有研究中提及的对策概括为两点，即打破制度藩篱以及加强市场对资源的配置作用。

在对相关研究做了较为详尽的分析后，该章提出四点评论：首先，国内外对劳动力数量上的错配已有较为广泛的研究，但是对劳动力质量错配的研究尚处于起步阶段，这为本书提供了科学的研究方向和可拓展的研究空间；其次，探讨劳动力（包括人力资本）在国有与非国有部门之间错配的研究仍较少，这为本书提供了新的研究思路和视角；再次，已有的研究主要从宏观和中观的角度出发，从企业和个人层面探析劳动力配置扭曲的研究较少，这为本书提供了新的研究内容和方法；最后，确定人力资本配置的最优状态一直是个难题，这既给本书提出了测度方法上的挑战，又提供了可继续讨论的空间。

第三章刻画了市场经济转型中人力资本配置的演变过程。

该章首先利用1986~2014年的UHS数据，从劳动力人力资本结构的总体变化、不同所有制部门内部人力资本结构的演变、不同所有制部门之间人力资本结构的演变以及不同地区的所有制部门间人力资本结构演变这四个方面揭示人力资本要素配置的变化规律。研究发现：①城镇地区劳动就业从以国有部门占主体过渡到以非国有部门占重要地位；②虽然非国有部门劳动力的人力资本水平显著提升，但其与国有部门的人力资本差距依然存在；③随着非国有经济的发展，尤其是进入恢复性发展阶段和稳步发展阶段，各级人力资本水平的劳动力不断向非国有部门转移，但是相对来说，从国有部门转移出来的劳动力主要是中低人力资本劳动力，高人力资本劳动力调整速度较慢，仍然集中在国有部门。

第四章揭示了优化人力资本配置对经济总产出的影响。该章首先在一个局部均衡的理论框架下，建立数理模型和实证模型，用于测算国有与非国有部门之间人力资本配置的失衡程度，并在此基础上估算了纠正该失衡对经济产出增幅的影响。其次，该章利用UHS、CFPS与CHFS 1988~2018年的个体工资数据，参照Vollrath（2014）的方法，将劳动力在国有与非国有部门间充分流动时达到的社会平均工资视作人力资本配置最优时的均衡工资水平，并以此作为参照系，计算各部门工资与该均衡工资的差异，用该工资差异衡量人力资本在两部门间配置失衡的程度，即人力资本错配值。

该章发现，我国经济转型过程中人力资本错配的演变呈现出以下规律。①1988~2018年，人力资本在不同所有制部门间的错配经历了一个缓解、加剧、再缓解的过程。20世纪80年代至90年代，国有企业改革全面铺开，这一时期，两部门的人力资本配置均不断接近最优状态。2003~2012年，国有企业改革处于"国资监管"时期，国有部门和非国有部门的人力资本错配均有所加剧。自2013年全面深化改革以来，市场在资源配置中的决定性地位得以确立，国有部门与非国有部门的人力资本错配均得到了进一步缓解。这三个阶段的变化规律表明，我国劳动力市场在市场化转型过程中不断发展和完善，逐步提升其配置人力资本的效率。近年来，两部门间的人力资本配置失衡现象逐渐消失，劳动力市场的运作效率得到明显改善。②放松人力资本完全可替代的假设后，该章进一步估算不同受教育水平劳动力的错配演变过程，发现异质性劳动力的配置失衡也经历了趋向、偏离和再趋向最优配置的过程；经济发展进入新常态以来，不论是高人力资本还是低人力资本的配置都趋向于最优状态，说明劳动力市场不仅在不同所有制部门间，在不同受教育水平的劳动力之间，也呈现统一协调发展趋势。③不同所有制部门间的人力资本错配主要来自低人力资本的配置失衡。④分地区看，东部地区人力资本错配程度较小，中西部地区配置失衡的程度较大。2001年前，人力资本错配呈现出自东向西逐渐加剧的趋势。2001~2008年，国有部门人力资本错配呈现出中西部地区的配置优于东部地区的人力资本配置的特征；而非国有部门人力资本配置失衡则依然呈现出从东至西逐渐加剧的趋势，不过差距逐渐缩小。2009年至今，东部地区的人力资本配置状况优于中西部地区，同时，非国有经济越发达的地区，人力资本错配程度也越低。

在揭示了人力资本错配演变规律的基础上，该章继续探究该错配对经济效率造成的损失，或者，从另一个角度说，即优化人力资本配置后经济总产出可增加的幅度，主要得出两点结论：①经济总产出的改善对应人力资本错配演变过程，大致也呈现出三个阶段。首先，在人力资本配置失衡的第一阶段，即20世纪80年代末期到21世纪初期，若同质的人力资本在不同所有制部门实现最优配置，全国经济总产出可以提高1%左右，高于同期R&D占比。其次，在人力资本配置失衡的第二阶段，即2000~2010年，优化人力资本配置能增加经济总产出高于2个百分点，这几乎是同期R&D投入的两倍。最后，在人力资本配置失衡的第三阶段，随着人力资本配置失衡状况的进一步改善甚至逐渐消失，从优化配置过程中获得的经济收益也逐渐减少到零，这同时也说明了统一的劳动力市场逐渐形成，劳动力市场逐渐有效运作，效率损失接近于零。②进一步考察优化异质性劳动力的配置对经济总产出的影响后，我们发现改善整体人力资本配置带来的效率增加主要来自改善低人力资本配置后的效率增加。这一结果与前文发现的人力资本错配主要反映在低人力资本的错配这一结果相一致。该章的结论丰富了要素配置效率与经济转型发展的相关研究，对于实现"人口数量红利"转变为"人口质量红利"驱动经济发展具有一定的参考价值。

第五章讨论了优化人力资本配置对居民消费的影响。经济增长的最终目的是提高人民的生活水平。其中，消费水平是衡量生活水平的一项重要经济指标。因此，该章继续探讨优化人力资本在两部门间的配置后居民消费的增长幅度。该章利用了UHS（1988~2014年）、CFPS（2016年、2018年）和CHFS（2015年、2017年）数据，首先，根据消费决定理论，估计家庭人均可支配收入对家庭人均消费的影响，得到消费需求的收入弹性。其次，将第四章得出的经济总产出增幅与该章计算出的消费需求的收入弹性相乘，以估计居民消费的增幅。研究发现，优化人力资本配置后，消费增加的比例与人力资本错配的演变过程相关，大体呈现三个阶段。第一阶段是20世纪80年代末至21世纪初期，优化不同所有制部门间的人力资本配置可以使居民消费增加约0.8%，高于同期R&D占比。第二阶段是2000~2010年，若人力资本在不同所有制部门实现了最优配置，居民消费可增加约1.5%，远高于同期R&D占比。第三阶段是人力资本配置逐渐趋向合理的阶段，人力资本错配导致的劳动力市场效率损失不断减少，所以纠正人力资本错配获得的总产出的增加空间也不断减小，对消费增幅的影响也相应减少。

该章除了估计消费增长的百分比外，还进一步估计了历年增加的消费总额，即历年消费增加百分比乘以当年按2018年价格计算的实际最终消费额。研究发现，优化人力资本配置后，消费量增加的规模具有两个阶段性特征。首先，在人力资本配置失衡的第一和第二阶段，即20世纪80年代末到2010年，优化人力资本配置可以不断激发生产能力、提高经济产出、增加居民的可支配收入，并促进消费增长。增加的消费规模可与当时零售市场成交额相比。其次，在人力资本配置状况逐步改善的第三阶段，优化人力资本配置能够增加的消费量逐渐减少甚至消失，说明劳动力市场逐渐有效地运作，因此由人力资本错配导致的消费需求不足的损失显著降低。

第六章研究了优化人力资本配置对企业效率的影响。该章重点关注另一个市场经济微观主体——企业，探究国有与非国有部门间以及各部门内部劳动力的错配特征，并在此基础上分别估算优化两部门间以及各部门内劳动力配置后对提高企业效率的影响。首先，构建两部门经济理论模型并推导出部门之间和内部劳动力错配与效率改进的表达式。其次，利用中国规模以上工业企业数据刻画了1998~2013年我国制造业要素资源错配的演变过程，并估算了纠正部门之间和内部劳动力错配对企业效率的改进程度。

具体来看，该章首先在Hsieh和Klenow（2009）的基础上，参考龚关和胡关亮（2013）的方法，放松规模报酬不变的假定，建立企业层面的资本错配和劳动力错配模型，推导出不同所有制部门间劳动力错配的测度公式。该章用要素边际产品价值的离散程度衡量资源错配情况，离散程度越小且越接近于0，要素资源配置状况越好；离散程度越大，要素资源错配越严重。根据理论推导过程，该章定义优化人力资本配置对企业生产效率的改进为实际企业全要素生产率与人力资本配置最优状态时的有效企业全要素生产率之间的差距，并用它来衡量企业生产效率的改进程度。

在实证部分，该章首先利用目前最具代表性的中国规模以上工业企业数据，研究并探讨了劳动力在国有与非国有制造业企业之间以及在各部门内的错配特征。劳动力在两部门之间的错配特征可以概括为以下几点。①从全国层面看，在1998~2013年，中国经济转型最为关键且经济增长率最快的时期中，劳动力和资本在国有与非国有制造业企业之间的配置失衡状况具有两个特征：第一，劳动力错配呈先逐年缓解后加剧的趋势；第二，相较于劳动力配置失衡，我国制造业的资本配置失衡问题更为严重。②省级层面部门之间的劳动力配置失衡具有以下三个特征：第一，在研究期内大部分省级行政区仍存在比较严重的劳动力错配问题，全国仅不到三分之一的省级行政区的劳动力错配值低于全国平均水平，即劳动力配置情况优于全国平均；第二，从地域分布看，劳动力错配较低的省级行政区大部分位于东部沿海地区，而劳动力错配较高的省级行政区大部分位于中西部内陆地区；第三，从时间变化趋势看，各省级行政区的劳动力错配发展与全国平均水平比较一致。

然后，该章估算了纠正人力资本错配后企业全要素生产率的增加幅度。在优化要素资源在国有与非国有企业之间的配置后，工业企业的效率显著提高，主要表现在以下几个方面。①从全国层面看，具有三个特征：第一，纠正劳动力在两部门间的配置失衡后，企业效率不断提升，企业全要素生产率的增幅随着劳动力错配的改善而逐渐降低（从8.3%降至2.1%左右）；第二，纠正资本在两部门间的配置失衡后，企业效率增幅达25%以上，不同于劳动力在两部门间的错配缓解的情况，资本在两部门间的配置失衡自1998年以来并未有明显好转；第三，同时优化劳动力与资本在国有与非国有制造业企业间的配置，可以使企业的全要素生产率增加近三分之一。②从省级层面看，纠正劳动力部门间错配后，企业效率的改善状况也呈现出三个特征：第一，在2013年我国经济进入新常态时，仍有三分之二的省级行政区存在劳动力配置不足的问题，另外三分之一的省级行政区存在劳动力配置过剩；第二，在区域间企业效率提升幅度方面存在明显差异，东北与西北地区的企业能从改善劳动力配置中获益最大；第三，在同一经济区域内部，各省级行政区之间的劳动力错配类型与效率提升程度也不尽相同。

第七章探究了人力资本配置的影响因素。本书第三章至第六章，分别从宏观与微观的视角，从居民与企业两个市场经济主体，揭示中国经济转型以来人力资本在国有与非国有部门间配置失衡的演变规律，测算优化人力资本配置后经济总产出、居民消费及企业生产效率改进程度，并总结归纳该改进过程中呈现出的特征。在此基础上，本书试图再往前推进一小步，初步探索导致人力资本在两部门间配置失衡的原因，这既是对中国经济改革经验的总结，也为今后进一步完善劳动力市场建设提出需要重点关注之处。该章初步探究了我国不同所有制部门间劳动力错配程度的影响因素，这些因素包括户籍制度、退休制度、劳动力市场分割和产业结构升级等方面。利用第六章计算出的不同所有制部门间劳动力错配数据以及省级层面的统计数据，该章实证检验各因素对部门间劳动力配置效率的影响程度。

该章首先探讨户籍制度对不同所有制部门间劳动力错配的影响，实证结果显示户籍制度改革可以释放劳动力流动性,有利于提高劳动力在两部门间的配置效率。但是,城乡户籍管制的放松对劳动力错配的改善作用会被低教育水平劳动力占比增加所导致的错配加剧抵消一部分(约为16%)。此外,户籍政策执行力度越强的省级行政区,政府干预越少,劳动力流动越通畅,部门间劳动力错配的改善越明显。

其次,该章考察退休制度对不同所有制部门间劳动力错配的影响。研究发现,在人均寿命延长的背景下,现行退休制度规定的退休年龄相对较早,导致老年抚养比持续增加,从而加剧了劳动力部门间的错配。因此,推迟退休年龄和降低老年人口抚养比有助于减少部门间劳动力错配导致的效率损失。因此,应对人口老龄化的延迟退休政策,也有利于缓解劳动力错配。

再次,该章考察劳动力市场分割对不同所有制部门间劳动力错配的影响。这里的劳动力市场分割主要指所有制分割。通常,国有部门的就业处于一级劳动力市场,具有高工资、好福利、良好的工作环境、工作稳定等特征;而非国有部门则处于次级劳动力市场,工资相对较低、工作环境较差、工作稳定度不高。在我国,所有制差异导致的生产要素资源错配问题尤为突出。该章采用地区企业所得税占总税收收入比重反映劳动力市场的所有制分割状况。实证结果表明,降低劳动力市场上的所有制分割有助于减少由劳动力部门间错配导致的效率损失。进一步分析表明,所有制分割并非直接促成劳动力部门间错配,而是政府干预市场的程度在其中起到了关键的影响作用。因此,即使劳动力市场上依然存在所有制分割的现象,只要有效控制政府干预程度,劳动部门间错配导致的效率损失就能控制在一定范围内。这为我国坚定不移做强做优做大国有企业、促进国有企业高质量发展,同时优化国有与非国有企业间劳动力的配置提供了一条解决思路。

最后,该章考察产业结构升级对不同所有制部门间劳动力错配的影响。实证结果显示,相较于第三产业 GDP 占比,第一产业 GDP 占比提高和第二产业 GDP 占比提高均会增加部门间劳动力错配的效率损失,恶化劳动力部门间配置效率。这表明,优化产业结构有利于缩小实际产出水平与有效产出水平的差距,改善部门间劳动力配置,提高劳动力配置效率。因此,推动产业结构转型升级,促进第三产业的发展,是缓解劳动力错配的一个有效途径。

该章的研究指出,未来应持续推进供给侧结构性改革,不断纠正部门间劳动力错配,提高劳动力配置效率。为了实现这一目标,改革应从减少劳动力流动的户籍障碍和市场分割障碍、增加有效劳动力供给、优化产业结构等方面不断推进。

第八章提出了优化人力资本配置的对策。该章结合前面各章节的研究结论,从宏观和微观两个方面提出了改善人力资本在国有与非国有部门之间配置的对策。①建立公平的竞争环境。充分发挥市场在资源配置中的决定性作用,更好地发挥政府作用;打破所有制障碍,建立不同所有制企业间公平竞争的经济环境;

深化户籍制度改革，畅通劳动力流动渠道；提供公平的激励和保障，引导人力资本要素合理、畅通、有序地流动。②健全劳动力市场运作机制。建立并规范职业经理人市场，激活高级人才的选聘和流动机制；创建具有市场化特色的人才集聚平台，开辟引才聚才新通道；建立产学研创新联盟，拓展社会合作渠道，共享高人力资本劳动力。③释放人口质量红利。积极推行延迟退休政策，充分挖掘人力资本存量；增加教育支出，建设全球人才高地。④优化经济发展方式。加大对外开放的广度和深度，提高资源利用效率；加快产业结构调整，推动产业结构升级。⑤继续深化国有企业改革。继续推进深化国有企业改革工作，提高国有企业效率；深化国有企业混合所有制改革；规范国有企业用工制度，优化人力资本配置结构；完善国有企业人才管理制度，形成现代化人力资源管理机制。⑥完善薪酬和社会福利制度。深化工资薪酬制度改革，激发人力资本活力；调整工资结构，构建岗位绩效工资制度体系；调整分配结构，完善企业内部分配机制；完善社会保障体系，提高基本公共服务能力和扩大基本公共服务范围；加强劳动关系治理体系建设，构建和谐稳定劳动关系。⑦提升劳动力就业技能。完善职业教育和培训机制，鼓励劳动力参加培训，不断提升就业技能；消除不同所有制企业间的人才待遇差异，改变各类劳动力的就业观念。

第三节　研究价值与研究展望

一、研究价值

归纳总结中国经济转型过程中优化人力资本配置的经验与教训，对于构筑中国特色社会主义理论具有重要的理论和现实意义。本书的边际贡献体现在下列四项学术价值与四项应用价值上。

（一）学术价值

第一，本书厘清了人力资本错配的概念，为深入探讨该主题提供了必要的前提条件。目前，国内关于人力资本错配的研究仍处于初步阶段，相关研究对人力资本错配的定义与内涵并未形成统一和清晰的界定。基于已有研究中所涉及的错配内涵，本书首次从广义和狭义两个方面界定了人力资本错配的概念。

第二，本书完善了人力资本错配的测度，为深入研究该主题提供了统一、科学、操作性强的方法。在总结中国经济转型过程中人力资本配置不断优化的经验时，首先需要准确地估算人力资本配置状况。"错配"，简言之，就是实际的资源配置与理论上的最优状态出现了偏离。目前的研究中，确定这个"最优状态"的测度方法各不相同。本书在对已有的测度方法进行总结、归纳和比较分析后，首次利用个体微观调查数据来测度狭义的人力资本在不同所有制部门间的错配值，并首次利用企业微观调查数据来测度广义的人力资本在不同所有制部门间的错配值。

第三，本书揭示了人力资本错配的演变规律，直观地反映了中国从政府指令计划向市场配置资源转型的成功经验。中国经济转型的显著特征之一是国有部门的改制和非国有经济的兴起，这在劳动力市场上表现为国有部门就业人数占比的不断减少以及非国有部门就业人数占比的不断增加。然而，目前很少有研究直接考察人力资本在不同所有制部门间的配置状况。因此，本书融合了不同时间段的个体数据，较为完整地刻画了在劳动力市场改革的重要阶段，不同所有制部门间人力资本错配的演变过程，揭示了人力资本要素配置的发展规律。这丰富了以往仅从农业与非农产业部门、城市与农村及不同行业等角度探讨要素错配的研究。

第四，本书检验了纠正人力资本错配后的经济增效，拓展了要素优化配置的研究。首先，基于一个局部均衡模型，利用1988~2018年的住户调查数据，考察了优化人力资本部门间配置后对经济总产出的影响。研究发现，纠正国有部门与非国有部门间的人力资本错配后，经济总产出增加幅度与R&D支出占GDP的比重相当，甚至大于R&D支出占比。此外，本书亦就不同受教育程度的劳动力进行了详细探讨，拓展了对异质性劳动力要素配置及其对经济产出影响的研究成果。其次，研究考察了纠正人力资本错配对居民消费的影响。估算结果显示，增加的居民消费支出相当于同期零售市场成交额。最后，本书在Hsieh和Klenow（2009）的基础上，参考龚关和胡关亮（2013）的方法，放松规模报酬不变的假定，建立国有与非国有两部门经济的数理模型并推导优化人力资本配置后企业全要素生产率的增加幅度。因此，本书从宏观和微观的角度，系统估计了纠正人力资本错配对经济总产出、居民消费和企业效率的增加幅度，为相关研究提供了新的研究内容和结论。

（二）应用价值

第一，本书通过揭示人力资本在国有与非国有部门间配置的演变特征，刻画了我国从计划经济体制向市场经济体制的改革历程。研究结果显示，当前我国劳动力市场上的所有制身份藩篱已逐渐破除，劳动力市场的运作效率不断提高，市场配置人力资本的功能不断完善，可作为弘扬我国经济转型成功的证据之一。

第二，本书提供了丰富的人力资本错配以及纠正错配后经济效率增幅的数据，可供该领域后续研究使用。具体来说，本书提供了1988~2018年全国层面全体劳动力、高人力资本劳动力与低人力资本劳动力在国有与非国有部门之间的错配值，以及纠正该错配后相应的经济总产出增加幅度。此外，本书还提供了1988~2018年历年全国层面的居民消费需求的收入弹性，以及纠正人力资本错配后居民消费额的增加比例与增加总额。同时，本书还提供了1998~2013年全国以及各省的国有与非国有制造业企业的全要素生产率、劳动力错配值与资本错配值，以及纠正劳动力错配后的企业全要素生产率增加幅度的数据。这些数据大部分已列在本书中，还有部分可以向笔者索取。

第三，本书发现了新问题，为未来的研究指明了方向。最重要的一个发现是，中国经济在从政府走向市场的转型进程中，逐渐破除了劳动力市场的所有制身份藩篱，人力资本在国有与非国有部门间的配置逐渐趋于均衡。但是，还是要很谨慎地看待这一成果。首先，从劳动力的异质性来看，低人力资本（即高中及以下学历）劳动力在国有与非国有部门间的错配是导致部门间错配的主要来源。自经济进入新常态以来，一方面，低人力资本在国有部门的就业占比下降，但可测量的工资依然高于非国有部门的水平；另一方面，高人力资本（大专及以上学历）的劳动力依然较多地聚集在国有部门，但可测量的平均工资却低于非国有部门。这意味着，国有部门可能承担了更高的低人力资本的劳动成本，而非国有部门则承担了更高的高人力资本劳动成本。因此，从整体劳动力上看，人力资本在两部门间的配置趋于均衡，但可能依然存在异质性劳动力错配的问题。其次，从地区来看，虽然人力资本在部门间的错配大体上呈现由东部地区向中西部地区逐渐增加的趋势，但导致企业效率损失的劳动力错配类型在不同地区有所不同。有些地区企业生产效率的损失是由劳动力部门间配置过度引起的，而有些地区的效率损失则是由劳动力部门间配置不足引起的。基于本书的研究结果，我们提出一些新的研究问题，在下一小节中对相关领域的研究做出展望。

第四，本书提出了有利于优化人力资本配置的对策，提供了中华人民共和国成立以来劳动力市场改革的大事记。本书初步检验了市场和制度因素对人力资本错配的影响作用，从建立公平竞争环境、健全劳动力市场运作机制、释放人口质量红利和优化经济发展方式等宏观层面，以及继续深化国有企业改革、完善企业薪酬和社会福利制度、提升劳动力就业技能等微观层面，设计并提出了有利于优化人力资本配置的政策体系。该政策体系为释放"人口质量红利"提供政策支撑，同时也为政府提高现有的人力资本存量的配置效率提供了科学的经验依据。

二、研究展望

本书虽然具有上述边际贡献，但仍然存在以下六个方面的不足，需要进一步探讨。部分研究结论值得再讨论，今后研究可以从以下六个方面做出拓展。

第一，开展要素市场的一般均衡分析，考虑资本、土地等生产要素与劳动力要素间的互补性。本书主要开展了要素市场上的局部均衡分析，仅考虑了人力资本在国有与非国有部门间的配置失衡，通过考察该错配的演变规律及其对经济总产出、居民消费及企业生产效率的影响，直观考察了中国经济从政府向市场转型的成效。然而，由于是局部均衡分析，本书估算的纠正人力资本错配后带来的效率提升可能仅为下限。如果将局部均衡分析拓展到一般均衡分析，纳入同期资本要素市场改革和土地要素市场改革，以及资本与土地等其他生产要素与人力资本要素的互补作用，那么优化人力资本配置后带来的效率增加幅度可能会更大。虽然在第六章中本书借助含有资本和劳动力要素的生产函数，试图考虑资本错配对企业生产效率的影响，但是并未重点考察资本与劳动力之间的替代互补关系，在分析劳动力错配对企业效率的影响时，还是属于一种局部均衡分析。因此，今后的研究可以拓展生产函数形式，如采用常数替代弹性生产函数，在函数中同时纳入资本、高人力资本以及低人力资本劳动力；也可以使用非参数或者半参数模型，考虑要素市场达到一般均衡时，人力资本配置优化对经济效率的影响作用。

第二，探讨城乡劳动力流动对地区间、行业间以及不同所有制部门间人力资本配置的影响作用。由于国有部门就业主要集中在城镇地区，以及受微观住户调查数据的限制，本书仅考虑了城镇地区国有与非国有部门间人力资本错配的情况，未考虑城乡之间配置失衡以及与该失衡相关的劳动力流动问题。农村劳动力流动到城镇地区，主要影响了同期非国有部门的就业，因此本书中非国有部门的人力资本配置包含了已流动到城镇地区并且在城镇地区生活和工作半年以上的流动人口。但是，本书并不能分离出流动人口本身对城镇地区国有与非国有部门间人力资本错配的影响作用。从我们的研究结论上看，取消户籍制度，增加外来人口的比例，有利于本地不同所有制部门间劳动力配置的改善，但同时，低教育水平劳动力占比的增加又会加剧当地劳动力错配。目前劳动力流动呈现出城乡流动和城城流动两大特征，城乡流动以低教育水平劳动力居多，而城城流动则以中高教育水平的劳动力居多，不同类型的流动人口对流入地人力资本在部门及行业间的错配可能会产生不同的影响作用，进而对流入地的经济效率产生不同的影响。该问题可做进一步研究。

第三，研究新增劳动力在国有与非国有部门间的配置状况。本书旨在通过揭示人力资本错配的演变规律来反映劳动力市场运作效率的变化。用新增劳动力（而非本书的劳动力存量）描述国有与非国有部门的配置状况可能可以更好地刻画当前劳动力市场的运作情况，可以剔除国有与非国有部门内部劳动力市场的影响作用。目前已有研究对该问题做了初步探讨。Li 等（2023）利用 2010~2015 年中国 90 所大学 40 911 名应届大学毕业生调查数据，研究应届大学毕业生在国有和非国有部门就业的选择，分别对工作偏好和工作结果进行分析。研究发现，在

2010～2015年，64%的应届大学毕业生希望到国有部门工作，而且这一比例在各年份比较稳定。研究还发现，具有下列特征的应届大学毕业生更有可能获得国有部门的工作机会：男性、拥有城市户籍、中共党员、原211高校毕业的学生、家庭收入较高、父母一方接受过高等教育、父母一方具有科级及以上行政职务以及近亲或密友在国有部门工作。这些结果表明，尽管经历了多年的经济转型，但非国有部门对中国受过大学教育的劳动力仍然缺乏吸引力。这一结果也印证了本书第四章的研究内容，即近年来大专及以上劳动力在非国有部门的平均工资高于国有部门，说明非国有部门要以更高的劳动成本吸引高教育水平劳动力。在数字经济时代，新兴技术不断发展，对高教育水平劳动力的需求与日俱增，因此研究这部分新增劳动力在不同所有制部门间的配置可以更好地检验劳动力市场配置人才资源的能力。

第四，考虑国有部门非货币化收入对人力资本配置的影响作用。由于数据所限，本书使用的是劳动力个体的工资性收入数据，并未包含福利性收入，因而难以衡量国有部门各类货币化与非货币化的福利收入。忽略国有部门各类福利性收入，可能会低估国有部门的工资对社会平均工资的溢价部分，从而高估了劳动力市场的运作效率，但这并不会影响劳动力市场配置要素能力正逐渐加强的趋势。有限的数据说明，国有部门确实提供了较非国有部门更多的货币化与非货币化福利。Li等（2023）研究了中国应届大学毕业生获得的第一份工作的福利待遇，发现国有部门比非国有部门更有可能提供各种福利，包括城市户口、养老保险、医疗保险、失业保险、工伤保险、生育保险、住房公积金及住房补贴。考虑福利水平对人力资本在两部门间配置的影响也是值得进一步探讨的问题。

第五，探析异质性劳动力在不同所有制部门间配置失衡对企业生产效率与创新效率的影响。本书的结论发现，国有与非国有部门间的配置失衡主要是由低人力资本配置失衡引致的，不同教育水平的劳动力在部门间的错配状况不尽相同。但是，受制于微观企业调查数据，我们未能在第六章中进一步区分高人力资本与低人力资本在国有与非国有制造业企业间的错配，略感遗憾。研究该问题需要采用企业-员工配对调查数据，研究思路如下：首先，估计职工的收入方程，在回归方程中同时控制住职工个人特征变量和企业特征变量，重点估计出企业变量前的系数；其次，建立一个参照系，用前一步骤估计出的系数估算出不同教育水平和技能水平职工的理论最优收入，将其与实际收入相比，可以得出企业效率不同导致的收入差异，这一差异是人力资本错配引起的静态损失。目前已有一些企业-员工配对调查，但是大多是局部范围的抽样调查，样本量不大、时间跨度不长，且基本上是未公开的、内部使用的数据。尽管如此，可以尝试用目前已有的数据对该问题开展试探性的研究。

第六，开展更丰富的政策评估研究。资源错配是复杂的社会经济现象，是多重因素共同作用的结果。在第七章的对策研究中，我们仅单独检验了户籍制度、退休制度、劳动力市场分割和产业结构升级四个因素对部门间劳动力错配的影响，而且估计的是其简约式，并未直接做政策评估。考虑到改革的复杂性和多样性，我们可以从理论上建立一个一般动态均衡模型，纳入部门间的宏观政策、行业的产业政策、企业与劳动力的微观政策，在一个统一的理论框架下，评估各项政策对人力资本配置的影响作用。这是一个雄心勃勃的研究计划，但能更为系统地考察经济转型时期各类主要政策的效果及其相互间的影响关系，从而可以更好地理解和改善现实经济运行，帮助缓解人力资本错配问题。

第二章 人力资本错配的研究综述

目前，学术界已经对劳动力流动的规律、动因以及其对经济效率的影响进行了相当充分的研究。然而，很少有研究对人力资本配置失衡的研究进行系统性综述。因此，本章旨在梳理关于人力资本错配的研究，主要包括以下几个部分：①界定人力资本错配的概念；②比较人力资本错配的测算方法；③分析人力资本配置的状况；④总结人力资本错配的成因；⑤探讨人力资本错配的影响；⑥考察纠正人力资本错配的对策。通过构建从概念到测算，从成因到影响，再到相应对策的完整研究逻辑，并对现有文献进行梳理和评述，可以更好地反映人力资本错配的研究现状和发展趋势，指出现有研究存在的不足和有待进一步探索的领域，为后续章节的研究提供思路和方向。

第一节 人力资本错配的概念界定

一、人力资本

《新帕尔格雷夫经济学大辞典》中，人力资本是指人类作为经济中创收主体的生产能力，这是一个古老的概念，但在专业话语中使用这一术语只是在最近40年才流行起来（Rosen，2008）。物质资本具有迂回性的特征，即其来源于生产过程中的最终产品（资本品），又作为有形资本回到生产过程中去，其价值是当前和未来收益的现金值。与物质资本不同，人力资本是一组具有经济价值的无形资产（如知识、技能、经验、健康等）的总和（Schultz，1981；Rosen，2008；Becker，2009），是依附于劳动者本身，并通过接受教育和各类培训以及进行医疗保健等投资而形成的。人力资本投资收益取决于个体的技能和营利能力，以及经济运行效率。以罗默（Romer）模型、卢卡斯（Lucas）模型为代表的经济增长模型，将人力资本从古典经济增长模型中的物质资本中分离出来，以与物质资本并列的一种独立资本形式存在,并论证了其对经济增长的独特作用。除此之外,人力资本与收入分配、人口迁移及流动、计划生育及人口质量等重要社会问题也紧密相关(谭永生,2007;Di Maria and Stryszowski,2009;王甫勤,2010;Erosa et al.,2010;张国旺和王孝松,2014)。目前衡量人力资本水平的变量主要围绕"教育"展开,如受教育水平、平均受教育年限、识字率等(Barro,2001;陈钊等,2004;梁泳梅等,2011;李静和陈月萍,2019)。

二、资源配置

资源配置是指在不同经济利益主体之间,对各种稀缺资源(土地、劳动力、资本等要素)在时间和空间上的选择、分配与安排的一种权利交易过程。资源有效配置则是在给定的经济条件下,社会以某种方式将资源在不同利益主体之间分配或交易,使自由流动的生产要素配置到最有"生产力"的地方,从而使得社会福利水平达到最高(Foster and Sonnenschein,1970;Bhagwati and Wan,1979),且不存在由要素价格扭曲所造成的要素配置低效率(Midrigan and Xu,2014;宋大强和皮建才,2020),即达到资源配置的帕累托最优状态①。进一步,人力资本有效配置则是将依附于劳动者人身的人力资本当作劳动力市场上的稀缺资源,并对其进行有效配置的过程,是与调节劳动力供求矛盾并存的一种劳动力市场的资源配置过程。

根据新古典经济学原理,在完全竞争市场条件下,当不同企业的要素边际产出价值相同时,资源配置达到帕累托最优状态;否则,要素会流向边际生产率更高的企业,实现资源配置的帕累托改进。在实际生活中,劳动力或者人力资本的配置往往会偏离帕累托最优的状态,产生错配的问题,因而存在帕累托改进的空间。

三、人力资本错配

人力资本错配,又称人力资本配置的扭曲,有狭义和广义之分。广义上讲,人力资本错配是指劳动力"数量"配置扭曲或劳动力数量配置失衡,从宏观层面上看,是以就业人数为表现的一种劳动力错配,通常指劳动力数量在不同行业、不同地区和不同部门间(现有研究多为农业与非农产业部门)等方面的不合理配

---

① 意大利经济学家和社会学家帕累托在 20 世纪之交的《政治经济学课程》和《政治经济学手册》中给出帕累托最优状态的定义。如果在当前资源配置状态下,任意改变都不可能使至少有一个人的状况变好的同时而又不使得其他任何人的状况变坏,则称这种资源配置的状态为帕累托最优状态。

置（张广婷等，2010；朱喜等，2011；盖庆恩等，2015），从而影响经济结构与经济效率（Gollin et al.，2007；Duarte and Restuccia，2010；Alvarez-Cuadrado and Poschke，2011；盖庆恩等，2013）。从微观层面上看，在完全竞争和规模报酬不变的假设前提下，当企业实际的劳动边际产出价值与其理论上最优的边际产出价值不一致，即当劳动力要素的价格发生扭曲时，就产生了劳动力的错配（Hsieh and Klenow，2009）。

从狭义上讲，人力资本错配则主要是指劳动力"质量"上的错配，即不同受教育水平或者不同技能水平劳动力的配置不合理，导致劳动力的自身真实能力没能在劳动力市场上得到应有的发挥，从而使整个社会的经济效率遭受损失，阻碍帕累托最优状态的实现（Hsieh and Klenow，2009；李静等，2017）。已有研究主要从以下四个方面探讨人力资本错配的概念。

首先，从产业、行业、部门和区域层面，解释人力资本在空间上与部门间存在着错配。这些研究主要将发达国家劳动力市场的配置状况看作"最优"，然后通过比照我国劳动力市场上人力资本的配置情况，来度量我国人力资本的错配程度。具体表现为与美国等发达国家相比，我国研发人员在总人口中的占比偏低、在关键技术领域的占比偏低，而高学历高技能的劳动力聚集在垄断部门以及公共服务部门的比例偏高（李静等，2017；纪雯雯和赖德胜，2018；李静和司深深，2020；李勇等，2020；李勇和马芬芬，2021；李勇等，2021）。也有研究将不同产业、行业间同等教育水平的工资回报不同定义为人力资本错配，认为该错配反映了劳动力市场的不完全竞争性，是对劳动力市场帕累托最优的均衡状态的偏离（Dougherty and Selowsky，1973）。李静等（2017）沿用 Romer（1990）的方法，将人力资本错配定义为部分高技能劳动力只能通过简单劳动力的形式进入最终产品部门[①]。人力资本在区域层面上的错配则表现为高教育水平劳动力在东中西部地区之间的不平衡分布（梁泳梅等，2011；柏培文，2012；李静和陈月萍，2019）。

其次，从性别层面定义人力资本错配。这类研究通常以劳动力市场上的性别歧视为切入点，认为由于该歧视的存在，具有同样人力资本的女性劳动力并未充分释放其劳动力生产率，造成女性人力资本的浪费（李新建和赵瑞美，1999；杨伟国等，2010）。例如，由于存在性别歧视，具有相同人力资本的女性不得不退出劳动力市场或者处于非充分就业状态等，导致女性人力资本配置不足或扭曲，即人力资本在性别层面的错配（Vella，1994；张樨樨和崔玉倩，2020）。

[①] 将最终产品部门定义为非生产型、非科技创新型部门，将中间产品部门定义为生产型、科技创新型部门，因而将最终产品部门劳动力定义为简单劳动力，而中间产品部门由于技术需求，须通过高技能劳动力进行生产。

再次，从分割的劳动力市场层面阐释人力资本错配的概念。这类研究通常以受教育水平作为人力资本的衡量标准，将具有高中及以下学历的求职者定义为低人力资本求职者，将大专及以上学历的求职者定义为高人力资本求职者，进而将目前"大学生就业难"与"民工荒"并存的现象定义为人力资本在分割的劳动力市场间的错配（甘春华，2010；余东华和范思远，2011）。

最后，还有的研究从人的全生命周期的视角探讨人力资本配置扭曲的问题，分别指出早期的人力资本错配主要体现在家庭对子女的"过度教育"上，即父代将家庭有限的资源过多地投资给子代而降低了其对自身的人力资本投资。生命周期中晚期的人力资本错配主要体现在由强制政策导致的劳动力浪费。例如，强制退休政策导致健康的中老年劳动力非自愿且过早地退出劳动力市场（戴金红，2020；金光照等，2020）。

第二节 人力资本错配的测度方法

一、广义人力资本错配的测度

从广义人力资本错配（劳动力数量的错配）的定义与内涵出发，已有研究可分为两类。这两类研究通常具有比较强的假设条件，假定存在一个规模不变的生产函数，假定生产要素可以在市场上完全流动。第一类研究利用不同产业间工资差距以及劳动力数量份额，构建两部门生产函数并估算两部门的工资水平差异与两部门的劳动力投入，通过模型推导考察劳动力错配。

设 m 和 n 为经济中众多部门的两个，并设这两个部门的生产函数分别为

$$Y_m = A_m K_m^{\alpha_m} L_m^{\beta_m}, \quad Y_n = A_n K_n^{\alpha_n} L_n^{\beta_n}$$

其中，Y_m 和 Y_n 分别表示部门 m 和 n 的产出；K_m 和 K_n、L_m 和 L_n 分别表示部门 m 和 n 的资本和劳动投入；α_m 和 α_n、β_m 和 β_n 分别表示部门 m 和 n 的资本和劳动产出弹性；A_m 和 A_n 分别表示部门 m 和 n 的生产率。

相应地，两部门的工资水平可以表示为

$$w_m = \frac{\beta_m Y_m}{L_m}, \quad w_n = \frac{\beta_n Y_n}{L_n}$$

两部门的产出占总产出的比重表示为

$$\gamma_m = \frac{Y_m}{Y}, \quad \gamma_n = \frac{Y_n}{Y}$$

其中，Y 为经济的总产出。

进一步可得

$$L_m = \frac{L_m}{L_n} L_n = \frac{\beta_m Y_m / w_m}{\beta_n Y_n / w_n} L_n = \frac{\beta_m \gamma_m / w_m}{\beta_n \gamma_n / w_n} L_n = \frac{\beta_m \gamma_m}{\beta} \times \frac{1}{\frac{\beta_n \gamma_n w_m}{\beta w_n}} L_n = \frac{\beta_m \gamma_m}{\beta} \times \frac{1}{\theta\left(\frac{w_m}{w_n}\right)'} L_n$$

其中，$\beta = \sum_i \beta_i \frac{Y_i}{Y}$，$\beta_i$ 表示部门 i 的劳动产出弹性，最终可以将 m 和 n 两部门之间的劳动力数量错配表示为

$$\theta\left(\frac{w_m}{w_n}\right)' = \frac{\beta_n \gamma_n w_m}{\beta w_n}$$

其原因如下：

$$\theta\left(\frac{w_m}{w_n}\right)' = \frac{\beta_n \gamma_n w_m}{\beta w_n} = \frac{\beta_n Y_n}{\sum_i \beta_i Y_i} \times \left(\frac{w_m}{w_n}\right)$$

$\frac{\beta_n Y_n}{\sum_i \beta_i Y_i}$ 表示部门 n 劳动收入在整个社会劳动收入中的占比，而 $\frac{w_m}{w_n}$ 表示以部门 n 工资 w_n 为参照系的部门 m 工资 w_m 的错配程度，因此 $\theta\left(\frac{w_m}{w_n}\right)'$ 实际表达了以部门 n 为参照系的部门 m 在整个社会中的劳动资源错配程度。

进一步，可将 $\theta\left(\frac{w_m}{w_n}\right)'$ 改写为 $\theta\left(\frac{w_m}{w_n}\right)$：

$$\theta\left(\frac{w_m}{w_n}\right) = \begin{cases} \frac{\beta_n \gamma_n}{\beta} \times \left(\frac{w_m}{w_n} - 1\right), & \frac{w_m}{w_n} > 1 \\ \frac{\beta_n \gamma_n}{\beta} \times \left(1 - \frac{w_m}{w_n}\right), & \frac{w_m}{w_n} < 1 \end{cases}$$

当 $w_m = w_n$ 时，$\theta\left(\frac{w_m}{w_n}\right)$ 为 0，表示不存在劳动力资源的错配；当 $w_m \neq w_n$ 时，$\theta\left(\frac{w_m}{w_n}\right)$ 不为 0，w_m、w_n 之间的差距越大，则说明劳动力资源错配程度也越大。

这种方法常见于研究劳动力在农业和工业部门之间、农村与城市之间、细分行业之间劳动力错配的程度（袁志刚和解栋栋，2011；柏培文，2012；Aoki，2012；朱琳等，2017）。该方法的关键在于研究的部门之间或者行业之间是否存在工资差异，只要存在工资差异，那么劳动力错配就一直存在。这种方法并未考虑到劳动力个人特征、受教育水平、工作背景及社会关系等的不同对工资差异的

影响。此外，这种方法测算了部门或者行业之间的相对错配值，如果作为参照组的部门或者行业发生改变，那么错配值也可能相应改变。

第二类研究则通过比较劳动力有效配置时的理论劳动边际报酬与实际工资之间的差异来衡量劳动力配置的扭曲程度（Aoki，2012；袁志刚和解栋栋，2011；冼国明和徐清，2013；姚毓春等，2014；Bai and Cheng，2016）。这类研究通常需要借助于生产函数，估算出劳动力最优配置时的工资水平，并以此作为参照系。然后，计算观察到的实际工资偏离（高于或者低于）理论工资水平的差距，即劳动力的错配程度。这类方法与下文即将论述的函数法类似，故在下文中详述。

二、狭义人力资本错配的测度

目前关于狭义人力资本错配（劳动力质量的错配）的测度方法主要包括两大类：函数法和指标法。

（一）函数法

函数法的基本思路是从"错配是对最优配置的偏离"这一核心定义出发。首先，描述经济环境、提出假设条件、建立数理模型，通过模型推导得出实现帕累托最优的要素配置状态，以及在该最优状态下要素的边际产出价值。其次，在数理模型中引入一个参数用于衡量错配的程度，通常这一参数被称为"楔子"或者是隐性税收[①]。通过对比模型中存在"楔子"参数（即存在错配）时的推导结果与模型中不存在"楔子"参数（即最优配置）时的推导结果之间的差异，来测度要素的错配程度（陈永伟和胡伟民，2011；柏培文，2012；解晋，2019；易明和吴婷，2021）。该差异越大，说明人力资本错配程度越大。

Hsieh 和 Klenow（2009）构建了异质性企业垄断竞争模型（Hsieh-Klenow 模型，简称 H-K 模型），将资源错配以"价格楔子"的形式作用在企业利润函数上（Brandt et al.，2013），根据行业产出的一阶条件来测量要素的扭曲系数，并提出用基于产量的全要素生产率或基于收益的全要素生产率的离散程度来反映整体资源错配情况。具体上讲，是用基于产量的全要素生产率与基于收益的全要素生产率的对数方差来衡量资源错配的程度，该对数方差越大，说明资源错配的程度越严重。

自 Hsieh 和 Klenow（2009）创造性地提出了在企业层面测度资源错配的方法

[①] 研究认为错配所造成的价格扭曲与从价税的效果一致，因此将价格扭曲以从价税的形式体现，即行业 i 面临的劳动力的价格为 $(1+\tau_{it}^l)p_l$，其中 τ_{it}^l 表示 t 时期行业 i 中劳动的扭曲税。

后，许多学者在此基础上从三个方面做了进一步的推进。第一类研究在 H-K 模型的基础上，放松规模报酬不变假设，将资源错配细分为资本错配和劳动力错配，利用劳动力边际产出价值（marginal revenue productivity of labor，MRPL）的离散程度来衡量劳动力数量错配。MRPL 的离散程度用它的对数方差来衡量，MRPL 的离散程度越大，说明劳动力数量错配越严重（龚关和胡关亮，2013；文东伟，2019）。

第二类研究对 H-K 模型中的"价格楔子"进行变形处理。Vollrath（2014）在 Restuccia 和 Rogerson（2008）及 H-K 模型的基础上进行改进，在不同产业的企业利润函数中引入导致产值偏离最优值的"收入楔子"[①]τ_j^R 与造成工资偏离最优值的"工资楔子"[②]τ_j^W。然后，通过求解利润最大化函数，可以得到包含了这两个"楔子"的要素使用量以及要素的边际产出价值（如就业人数和工资）。同样，包含了"楔子"的劳动边际产出价值与最优的劳动边际产出价值之间的差距便用于衡量人力资本的错配程度。李勇等（2021）突破原有的规模报酬不变的约束条件，在 H-K 模型的基础上，将人力资本生产要素引入企业生产函数，指出厂商面临的扭曲包括了产出扭曲、资本价格扭曲、劳动力数量的价格扭曲及人力资本的价格扭曲。同样，也是通过求解企业利润最大化方程，得出人力资本价格扭曲系数，并利用该系数测算了 1998~2013 年中国 135 个工业行业的人力资本错配程度。

第三类研究则是在 H-K 模型基础上考虑企业垄断能力。盖庆恩等（2015）、Li 和 Wang（2021）认为，企业的边际产品价值除了受资源错配影响外，还与企业的垄断势力有关，因此 Hsieh 和 Klenow（2009）可能高估了我国制造业资源错配程度。他们在 H-K 模型基础上，引入加成率[③]反映企业的垄断势力，对我国制造业资源错配程度进行了重新估算。陈林等（2016）使用 1998~2007 年中国工业企业数据，基于 H-K 模型，并在生产函数中着重突出行政垄断制度关键因素，用国有企业对民营企业劳动价格的相对偏离度，度量国有企业对民营企业的劳动价格的扭曲程度。

此外，还有研究采用其他的函数模型来测度人力资本错配。梁泳梅等（2011）基于数据包络分析的投入产出分析，通过构建劳动力利用效率损失测度函数（Fukuyama and Weber，2009；王兵等，2010），分别测算了 2004 年与 2008 年中国各省级行政区的劳动力利用效率。该研究分别估算了各省级行政区不加

---

① "收入楔子"代表基于收益的全要素生产率扭曲。
② "工资楔子"指使得产业工资偏离平均工资的扭曲。
③ 盖庆恩等（2015）使用企业产品价格与其边际成本之比来衡量企业的垄断势力；Li 和 Wang（2021）使用中间投入产品的产出弹性与中间投入产品的总支出与最终产品总销售额的比值之比表示企业的垄断势力。

入劳动力素质变量①的劳动利用效率以及加入劳动力素质变量后的劳动利用效率,并用两者的效率差异值测度人力资本在区域间的错配。

大多数利用函数法测度的主要是广义上的人力资本错配(即劳动力数量上的错配),也有研究将数理模型与回归分析相结合,用于测度狭义上的人力资本错配(即劳动力质量上的错配)。这类研究通常也从设定生产函数出发,不过,其假设在生产函数中作为劳动力投入的主要是一个人力资本单位而非一个劳动力数量单位。生产函数主要用于测度存在人力资本错配时的效率损失值,而对于人力资本错配本身的测度则是通过估算 Mincer 收入方程(Mincer,1974)获得。具体而言,这类研究通常在数理模型的推导基础上,根据 Mincer 收入方程建立计量模型,控制行业(或者部门和地区)中个体差异性特征(如受教育水平、性别、工作经验等),构造同质的人力资本,通过考察同质人力资本在各行业(或者部门和地区)获得报酬的差异程度,估算出模型中人力资本价格的错配值(Vollrath,2014;马颖等,2018)。李拓晨等(2021)则利用变异系数模型中最小二乘虚拟变量法对各地区医药制造业的人力资本产出弹性进行估计,测算我国各地区医药制造业人力资本错配指数。

(二)指标法

除了用函数法来测度人力资本错配外,还有研究直接利用具体的指标来衡量。表 2.1 中列出了指标法的测度方式。

表 2.1　人力资本错配指标衡量表

衡量指标	具体测度	文献来源
人力资本在行业间的错配	不同行业的人力资本强度,即各行业大学本科以上学历劳动力占比与该行业增加值占比的比值	李静和楠玉(2016,2017)

---

① 将劳动力素质表示为"受教育水平"与"技术水平"。

$$edu_i = \sum_j p_{ij} \times ey_{ij}$$

其中,edu_i 表示第 i 个省级行政区劳动力的平均受教育水平;p_{ij} 表示第 i 个省级行政区受教育水平为 j 的劳动力所占的比重;j=1,2,3,4,5,分别表示初中及以下、高中、大学专科、大学本科和研究生;ey_{ij} 表示第 i 个省级行政区受教育水平为 j 的劳动力的权重。考虑到不同的受教育水平所经历的时间,将上述受教育水平的权重分别量化为 6、12、15、16、20。

$$tech_i = \sum_j p_{ij} \times w_{ij}$$

其中,$tech_i$ 表示第 i 个省级行政区全部劳动力的平均技术水平;p_{ij} 表示第 i 个省级行政区技术等级或专业技术职称等级为 j 的劳动力所占比重,j=1,2,…,8,分别表示 8 个技术等级或专业技术职称等级——高级技术职称人员、中级技术职称人员、初级技术职称人员、高级技师、技师、高级工、中级工、无技术职称的普通劳动者;w_{ij} 表示第 i 个省级行政区第 j 个技术等级或专业技术职称等级的权重,依次设定为 26、23、21、18、15、12、9、6。

续表

衡量指标	具体测度	文献来源
人力资本在行业间的错配	人力资本沉淀系数 aeh,[1]：行业人力资本[2]实际占比，除以按该行业人力资本产出贡献额分配的理论占比	纪雯雯和赖德胜（2018）
人力资本在部门间的错配	科研人员占大学及以上学历人口的比重	李静和楠玉（2017）
	公共部门高技能劳动者工作时长与生产性部门高技能劳动者工作时长的比值	李静和司深深（2020）
	政府部门和垄断部门人力资本集中度之和与竞争部门人力资本集中度[3]的比值	李勇和马芬芬（2021）
人力资本在区域间的错配	极化指数[4]	李静和陈月萍（2019）
人力资本技能错配	工作人员实际技能与岗位技能要求之间的距离[5]	Fredriksson 等（2018）
人力资本与研发投入的错配	"单位"研发投入的人力资本数量	李静和楠玉（2017）

1) 人力资本沉淀系数具有以下含义：若 aeh$_i$ >1，表示行业人力资本冗余，实际人力资本投入高于理论人力资本投入；若 aeh$_i$ <1，表示行业人力资本不足，实际人力资本投入低于理论人力资本投入；若 aeh$_i$ =1，表示行业人力资本最优，实际人力资本投入与理论人力资本投入相一致

2) 人力资本指大专及以上学历的劳动力

3) 公共管理、社会保障和社会组织行业代表政府部门，国有单位代表垄断部门，竞争部门以私营企业、个体就业、股份制企业和外资企业为代表。三部门的人力资本集中度分别为该部门就业人数占乘以一个权重，该权重为该部门大专及以上就业人员占比除以该部门增加值占 GDP 的比重

4) 极化指数反映人力资本水平扩大到极点的集聚程度，该指数越大，极化程度越高；该指数越小，极化程度越低。如果区域内部的差距小，而区域间的差距大，则极化程度高，也称之为正向极化。引起正向极化有两种可能性，一是由于其人力资本水平高，拉大与其他地区的人力资本水平差距；二是其人力资本水平低，因此与其他地区产生差异。如果区域内部差异大，区域间的差距小，则极化程度低，出现负向极化，负向极化有利于全国人力资本发展平衡，以及全国经济发展平衡

5) $Mismatch_{ij} = \sum_{k=1}^{8} |s_{ik} - \overline{s}_{jk}|$，其中 s_{ik} 表示新任职员（至少 12 年的时间从未在该机构工作过）i 的技能 k，$\overline{s}_{jk}$ 表示同一机构在职者 j 在相同维度技能 k 上的平均技能。将八个维度上的平均技能，包括四种认知技能（归纳、言语、空间和技术能力）和四种非认知技能（社会成熟度、强度、心理能量和情绪稳定性）的偏差进行汇总，则得到新任职员 i 的错配指数

（三）根据所使用数据分类

根据研究的视角与所使用的数据不同，人力资本错配的测度主要可以分为以下三类：①使用家庭/个人调查数据；②使用行业和企业数据；③使用地区数据。

1. 使用家庭/个人调查数据

使用家庭/个人调查数据测度人力资本错配的研究领域较为广泛。基于同质劳动力不同酬现象，利用家庭/个人调查数据测度人力资本在行业与部门间的错配程度。这类研究首先假设在完全竞争的条件下，作为生产要素的劳动力可以在不同的行业、部门及地区间流动，通过数理模型的推导得出相同人力资本的 MRPL 相同，因而应该获得相同的工资，此时的人力资本配置达到最优状态。当人力资本

存在错配时，就会表现出不同行业、部门或者地区间同样人力资本的劳动力所获得的工资存在差异。劳动力个人的工资与行业、部门或者地区同质劳动力的平均工资间的差异程度，用于测度人力资本错配的程度。Vollrath（2014）使用的世界银行的生活水平衡量调查数据以及 Davis 等（2010）收集的农村创收活动数据，均根据不同产业间的工资差异测算出人力资本在产业层面的错配值。马颖等（2018）使用北京师范大学中国收入分配研究院的中国家庭收入调查（Chinese household income projects，CHIP）数据（CHIP 2007、CHIP 2013），利用数据库中的个体从业者的具体微观信息（性别、年龄、受教育年限、职业等）构建人力资本变量，并根据 Mincer 收入方程测算出行业层面的人力资本价格扭曲值。Hsieh 等（2019）将人力资本错配以"价格楔子"的形式纳入其构建的全生命周期效用模型，并利用 1960~2000 年的美国人口普查数据和 2010~2012 年的美国社区调查数据测算人力资本错配。

2. 使用行业和企业数据

产业和部门间人力资本错配的研究多使用各类统计年鉴和数据库中的相关数据。袁志刚和解栋栋（2011）使用 1978~2007 年《中国统计年鉴》、全球宏观经济和行业数据库（香港环亚经济数据有限公司）之中国经济数据库和搜数数据库之中国大陆统计数据库的行业层面面板数据，通过构建一个包含农业与非农产业的两部门生产模型，比较劳动力有效配置时的理论劳动边际报酬与实际工资之间的差异来衡量农业与非农产业部门劳动力配置的扭曲程度。李静等（2017）利用世界银行世界发展指标数据库、各年《中国统计年鉴》与《新中国六十年统计资料汇编》，构建2001~2013 年的省级-部门面板数据，测算技术密集型部门和最终产品部门之间的人力资本错配。朱琳等（2017）使用《新中国六十年统计资料汇编》、《中国统计年鉴》（1985~2011 年）、《中国国内生产总值核算历史资料（1952—2004）》，借鉴柏培文（2012）的模型，考察 1985~2011 年全国总体、农业与非农产业之间（城乡之间）、第二与第三产业之间（城市内部之间）的劳动力资源错配程度。柏培文和杨志才（2019）使用 1995~2014 年香港环亚经济数据有限公司的中国经济数据库和《中国统计年鉴》的数据，通过构建一个农业与非农产业的两部门生产模型，测算我国各省级行政区农业与非农产业部门间的要素错配程度。

研究行业间人力资本错配的数据，一部分来自各类统计年鉴和资料，另一部分则来自企业调查数据。李静（2017）使用 2000~2012 年的中国高技术产业五大类 23 个行业的省级面板数据，用各行业大学本科以上学历劳动力占比除以该行业增加值占比来衡量人力资本强度，从而测算人力资本在行业间的错配，研究发现我国人力资本在产业结构层面的错配会抑制产业劳动率的提升。李静和楠玉

（2017）使用《中国统计年鉴》《中国劳动统计年鉴》《中国互联网发展报告》《中国科技统计年鉴》和联合国商品贸易统计数据库，构建 2001~2014 年行业层面的面板数据，研究人力资本与研发投入错配、人力资本部门间错配和人力资本在行业间错配与人力资本红利释放受阻的关系。陈言和李欣泽（2018）使用《中国统计年鉴》《新中国六十年统计资料汇编》《中国劳动统计年鉴》《中国国内生产总值核算历史资料》《中国人口和就业统计年鉴》中省级层面数据，在 H-K 模型的基础上构建了包含资本和劳动要素的价格扭曲的异质性多部门行业模型，并以此来测算不同行业的资源错配系数。张伯超等（2019）使用 2006~2015 年《中国统计年鉴》和《中国工业统计年鉴》的省级层面数据，在拓展了靳来群（2015）和 Brandt 等（2013）数理模型的基础上，测算不同要素密集型行业的资源错配程度。

目前广泛使用的企业层面调查数据，主要是中国国家统计局调查的规模以上工业企业数据。Hsieh 和 Klenow（2009）使用 1998~2005 年中国规模以上工业企业数据、1987~1994 年印度工业年度调查数据和 1977 年、1982 年、1987 年、1992 年、1997 年美国制造业普查数据，通过构建 H-K 模型，将中国的企业与印度、美国的企业进行对比，测算行业层面的劳动力与资本错配对全要素生产率的影响。陈永伟和胡伟民（2011）、龚关和胡关亮（2013）分别使用 2001~2007 年和 1998~2007 年的规模以上工业企业数据，测算我国制造业细分行业的要素资源错配。李勇等（2021）使用更长期的规模以上工业企业调查数据（1998~2013 年），对 1998~2013 年中国 135 个工业行业的人力资本错配程度进行了测算。

3. 使用地区数据

关于区域间人力资本错配，现有研究多使用省级面板数据，这些数据多来自各类统计年鉴。梁泳梅等（2011）使用第一次和第二次全国经济普查数据以及《中国统计年鉴》《新中国六十年统计资料汇编》《中国经济普查年鉴》中的省级层面数据，构建了省级面板数据，以测算各省的人力资本错配程度。李静和陈月萍（2019）采用 1996~2017 年《中国统计年鉴》的 31 个省（自治区、直辖市）的省级面板数据，以测算中国不同区域的人力资本分布极化程度，并用该极化程度衡量区域间的人力资本错配状况。

还有的研究使用地区数据，同时测度人力资本在区域间与行业、部门间的错配程度。柏培文（2012）使用《新中国六十年统计资料汇编》、《中国国内生产总值核算历史资料（1996—2002）》、《中国国内生产总值核算历史资料（1952—2004）》、*China's National Income: 1952—1995*、《中国统计年鉴》（1978~2010 年）、《中国劳动统计年鉴》（1978~2010 年），构建多部门的劳动力资源配置扭曲的度量模型，以测算我国劳动力资源配置在部门间的扭曲程度，以及城乡和城市内劳动力配置扭曲程度。Brandt 等（2013）使用中国国家统计局数据、人口普查数据（1982 年、1990 年、1995 年、2000 年、2005 年）等，构建 1985~2007 年中国 27 个省级行政区的省级面板数据，使用 H-K 模型，测算了中国的省级、国有与非国有部门的劳动力数量错配。

第三节　我国人力资本配置状况

已有的研究从五个方面刻画了我国人力资本错配的状况：产业与行业、区域、分割的劳动力市场、性别与全生命周期视角。这些研究从不同的角度分析了我国人力资本错配的程度，为进一步探讨和解决这一问题提供了有益的参考。

一、人力资本在不同产业与行业间的错配状况

首先，从广义的人力资本配置失衡上看，劳动力数量在产业间的错配主要体现在劳动力数量在农业和非农产业之间存在错配（袁志刚和解栋栋，2011；柏培文，2012），以及其在三大产业之间分布不均衡。总体上看，第一产业劳动力数量占比偏高，导致第二产业和第三产业的劳动力供给不足。朱琳等（2017）使用宏观统计数据，发现 1985~2011 年全国总体、城乡之间、城市内部之间的劳动力资源存在错配，农业与非农产业之间劳动力资源错配程度均呈现先增大后缩小的倒"U"形趋势。马颖等（2018）利用 2007~2013 年的中国家庭收入调查数据估算人力资本错配，研究发现，以农林牧渔业为代表的第一产业面临着严重的"补贴性"人力资本价格扭曲，即人力资本配置过多，劳动力占比偏高，所面临的人力资本价格低于社会均衡时的要素价格。为实现产业间劳动力的最优配置水平，第一产业需要分流出的劳动力数量从 2007 年的 13.1%增至 2013 年的 22.9%。随着经济转型的深入，第二产业劳动力供给总体不足的状况逐渐缓解，但在供给结构上依然存在错配加重的情况。例如，采矿业和制造业劳动力供给不足的状态持续且日渐严重，如若第二产业的劳动力配置达到最优状态，采矿业和制造业预计增加的就业人数占比需分别从 2007 年的 6.2%和 1.6%提高至 2013 年的 7.9%和 7.4%。第三产业中劳动力供给也呈现出结构性错配，在边际产品价值较低的生活性服务业和公共服务业，人力资本供给相对过剩；而在边际产品价值较高的生产性服务业，人力资本供给相对不足。劳动力供给的过剩与不足都是对劳动力最优配置状态的偏离，即错配的不同表现形式。具体而言，在生产性服务业中，交通运输、仓储和邮政业，信息传输、软件和信息技术服务业，金融业，房地产业，租赁和

商务服务业，以及科学研究和技术服务业这6个行业存在不同程度的人力资本供给不足。在公共管理、社会保障和社会组织行业中，人力资本价格一直存在"补贴性"扭曲，人力资本处于供给过剩。

制造业内部不同行业之间也存在劳动力错配的现象。陈永伟和胡伟民（2011）使用2001~2007年国家统计局的"制造业规模以上企业年度调查"数据，测算我国制造业内部子行业的要素资源错配，研究发现"化学原料及化学制品制造业""非金属矿物制品业"的劳动力价格相对扭曲系数①较高，即这些行业的劳动力使用成本过低，劳动力要素配置过剩；"交通运输设备制造业""通用设备制造业""通信设备、计算机及其他电子设备制造业"的劳动力价格相对扭曲系数较低，即这些行业的劳动力使用成本过高，因而劳动力的配置不足。

还有研究发现，劳动密集型行业的劳动力数量占比偏高，导致资本密集型行业的劳动力供给不足。张伯超等（2019）使用我国2006~2015年省级层面统计数据，发现劳动密集型行业存在39.7%的劳动力供给过剩，而资本密集型行业则存在44.4%的劳动力供给短缺。

其次，从狭义的人力资本配置失衡状况看，劳动力质量在不同行业间也存在错配，在生产率较低的行业出现高教育、高技能劳动力供给过剩的现象，而在生产率较高的行业却出现高教育、高技能劳动力供给不足的现象。具体来看，我国具有本科及以上学历的劳动者多数聚集在公共管理、社会保障和社会组织行业中（马颖等，2018），而医疗、生物技术等技能型行业因缺乏高素质人才而创新动能不足。此外，高学历的劳动力还主要聚集在垄断性行业，使得这些行业的高教育水平劳动力较多但专业对口程度较弱，呈现出教育过度的局面（刘璐宁，2015）。生产性、市场化程度高的行业的高教育水平劳动力占比则显著偏低，表现为农业、制造业及传统服务业等行业因高教育水平劳动力占比低而效率低下。

---

① 行业 i 的劳动力绝对扭曲系数定义为 $\gamma_{L_i} = \dfrac{1}{1+\tau_{L_i}}$，其中 τ_{L_i} 表示行业 i 面临的劳动力扭曲"税"；行业 i 的劳动力相对扭曲系数定义为 $\hat{\gamma}_{L_i} = \dfrac{\gamma_{L_i}}{\sum_{j=1}^{N}\left(\dfrac{s_j \beta_{L_j}}{\beta_L}\right)\gamma_{L_j}}$，其中将行业 i 的产值在整个经济中所占的产值份额表示为 $s_i = \dfrac{p_i Y_i}{Y}$，将产出加权的劳动力贡献值表示为 $\beta_L = \sum_{i=1}^{N} s_i \beta_{L_i}$。

绝对扭曲系数刻画的是行业 i 面临的要素价格对无扭曲时的加成状况，它体现的是资源使用成本绝对值的信息。例如，当行业 i 的劳动力价格完全不存在扭曲，即面临的劳动力扭曲"税" $\tau_{L_i}=0$ 时，$\gamma_{L_i}=1$；当劳动力价格高于正常水平，即 $\tau_{L_i}>0$ 时，$0<\gamma_{L_i}<1$；而当劳动力价格低于正常水平，即 $\tau_{L_i}<0$ 时，$\gamma_{L_i}>1$。

相对扭曲系数反映的则是与经济的平均水平相比，行业 i 中资源价格扭曲的相对状况，它体现了资源使用成本的相对信息。仍以劳动力为例，如果 $\hat{\gamma}_{L_i}>1$，则说明相对于整个经济而言，行业 i 的劳动力使用成本是较低的；相反，如果 $\hat{\gamma}_{L_i}<1$，则说明相对于整个经济而言，行业 i 的劳动力使用成本较高。

李静（2017）使用中国经济增长前沿课题组（2014）、美国综合社会调查（2012）、欧洲统计系统（第六轮）的数据，发现中国与美国以及欧洲10国相比，人力资本大多集中在缺乏创新效率的非市场化部门或行政管制行业或事业单位，如文化体育和娱乐业、卫生行业、公共管理社会保障，但制造业行业的生产性部门人力资本配置不足，进而导致其创新效率低下、创新动力不足。若价值链主导国对技术设置壁垒，中国则会陷入对主导国的技术依赖。李静等（2017）使用2001~2013年的世界银行世界发展指标数据库、各年《中国统计年鉴》与《新中国六十年统计资料汇编》中的数据构建省级面板数据，研究发现技术部门与最终产品部门之间存在人力资本错配，具体表现为技术部门高技能劳动力占比偏低，最终产品部门高技能劳动力占比偏高，进而造成资源配置的低效率，并提出人力资本错配是导致中国经济进入稳增长难题的重要因素之一。

二、人力资本在不同区域间的错配状况

人力资本在地理空间上的配置也存在扭曲，呈现出东部沿海地区错配程度较低、中部地区次之，而西部地区错配程度最高的状况。这也说明我国劳动力市场东中西部存在分割，劳动力市场化水平越高的地方，人力资本错配程度越低。柏培文（2012）使用各类宏观统计数据发现，我国劳动力资源配置扭曲程度在区域间呈现出显著差异，东部地区最低，中部地区次之，西部地区最高。但也有研究指出，我国地区间的错配随时间呈现"U"形发展趋势。柏培文和杨志才（2019）使用1995~2014年香港环亚经济数据有限公司的中国经济数据库和《中国统计年鉴》的数据，通过构建一个农业与非农产业的两部门生产模型，发现我国在地区间的要素错配总体呈现"U"形发展趋势（以2006年为拐点），东部地区原先错配程度最低，但2008年金融危机之后激增，2014年反超中西部地区。

人力资本错配还表现在各省级行政区之间的高教育水平劳动力占比不平衡。李静和陈月萍（2019）使用《中国统计年鉴》1996~2017年31个省（自治区、直辖市）的省级面板数据，通过对比各省级行政区2000年和2015年本科及以上学历人口占总人口的比重，发现各地高学历人口占比增加的趋势呈现非平衡的特征。北京本科及以上学历人口占总人口的比重由2000年的17.5%上升至2015年的42.3%，上海该比重由11.4%上升至28.7%，同比之下中西部地区的本科及以上学历人口占总人口的比重则低很多：贵州该比重从2000年的2.2%上升为2015年的8.5%，青海该比重从2000年的3.6%上升为2015年的10.5%。由此可见，大量人力资本流入并沉淀在东部地区，中部地区特别是西部地区因缺乏人力资本而内生增长动力不足，并成为整体经济均衡增长和未来10~20年经济高质量发展的阻碍。

三、人力资本在分割的劳动力市场间的错配状况

以受教育水平作为人力资本衡量标准,我们可以将劳动力市场划分为两类:高中及以下学历的劳动力市场,以及大专及以上学历的劳动力市场。这两个市场都存在着典型的人力资本错配问题,即"民工荒"与"大学生就业难"。

自2004年以来,我国沿海地区逐渐出现了"用工荒"现象。余东华和范思远(2011)指出,2004年珠海市用工缺口为15万人,而到了2009年这一数字已经扩大到200万人。具体表现为以劳动密集型为主的中小型制造企业缺乏普通工人,而以资本密集型或技术密集型为主的企业缺乏熟练工人。甘春华(2010)指出,2010年珠三角一带劳工缺少200万~300万人,超过90%的企业在年后有招工需求,并且这种"用工荒"也逐渐从沿海地区蔓延至内陆地区。

与此同时,"大学生就业难"的现象也越来越突出。自2000年以来,普通高等学校大学毕业生就业率一直徘徊在70%左右,虽然在2004年时略上升到73%(刘文勇和李国栋,2005),但2008年又下降至70%以下(余东华和范思远,2011)。

四、人力资本在不同性别间的错配状况

人力资本在性别层面的错配主要体现在劳动力市场存在性别歧视现象,具体表现为不同性别的劳动力在求职机会、收入和职业发展及退休年龄等方面存在不平等(潘锦棠,2003)。

首先,人力资本错配表现为求职机会的性别不平等。Hsieh等(2019)通过构建一般均衡模型研究了美国1960~2010年的职业分布情况,发现职业市场存在的歧视导致人力资本配置扭曲。大量有能力的女性未能完全发挥她们的比较优势,贡献其较高的劳动生产率。改进人才配置可以使人均总产出增长20%~40%。

其次,人力资本在不同性别劳动力间的错配还表现为两性在收入和职业发展上的不平等。职业性别隔离表现为某一职业中男女性别比例与另一职业中男女性别比例相差悬殊,可分为水平隔离与垂直隔离两类。水平隔离是指男女在不同职业间分布不均,表现为在政府公职人员、医生、大学教授等职业中,男性从业人员远多于女性;而在秘书、护士、幼教等职业中,从业人员多为女性。垂直隔离是指男女在同一职业中分布不均,表现为男性往往比女性位于更高级别的岗位,如男性成为生产监督人员,而女性成为生产工人(杨伟国等,2010)。根据《2019中国职场性别差异报告》,在技术复杂度高、工作强度大且薪酬回报高的岗位中,女性的比例要远低于男性:机器学习领域女性占14.0%,算法研究领域女性占21.3%,数据架构领域女性占13.7%。职业与收入发展上的不平等加重了

同等条件下女性人力资本的浪费与被低估。

最后,男女劳动力在退休年龄上的不同导致一部分劳动生产率较高、身体健康且仍有工作意愿的女性劳动力被迫过早地退出劳动力市场,而与此同时,一部分劳动生产率相对较低的男性劳动力却仍留在劳动力市场中,从而造成人力资本错配,降低了老年劳动力的总体劳动生产率。现行劳动法规定的女性退休年龄早于男性,使得退休女性人力资本存在一定程度的浪费,尤其是女性中的管理人员、专业技术人员和高学历人员。这些女性受教育年限往往更长,但退休年龄的规定使得她们的人力资本投资回报时间较短,从而降低人力资本配置效率(岳经纶,2017)。

五、全生命周期的视角

从人的发展的全生命周期视角看,人力资本也存在着错配现象。早期的人力资本错配主要体现在家庭对子女的"过度教育"上,父代将家庭有限的资源过多地投资给子代而降低了其对自身的人力资本投资(如在职培训、继续教育等),导致人力资本投资在代际的边际回报不相等(戴金红,2020),降低了投资的效率,同时影响了两代人的劳动生产率,导致出现代际人力资本错配现象。老龄人口的人力资本错配问题也逐渐引起学界的重视。在人口老龄化逐渐加剧和劳动年龄人口不断减少的背景下,执行原有按年龄"一刀切"的退休政策,强制健康且人力资本积累充足的老龄人口退出劳动力市场,不利于继续充分利用这部分劳动力的人力资本,不利于生产效率沿着最优路径提升,因此也被认为是人力资本错配的一个表现(金光照等,2020)。

第四节 人力资本错配的成因

现有研究主要从三个方面探寻导致人力资本配置扭曲的原因:制度因素(户籍制度、退休制度、劳动力市场分割)、市场因素(工资差距、产业结构升级)和社会因素。

一、制度因素

(一)户籍制度

1958年,《中华人民共和国户口登记条例》正式颁布,标志着我国城乡二元的户籍制度正式确立。该制度在实行之初，对我国实施重工业经济优先发展战略、缓解城镇地区就业问题和保障城市基本生活品等方面起到了重要作用（蔡昉，2010；邓宏图等，2018）。但随着我国经济的不断发展，二元户籍制度逐渐限制了劳动力的自由流动，导致农村地区滞留了大量人力资本，从而造成了人力资本的错配与浪费。梁琦等（2013）指出，户籍制度阻碍了劳动力自由流动，使城市规模分布过于扁平化，从而加剧了人力资本的错配。

（二）退休制度

我国现行的退休制度作为就业制度的一个分支，可能会造成老年人口人力资本的浪费，从而导致老年劳动力错配的产生。已有研究发现，当劳动力可以自由选择退休年龄时，预期寿命的延长会提高人力资本的收益，从而有助于延长个体受教育的年限、增加个体的人力资本投资（Ben-Porath，1967；Sun et al.，2012；Hoque et al.，2019）。同时，当退休年龄作为一项制度外生给定时，倘若退休年龄可以随着预期寿命不断调整，从而延长人力资本的使用期限，充分发挥老龄人力资本的配置效率，那么整个社会也可以实现对人力资本的投资激励（Hazan，2009）。然而，如果忽视平均预期寿命的增长而长期执行不变的退休年龄，老龄人力资本的配置就会发生扭曲。健康且人力资本积累深厚的老龄劳动力仅由于劳动年龄到期而被迫退出劳动力市场，导致其人力资本的浪费，亦不利于劳动力市场上总体劳动生产率的提高。龙玉其（2013）指出，我国劳动者的退休年龄整体较低，平均退休年龄仅 53 岁，中华人民共和国成立至今 70 多年间，我国退休年龄基本保持不变，但是平均预期寿命却有了大幅提升，所以老年人口的人力资本存在严重的浪费现象。邱牧远等（2020）使用经济合作与发展组织统计资料及 UNESCO 的数据发现，退休年龄提高一岁，平均受教育年限将提高 0.144 7 年，从而推动整个社会人力资本水平的提高与经济的发展。马超（2021）通过构建一个三期世代交叠模型指出，现行的退休制度是对人力资本的浪费，延迟退休可以有效促进家庭教育投入，促进人力资本积累，提高人力资本的使用效率。

（三）劳动力市场分割

劳动力市场分割将加剧人力资本错配。具体表现为城乡劳动力市场分割和不同所有制的劳动力市场分割。一方面，前述的户籍制度导致了城乡劳动力市场分割，阻碍了劳动力流动，高教育水平劳动力流入一级市场和低技能劳动力流出一级市场的难度加大，从而加剧人力资本错配。袁霓（2011）指出由于城市内部存在的新二元结构，已经进城的农民未能在初次分配与再分配上得到公平的对待，从而导致很大一部分农民工回流，进而导致"民工荒"。同时，随着惠农政策的实施，农民工在城市生活的"保留成本"的上升也使得农民工的后备力量逐年减少。Brandt 等（2013）指出，改革开放前，中国市场的高度分割主要体现在严格的户籍制度限制省际劳动力流动、行政信贷计划严格控制资本分配，以及地方保护主义和贸易壁垒阻碍区域间的商品流动（Poncet，2003），而中国改革开放后经济的快速增长正是得益于经济改革所带来的市场中各种扭曲（包括人力资本错配）的减少。

另一方面，由于制度壁垒的存在，不同所有制的劳动力市场分割现象明显，劳动者在转换工作时面临较高的成本。尤其是我国体制内外存在分割，劳动者工作转换成本较高（詹韵秋，2020）。Brandt 等（2008）指出，正是从农业到非农产业以及非农产业内部从国有到非国有部门的劳动力流动障碍[①]的下降，大大促进了中国转型时期的经济发展。

二、市场因素

（一）工资差距

工资差距会导致人力资本的配置出现扭曲。首先，不同所有制部门间的工资差距会加深人力资本错配情况。已有研究发现国有部门的平均工资水平通常高于非国有部门的平均水平，导致高教育水平劳动力过多地聚集在国有部门，不利于非国有部门的创新与发展。2000 年以来，我国国有部门，尤其是关系到国计民生的国有垄断部门，仅其工资水平（未包括难以测量的福利待遇和工作稳定性）就超过了非国有部门，且这种差距当时还有逐渐扩大的趋势（尹志超和甘犁，2009；周兴和王芳，2013）。在此背景下，具有较高教育水平的劳动力逐渐流向了国有垄断部门，而非国有部门则难以获得高教育水平的劳动力，降低了整体的人力资本边际产出（邢春冰，2005，2007；张车伟和薛欣欣，2008；陈林等，2016；薛欣欣和辛立国，2015；葛晶和李勇，2019）。

其次，产业、行业、部门间的工资差距也进一步加大了人力资本的错配。袁志刚和解栋栋（2011）指出，农业与非农产业部门之间的工资差异，造成了改革开放以来中国劳动力错配对经济产生显著负向影响，即中国的劳动力错配对全要素生产率产生的负效应主要是农业与非农产业部门之间的工资差异所导致。Bai 和 Cheng（2016）研究了中国 1980~2010 年 31 个省（自治区、直辖市）的劳动力错配现象，发现中国第一、二、三产业间的工资差距导致了中国劳动力间的错配

[①] 两种类型的劳动力流动障碍为农业和非农产业之间以及非农产业内部国有部门和非国有部门之间劳动力流动的障碍。农业与非农产业劳动力流动障碍表示为 $\theta_t = \dfrac{1-\mu_t}{1+\xi_t \varphi_{st}}$，其中，$\mu_t$ 表示农业与非农产业中非国有部门之间的劳动力流动壁垒；ξ_t 表示国有部门相对于非国有部门的工资溢价；φ_{st} 表示国有部门在非农就业中的份额。

现象，由劳动力的边际产品价值的差异导致的第二产业内的工资差异也造成了中国劳动力错配。

最后，区域间以及城乡之间的收入差距也是引起劳动力错配的原因之一。根据国家发展和改革委员会发布的《中国居民收入分配年度报告（2020）》，2019年我国城乡居民人均可支配收入之比为2.64，东部地区、中部地区、西部地区和东北地区全体居民人均可支配收入之比为1.64∶1.09∶1∶1.14。李静和陈月萍（2019）指出地区之间的收入差距会加大区域之间发展机会的不平等，进而加重人力资本在区域之间的错配。与此相对应地，郑秉文（2010）指出，农村福利条件的极大改善提高了农民工外出务工的机会成本，从而使得农民工的"市场价格"提高，进而使得城市内部出现"民工荒"这一分割劳动力市场的人力资本错配的问题。此外，性别工资差异也加剧了性别间人力资本错配（李春玲和李实，2008）。

（二）产业结构升级

产业结构升级与人力资本禀赋的释放息息相关。靳卫东（2010）指出，人力资本与产业结构的不匹配是造成失业、人力资本错配问题的关键因素。李钢和梁泳梅（2011）指出，我国产业结构升级速度与劳动要素禀赋的变化之间存在不匹配。改革开放以来，我国平均受教育水平逐年提高，但当前产业结构相对落后，产业升级速度较慢，无法适应我国整体劳动力结构转变的要求。这导致企业对具备高技术含量的高素质大学毕业生的需求并不大，出现高教育水平劳动力供给与劳动力需求不匹配的现象，反而大量争抢低技术含量的普通体力劳动者，从而造成高教育群体的人力资本的浪费，具体表现为"大学生就业难"。梁泳梅等（2011）指出我国中西部地区的产业结构滞后是造成我国劳动力资源与区域发展之间错配的主要原因。余东华和范思远（2011）指出，我国目前处在全球分工中的中游阶段，以制造与加工为主，附加值较低，进而进入了低增加值率→低工资→低素质劳动力→低增加值率的恶性循环，进而导致"民工荒"。李静和楠玉（2017）也指出，我国产业结构尚未形成高技能人力资本产业比较优势，所以高技能人力资本尚未实现"人尽其能"，这也是人力资本错配的成因之一。

三、社会因素

社会因素主要是指社会文化等非正式制度，社会风俗文化、大众舆论等非正式制度也会对人力资本错配产生影响。具体而言，社会文化会影响员工的个体行为，从而对其职业选择产生作用，进而产生劳动力市场上的人力资本错配。从员工工作价值观层面来看，除薪酬刺激之外，垄断性、非生产性行业（部门）通常拥有较为稳定、安逸的就业环境等，从而吸引高教育水平劳动力的聚集，加剧生产性强、市场化程度高的行业（部门）人才稀缺的矛盾（马颖等，2018；刘璐宁，2015）。在"大学生就业难"这一问题上，大学扩招以及大学生教育体系与劳动力市场之间的"脱节"也造成了"大学生就业难"的现象（刘文勇和李国栋，2005；甘春华，2010；袁霓，2011；李钢和梁泳梅，2011）。

第五节 人力资本错配的影响作用

已有研究从宏观和微观两个角度探究人力资本错配的影响作用。从宏观层面来看，人力资本错配对经济增长，产业、行业与部门结构，以及收入差距和失业率等方面产生影响。从微观层面来看，人力资本错配对个体的教育投资决策、女性人力资本的状况，以及企业的生产效率与技术创新等方面产生影响。这些研究为我们深入理解人力资本错配的经济和社会影响提供了重要的理论依据和实证支持。

一、宏观影响

（一）经济增长

人力资本错配会导致生产要素无法配置在效率最高的地方，从而造成效率损失，无法实现帕累托最优，不利于经济的持续增长。首先，来自不同国家的研究指出人力资本错配将降低 GDP 的增长率。Murphy 等（1991）指出美国许多有才华的年轻人成为寻租者而不是生产者，更愿意成为律师而不是工程师，是导致美国增长速度放缓的原因。因此，美国社会中工程师占比下降、律师占比的上升不利于经济增长。Hayashi 和 Prescott（2008）指出限制农村与城市之间的劳动力流动进而造成农业与非农部门之间的人力资本错配是日本经济增长奇迹未能在第二次世界大战之前发生的重要原因，并指出如果没有这样的扭曲，日本战前（1885~1940 年）的人均国民生产总值至少是美国的一半，而不是只有三分之一。袁志刚和解栋栋（2011）通过构建农业与非农产业的两部门生产函数，测算了改革开放以来劳动力错配对全要素生产率的影响，发现按照不同的指标，劳动力错配对全要素生产率的负向影响在 2%~18%。罗德明等（2012）的研究发现，偏向于国有企业的政策会造成经济效率的损失，若去掉要素市场（包括劳动力市场与资本市场）的政策扭曲，中国人均 GDP 将增长 115.6%。Vollrath（2014）的研究也发现，若能纠正部门之间（文中指"农业""采矿业""制造业""公共事业""建筑""贸易""交通运输""金融""公共服务"这九个部门）因人力资本价格扭曲造成的人力资本错配，将使大部分发展中国家产出增长近5%。陈言和李欣泽（2018）测算了中国2002~2013年国民经济各行业的资源错配系数和由此产生的全要素生产率损失度，发现将资源错配全部消除，全要素生产率和总产出可以提高109%。马颖等（2018）发现人力资本在不同行业间的错配使得2007年和2013年中国实际总产出的损失分别占当年GDP的1.8%和1.6%。

其次，人力资本错配不利于城乡之间和区域之间的协调发展。大量闲置的劳动力从农村地区转移到城镇地区，加快了城镇地区的经济发展，但是在农村劳动力的转移过程中也产生了人力资本在农业与非农产业部门之间配置不均衡的问题。滞留在农村地区的劳动力，其教育水平和技能水平均较为低下，不利于农村地区的经济增长（程绍珍，1998；刘秀梅和田维明，2005）。盖庆恩等（2013）的研究表明，如果消除农业与工业部门间存在的劳动力错配，农业劳动力占比将下降26.4%，中国劳动产出可增加19.5%。此外，我国人力资本的错配将进一步拉大东中西部地区发展的差距。更多人力资本流动并沉淀至东部地区，将加剧中西部地区农村的空心化程度，使得内生增长动力不足，不利于我国区域之间经济的协调发展，抑制人力资本红利的充分释放，将会成为我国未来10~20年经济高质量增长的阻碍（朱琳等，2017；李静和陈月萍，2019）。

最后，人力资本错配不利于人力资本红利的释放，从而减缓经济的增长。随着经济社会的发展，质量型的"人力资本红利"将取代数量型的"人口红利"，成为我国经济由"高速增长"转向"中高速增长"的新动力来源（张同斌，2016）。但是，人力资本错配使得部分高素质劳动者难以将其拥有的人力资本转化成现实生产力，造成了人力资本的严重浪费，阻碍了人力资本红利的释放，对潜在产出和全要素生产率的提高均有负面影响。彭新万（2005）指出在取消户籍关系所带来的差别之后，在同等机会下竞争，会促进人们对自身人力资本的投资，将有力提高我国的人力资本存量，促使我国经济走向"内涵型"增长方式。李静和楠玉（2017）的研究发现人力资本错配是影响我国释放人力资本红利的最主要因素。董翔宇等（2020）指出中国的人力资本的边际效率低于其潜在效率，这使得要素市场只有劳动力定价而缺少人力资本定价，从而导致要素市场的扭曲，人力资本红利的释放受阻。

（二）产业、行业与部门结构

人力资本错配阻碍产业、行业与部门间的优化调整。首先，它会阻碍产业结构升级。"民工荒"现象表明我国制造业用工成本提高，这会阻碍制造业的发展，从而减缓我国产业升级的速度（刘文勇和李国栋，2005；甘春华，2010；李钢和梁泳梅，2011；余东华和范思远，2011；袁霓，2011）。李静和楠玉

（2016）的研究发现，如果人力资本错配，即高人力资本不能集中至高技术含量的生产性、研发创新性部门，长期将限制人力资本外部性的释放范围，不利于高人力资本通过与高技能产业的相互作用而生产知识与技术创新，进而阻碍产业技术升级，也不利于产业形成规模经济。李静（2017）使用 2000~2012 年中国高技术产业五大类 23 个行业的面板数据，发现我国人力资本与产业结构错配会抑制产业劳动生产率的提升，进而阻碍产业动态比较优势演进。马颖等（2018）发现，行业间的人力资本错配导致人力资本滞留在了边际产品价值低的农林牧渔业、生活性服务业和公共服务业中，而边际产品价值高的制造业和生产性服务业缺乏人力资本，进而抑制了制造业和生产性服务业产出的提高，使中国从制造业大国向制造业强国的转变进程变缓。李勇和马芬芬（2021）基于 2000~2018 年的省级平衡面板数据，检验了人力资本错配影响产业结构的中介机制。研究发现，人力资本错配对产业结构升级具有负面影响，进一步的中介效应检验结果表明，人力资本错配不仅抑制技术创新，导致产业结构偏离，还会限制竞争部门的收入增长，拉大垄断部门和竞争部门间的收入差距，最终阻碍产业结构的升级。

其次，人力资本在不同行业的配置失衡也会导致行业产出的减少。陈永伟和胡伟民（2011）使用 2001~2007 年国家统计局的"制造业规模以上企业年度调查"数据，测算了我国制造业内部子行业的要素资源错配。研究发现，要素资源错配对"黑色金属冶炼及压延加工业""金属制品业"等依赖廉价要素拉动增长的产业的负面影响尤为显著，中间投入产品（以原材料为主）的资源错配是制约制造业增长的主要原因。若能纠正制造业内部子行业间的要素资源错配，将使得产出得到 15% 的提升。

最后，人力资本错配会阻碍部门间的技术效率提升，不利于形成规模经济。Brandt 等（2013）通过构建一个衡量要素市场扭曲的数理模型，发现 1985~2007 年中国省内（国有与非国有部门之间）及不同省份之间（部门之间）的劳动力与资本的要素错配造成了中国非农产业经济全要素生产率损失 20%。此外，潘士远等（2021）构建的内生经济增长模型结果表明，配置到公共部门的人才（公务员）人数与中国经济增长呈倒"U"形关系，即当公务员的人数较少时，增加公务员人数会通过鼓励模仿创新而提高经济增长率，但当公务员人数增加到一定程度时，增加公务员人数会不利于科学研究且降低经济增长率。政府可能会通过实施无效的公共部门扩张制度来实现效用最大化，这表明人力资本在公共与非公共部门之间的错配不利于两者的效率提升。

（三）收入差距

目前国内外的广泛研究发现，劳动力市场的结构错配会导致收入差距的扩大（杨志才和柏培文，2017；柏培文和杨志才，2019；杨志才，2019）。Parente 和

Prescott（2002，2005）通过构建跨国收入差距的理论框架，研究发现人力资本的跨国差距是导致国别收入差距扩大的重要原因。Restuccia 等（2008）使用一个两部门一般均衡模型，研究发现劳动力市场的资源错配对跨国收入差距造成负面影响，并造成最富有的5%的国家与最贫穷的5%的国家之间的劳动生产率的差距高达10.8%。孙宁华等（2009）构建的一个包含劳动力市场扭曲与部门效率差异的一般均衡模型指出，劳动力市场存在扭曲，导致劳动力难以在城乡间自由流动，造成农业部门由于劳动力过剩而收入较低，非农部门由于劳动力供给不足而劳动收入较高，从而形成了农业与非农产业部门之间的收入差距。Vollrath（2009）使用一个两部门模型分析劳动力与资本错配对跨国收入差距的影响，研究发现劳动力在农业和工业部门间的错配可解释30%~40%的人均收入差距。

（四）失业率

人力资本错配将导致失业率上升。首先，人力资本错配可能会增加低教育水平劳动力的失业概率。在我国，国有企事业单位和垄断行业存在着人力资本浪费（詹韵秋，2020），这将导致被挤出的受教育水平较低的劳动力在其他劳动力市场的竞争更加激烈，从而加速低技能劳动力的失业。Schwartz（2020）分析了经济衰退时期人力资本错配对失业率的影响，发现高技能工人为了更快地重返工作岗位，往往选择他们能力过剩的岗位，从而导致原本能力适配的劳动力失业，进而造成整个社会失业率的上升。其次，"民工荒"与"大学生就业难"并存，造成结构性失业（甘春华，2010；袁霓，2011）。最后，人力资本在地区间的错配是造成区域失业率差异的重要原因（Jurajda and Terrell，2009）。

二、微观影响

（一）对劳动者的影响

1. 关于教育投资决策

如前文所述，人力资本的错配可能会影响人们的教育投资决策，降低个体对教育投资的积极性，从而导致教育投资不足以及人力资本存量不足。一方面，以"大学生就业难"与"民工荒"为例，人力资本在不同受教育群体之间的错配现象严重，导致人力资本初始程度较高的劳动者在其劳动力市场供过于求，而人力资本初始程度较低的劳动者在其劳动力市场上却供不应求。这大大降低了劳动者接受高等教育的欲望。例如，甘春华（2010）发现，我国2009年高考报名人数比2008年减少了30万。另一方面，高校毕业生供过于求的现象是人力资本投资回报下降的表现，而在这样的背景下，依靠教育投资提升人力资本，进而促使家庭的社会阶层上升的观念也遭到冲击（詹韵秋，2020）。

2. 关于女性人力资本

人力资本在性别层面的错配主要体现在劳动力市场性别歧视所导致的女性人力资本低配或闲置，使得在同样的人力资本存量下，女性的教育回报偏低，这进一步会导致女性对自身人力资本投资的减少。Vella（1994）使用一个澳大利亚的数据集，通过构建一个有序的Probit模型，指出女性对职业妇女的态度是在她们年轻时形成的，且是在教育过程之外形成的，正是社会上广泛存在女性人力资本的"低配"现象，导致女性对自身在职场上地位的轻视，而这种性别角色态度会导致她们的人力资本投资、劳动力供应和教育回报率大幅下降，从而对劳动力市场行为产生影响。张抗私（2009）指出，就业市场的性别歧视会导致人力资本投资出现性别倾向，进而导致女性人力资本投资的低效率。

此外，女性相对于男性劳动力的人力资本错配还可能会影响生育率，不利于缓解当下人口老龄化的问题。张樨樨和崔玉倩（2020）运用2015年中国综合社会调查数据，从女性人力资本视角定量解析生育意愿的影响因素，研究发现高人力资本存量的女性往往更愿意生育，但其生育行为却更易受到职业生涯发展与生育行为的冲突的约束捆绑，而事实上高教育水平女性生育的下一代健康和教育水平往往更高，所以高教育女性不生或少生，会造成潜在的下一代人力资本的浪费，也不利于缓解当下老龄化的情形。

（二）对企业生产效率与技术创新的影响

内生经济增长理论（Lucas，1988；Romer，1990）认为，相比于传统生产要素（资本和劳动力），人力资本在促进创新和提升全要素生产率中具有决定性作用。因此，人力资本的错配会阻碍技术进步，降低企业的生产效率，抑制行业全要素生产率的增长（Vollrath，2009；朱喜等，2011）。人力资本错配的表现形式之一，即人力资本难以向科技创新部门流动，导致科技创新部门效率难以实现显著提升，投入要素报酬低下，进而又无法吸引人力资本进入该部门。赖德胜和纪雯雯（2015）使用1997~2012年《中国统计年鉴》《中国科技统计年鉴》《中国劳动统计年鉴》数据，通过构建人力资本三部门[①]配置模型，指出我国人力资本的配置错位，即人力资本过多集中在垄断部门，阻碍了我国人力资本的自主创新。李鲁等（2016）使用1998~2007年中国工业企业数据，研究发现要素市场扭

---

① 政府部门：没有生产活动的部门（Murphy et al.，1993），以政府机关及事业单位为代表。垄断部门：借助政府部门权力得到产业政策、融资优待，并借此获得超额收益的行政垄断部门，以国有及国有控股企业为代表。市场部门：在激烈的竞争中只有依靠创新才能获得超额利润的部门，但其实现创新收益受到政府部门干预所带来的行政风险的影响，以私营企业、股份制企业、外资企业及个体工商户为代表。

曲将显著降低企业生产效率。

也有研究从优化配置可以提升经济效率的角度，估算了优化人力资本配置后，全要素生产率的提升状况。Hsieh 和 Klenow（2009）使用制造业企业的微观数据来量化中国（1998~2005 年）和印度（1987~1994 年）与美国（1977 年、1987 年、1997 年）之间潜在的资源错配，研究发现，若资本和劳动力被假设重新分配，以使边际产品达到美国所观察到的水平，即如果中国与印度的制造业企业也能像美国的企业那样将资源配置给生产效率高的企业，则中国制造业全要素生产率将提高 30%~50%，印度将提高 40%~60%。罗德明等（2012）通过一个动态随机一般均衡模型来评价要素市场的政策扭曲对加总的全要素生产率的影响，研究发现去掉扭曲后加总的全要素生产率（国有、民营两部门全要素生产率加总）将增长 9.15%。葛晶和李勇（2019）使用 1998~2007 年中国工业企业数据，测算了中国 164 个三位数行业内不同所有制间的人力资本错配程度，研究发现若消除人力资本在不同所有制间的错配，行业全要素生产率将在 1998 年和 2007 年分别提升 36.7%和 29.5%。盖庆恩等（2015）、Li 和 Wang（2021）认为 Hsieh 和 Klenow（2009）未考虑到市场垄断，因而可能高估优化劳动力配置后带来的全要素生产率增加值。因此，在考虑了企业垄断能力后，盖庆恩等（2015）发现消除劳动力错配后，全要素生产率将提高 19%~48%。Li 和 Wang（2021）计算后发现仅消除资本或劳动力错配，我国全要素生产率仅能提高不到 10%；若同时消除资本和劳动力错配，全要素生产率将提高 17%~25%。

第六节　优化人力资本配置的对策研究

现有研究主要从制度因素、市场因素、产业升级与创新以及劳动力供需双方的其他方案这四个方面提出了优化人力资本配置的建议。

一、制度因素

缓解人力资本错配要打破制度藩篱，包括打破行政和行业垄断，畅通劳动力在各个部门、行业和地区间的流动。陈言和李欣泽（2018）指出政府应当降低人力资本的流动壁垒，如加快户籍制度改革，同时减少行业垄断，降低私有资本进入市场的难度，从而提高资本配置效率。葛晶和李勇（2019）指出行政垄断是造成中国人力资本错配的重要原因，因此打破行政垄断才能矫正我国人力资本的错配情况。李勇等（2020）指出人力资本错配在我国主要体现在国有与非国有部门之间，即人力资本过度配置到国有部门而引起的错配，而混合所有制改革是缓解人力资本错配的重要途径。李勇和马芬芬（2021）指出人力资本在垄断部门与竞争部门之间的错配是扭曲产业结构升级的重要原因，因此要不断提升国有垄断部门和公共服务部门的创新效率，消除其工资溢价，并加大对竞争部门的薪酬激励扶持，从而矫正人力资本的错配。

二、市场因素

缓解人力资本错配需加强市场配置资源的作用。陈永伟和胡伟民（2011）指出，要从根本上实现制造业的结构调整，加速要素市场的发展，打破妨碍市场自主配置资源的制度性障碍，从而实现要素在行业间的合理配置。马颖等（2018）提出政府应减少干预，使得市场在人力资本的配置中起决定性作用。同时应调整行业内部的结构性问题——解决农林牧渔业人力资本滞留问题，调整制造业要素相对价格结构，以及深化公共服务部门体制改革。易明和吴婷（2021）指出 R&D 资源配置应以市场为导向，消除 R&D 资源配置的各种不利政策因素。同时地方政府部门在配置 R&D 资金时要结合地区创新资源禀赋，避免盲目竞争。

三、产业升级与创新

缓解人力资本错配现象需要加快产业升级和提高企业的创新能力。李静和楠玉（2017）指出我国应调整产业结构，大力发展高新技术产业，为高技能人力资本发挥其才能创造条件，并逐渐形成高技能人力资本产业比较优势。李静等（2017）还提出，企业需提高自主创新能力，重塑技术型企业的生产结构，使其更加注重创新，从而提升企业的生产利润，缓解劳动力市场由人力资本错配带来的压力，促进转型期中国经济的平稳发展。

四、劳动力供需双方的其他方案

从劳动需求方的方案看，已有研究提出可以增加福利支出和采用弹性退休年龄政策等。Schwartz（2020）认为在经济衰退时期增加福利可以在商业周期中更好地分配人力资本。关于人力资本错配的外延，即老年人力资本的浪费问题，徐文全等（2006）指出应该采用弹性退休年龄的政策，使得新老职工更替时两者人力资本存量保持相等。

从劳动供给方的措施看，在继续扩大教育规模的同时，需提升劳动力技能与岗位的适配程度。无论是高人力资本存量的大学毕业生,还是低人力资本存量的民工,都面临"需要提升人力资本存量"的问题(Becker,2009),即我国人力资本投资既要解决"绝对不足"的问题,又要解决结构矛盾(刘文勇和李国栋,2005)。

第七节 文献评述

本章对人力资本错配的研究进行了梳理,涵盖了以下六个方面:界定人力资本错配的概念、比较人力资本错配的测算方法、分析人力资本配置现状、总结人力资本错配的成因、探讨人力资本错配的影响以及考察纠正人力资本错配的对策。通过这些方面的研究,本章构建了从概念到测算、从成因到影响再到相应对策的完整研究逻辑。在此基础上,本章做出如下评述。

首先,国内外对劳动力数量上的错配已有较为广泛的研究,但是对劳动力质量的错配的研究尚处于起步阶段。目前已有许多学者研究部门间(现有研究多为农业与非农产业部门)劳动力数量的错配与转移问题,进而分析对经济结构的影响(Gollin et al.,2007;张广婷等,2010;Duarte and Restuccia,2010;朱喜等,2011;Alvarez-Cuadrado and Poschke,2011;盖庆恩等,2013,2015)。对劳动力质量的错配的研究,国内尚处于起步阶段,目前以李静、李勇等学者为主。Hsieh 和 Klenow(2009)的 H-K 模型和 Brandt 等(2013)的企业利润函数为后面的学者奠定了函数法测度人力资本错配的基础,在此基础上国内外许多学者对该模型进行了变形处理(Vollrath,2014;盖庆恩等,2015)。这为该主题提供了科学的研究方向和可拓展的研究空间。

其次,探讨劳动力(包括人力资本)在国有与非国有部门之间的错配的研究仍较少。现有的研究主要讨论人力资本在垄断部门与非垄断部门间的错配(李静等,2017;纪雯雯和赖德胜,2018;李静和司深深,2020;李勇等,2020;李勇和马芬芬,2021;李勇等,2021),但垄断包括自然垄断、政府垄断、市场垄断等多种形式,现有研究未进行明显区分。同时,也有研究指出,中国想要成为创新型经济体,就必须提高资源在国有和非国有企业间的配置效率(Hsieh and Song,2016;Wei et al.,2017)。这为该主题提供了新的研究思路和视角。

再次,已有的研究主要从宏观和中观的角度出发,从企业和个人层面来探析劳动力配置扭曲的研究较少(Vollrath,2014;马颖等,2018;Hsieh et al.,2019)。具体来看,已有研究主要使用行业数据和地区数据来分析劳动力在不同产业、行业和地区间的错配及其对经济效率造成的影响(李静,2017;李静等,

2017；朱琳等，2017；陈言和李欣泽，2018；张伯超等，2019；李勇等，2021）。也有少量研究从企业层面探究劳动力数量与质量错配对企业效率的影响作用，大多利用中国国家统计局调查的规模以上工业企业数据（Hsieh and Klenow，2009；龚关和胡关亮，2013；李勇等，2021），推动了该主题的深入研究。然而，受制于企业数据的可获得性和准确性，这些研究难以反映自2013年我国深化经济体制改革、使市场在资源配置中起决定性作用以来，人力资本错配状况及其对经济效率的影响作用。此外，资源配置的主体除了企业外还有个人，因此从个人层面看人力资本的配置将更为深入、全面和细致，更能准确地反映出人力资本的微观配置效率。这便为该主题提供了新的研究内容和方法。

最后，人力资本错配，从定义上看，就是对最优配置的偏离。但是，确定人力资本配置的最优状态，一直是个难题。已有的研究将发达经济体的人力资本配置情况作为参照系，将发达国家劳动力市场的配置状况看作"最优"，然后通过比照我国劳动力市场上人力资本的配置情况，来度量我国人力资本的错配程度。这是一个很好的尝试，但可能会忽略我国与其他发达经济体之间的政治、经济制度和文化背景差异。此外，也有研究利用通过生产函数推导出的理论上最优配置状态作为参照系，研究现实中实际的人力资本配置状况对理论最优值的偏离情况。虽然这类研究通过不断优化生产函数、放松理论假设来寻求最佳的理论值，但仍受制于假设的经济环境和模型的设置形式。因此，找到一个能反映社会主义市场经济特征的参照系，是该主题研究的一个难点，也是未来研究需要攻克的一个重要问题。

第三章　市场经济转型中人力资本配置演变研究

第一节　引　　言

改革开放以来，我国发挥劳动力等要素的低成本优势，抓住经济全球化的契机，积极参与国际经济大循环，推动了经济的高速增长。经过长期努力，我国经济已经由高速增长阶段转向高质量发展阶段，在经济全球化"中心—外围"格局中逐渐从外围走向中心，与发达国家之间的冲突和竞争也逐渐增加。中国过去的国际大循环模式已经不再适应当前的经济环境，需要构建新发展格局和共建"一带一路"，主动谋局，打造主场全球化，向国内国际"双循环"模式转变。实现这些转变的一个关键环节在于构建更加有效的要素市场，其中包括更加有效的劳动力要素市场。近年来党中央、国务院及相关部委专门就这一问题出台了多个指导性意见。例如，人力资源和社会保障部于2019年1月印发的《关于充分发挥市场作用促进人才顺畅有序流动的意见》，中共中央办公厅、国务院办公厅于2019年12月印发的《关于促进劳动力和人才社会性流动体制机制改革的意见》，以及中共中央、国务院于2020年4月发布的《关于构建更加完善的要素市场化配置体制机制的意见》，均强调要通过市场机制与制度的改革及完善来引导劳动力要素的自主有序流动。

习近平指出"我们要坚持供给侧结构性改革这个战略方向，扭住扩大内需这个战略基点，使生产、分配、流通、消费更多依托国内市场，提升供给体系对国内需求的适配性，形成需求牵引供给、供给创造需求的更高水平动态平衡"[①]。供给侧结构性改革正是从供给侧开展的以提高供给体系质量为主攻方向的结构性

[①] 习近平：正确认识和把握中长期经济社会发展重大问题[EB/OL]. https:www.gov.cn/xinwen/2021-01/15/content_5580198.htm，2021-01-15.

改革，通过有效的要素供给、产品供给和制度供给，最终有效提升供给水平和质量，从而在更高水平上实现供需的有机衔接。从劳动力市场供给来看，自2010年起，中国的劳动年龄人口占比持续下降，直至2021年，劳动年龄人口占比已下降到69.18%[①]，人口数量红利不断枯竭，因此需要通过引导劳动力要素的自主有序流动，实现有效的劳动力要素供给，释放人口质量红利，以推动供给侧结构性改革。

在第一章中，本书提出了人力资本在国有与非国有部门间配置失衡的问题。本章旨在描述经济转型过程中，人力资本要素在这两部门配置的演变过程，揭示人力资本要素配置的发展规律，以期发现人力资本错配的根源，并为后续章节的研究提供事实依据。

第二节 数 据 来 源

本节旨在研究我国经济转型时期，不同所有制部门劳动力"质量"配置状况的演变特征。利用1986~2014年连续29年的UHS[②]，2015年、2017年CHFS和2016年、2018年CFPS三套大型家庭数据库，探究我国劳动力市场改革以来人力资本结构在国有与非国有部门间的演变规律。

在本节使用的调查数据中，UHS数据由国家统计局负责搜集，1986~2009年涵盖了北京、山西、辽宁、黑龙江、上海、江苏、浙江、安徽、江西、山东、河南、湖北、广东、重庆、四川、云南、陕西、甘肃18个省级行政区，2010~2014年样本省市较少，但亦涵盖了我国经济较发达的东南沿海地区（上海、广东），经济快速发展的东北地区（辽宁），以及经济欠发达的西部地区（四川），具有较好的地区代表性，有利于我们在考虑中国区域经济发展不平衡的前提下，研究经济转型主要时期的劳动力市场变化趋势。CHFS是西南财经大学中国家庭金融调查与研究中心在全国范围内开展的追踪调查，旨在收集有关家庭金融微观层次的相关信息，主要内容包括人口特征与就业、资产与负债、收入

[①] 资料来源：世界发展指标（https://databank.worldbank.org/source/world-development-indicators）。劳动年龄人口占比是指15~64岁人口数除以总人口数所得到的比例。2021年，中国劳动年龄人口占比仅略高于美国的65.08%，但低于韩国的71.46%和新加坡的73.88%。

[②] 2013年以前国家统计局分别在城镇地区和农村地区实施城镇住户调查和农村住户调查。两类调查的内容依据城镇和农村住户的特征并不完全相同。从2012年第四季度起，国家统计局实施了城乡一体化住户调查，统一了城乡居民收入名称、分类和统计标准（http://www.stats.gov.cn/xxgk/sjfb/tjgb2020/201407/t20140718_1768637.html）。2015年的城乡一体化住户调查无法区分城镇和农村的地区样本，因此，本章中使用的城镇住户调查仅到2014年。

与消费等相关信息，对家庭经济、金融行为进行了全面细致刻画，数据具有全国及省级代表性。CFPS 是由北京大学中国社会科学调查中心在全国范围内开展的长期追踪调查，收集个体、家庭、社区三个层次的数据。此外，由于 UHS 仅针对城镇住户进行抽样调查，所以在本章的测算中仅保留 CHFS 和 CFPS 的城镇样本。从城乡划分来看，虽然 CHFS 在村居层面上的抽样方法和 CFPS 略有不同，但由于两者对区县的抽取都是在城乡一体的抽样框中进行的，故而具有一定的可比性。

我们将样本限制在处于就业状态的劳动年龄人口（15~64 岁）中，包括国有经济单位职工、城镇集体经济单位职工、其他各种经济类型单位职工、城镇个体或私营企业主以及城镇个体或私营企业被雇者，排除了退休人员、其他就业者和未就业者。其中，将在国有经济单位就业的职工归为国有部门劳动力，其他就业类型的个体归为非国有部门劳动力[①]。此外，我们根据受教育水平不同将劳动力分为高人力资本、中等人力资本和低人力资本三种类型，分别对应的是大专及以上学历的劳动力、中专、职高和高中学历的劳动力以及初中及以下学历的劳动力。

第三节　演变规律

一、劳动力人力资本结构的总体变化规律

随着我国市场化改革的不断深入，我国城镇地区劳动力的就业从国有部门占主体过渡到非国有部门占重要地位。具体来看，城镇地区劳动力在国有部门就业比例在 1986~1995 年呈现出小幅上升的趋势，但随着 20 世纪 90 年代后期开始的国有企业改革、减员增效，国有部门的劳动力占比持续下降，从 1997 年的 78.87%下降到 2018 年的 34.02%（表 3.1 和图 3.1）。与国有部门就业人数占比的变化趋势相对应，非国有部门的就业人数占比从国有企业转制开始大幅增加，从 1997 年的 21.13%上升到 2018 年的 65.98%。随着非国有部门的不断兴起，其提供的大量就业岗位吸纳了来自国有部门的下岗职工、农村转移劳动力以及其他的新增劳动力（如待业青年）。

[①] 其中，1986~1991 年的就业状态分为全民所有制、集体所有制、个体所有制和其他，本节剔除了其他就业者，将就业状态为全民所有制的个体归为国有部门职工，将就业状态为集体所有制和个体所有制的个体归为非国有部门。

表 3.1　1986~2018 年中国城镇地区分所有制部门的就业情况

年份	样本量	国有部门就业占比	非国有部门就业占比
1986	14 840	75.73%	24.27%
1987	14 239	77.01%	22.99%
1988	14 006	76.55%	23.45%
1989	14 549	77.60%	22.40%
1990	15 233	77.70%	22.30%
1991	15 180	79.50%	20.50%
1992	19 029	79.37%	20.63%
1993	18 241	79.41%	20.59%
1994	18 027	79.71%	20.29%
1995	17 942	80.30%	19.70%
1996	17 830	80.07%	19.93%
1997	17 850	78.87%	21.13%
1998	17 444	78.94%	21.06%
1999	17 053	76.87%	23.13%
2000	16 067	74.72%	25.28%
2001	15 815	73.10%	26.90%
2002	42 862	70.38%	29.62%
2003	48 361	67.17%	32.83%
2004	50 562	65.17%	34.83%
2005	51 551	60.40%	39.60%
2006	52 053	60.08%	39.92%
2007	55 292	58.93%	41.07%
2008	60 264	50.95%	49.05%
2009	58 193	51.01%	48.99%
2010	15 026	45.12%	54.88%
2011	14 755	42.41%	57.59%
2012	15 034	42.41%	57.59%
2013	15 300	41.98%	58.02%
2014	15 298	41.99%	58.01%
2015	25 086	38.89%	61.11%
2016	6 660	34.49%	65.51%
2017	28 674	31.91%	68.09%
2018	6 322	34.02%	65.98%

资料来源：UHS（1986~2014 年）；CHFS（2015 年、2017 年）；CFPS（2016 年、2018 年）

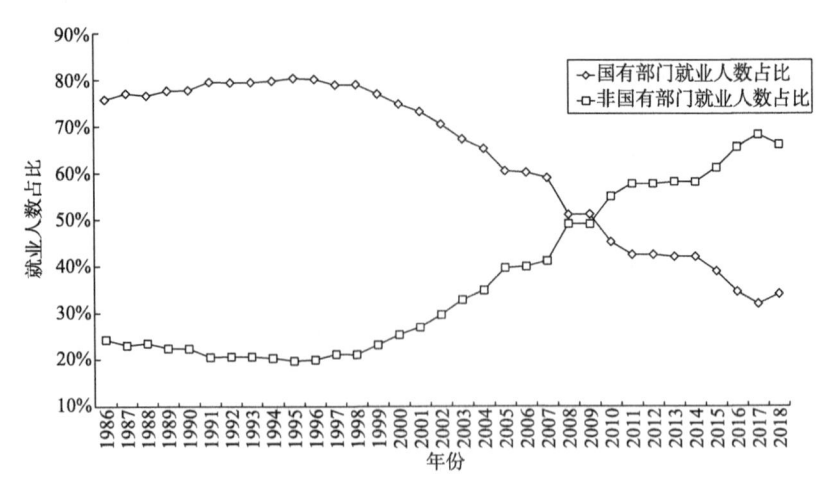

图 3.1 中国城镇地区分所有制部门的就业人数占比变化

资料来源：UHS（1986~2014 年）；CHFS（2015 年、2017 年）；CFPS（2016 年、2018 年）

二、不同所有制部门内部人力资本的演变规律

从不同所有制部门内部人力资本结构的演变来看，国有部门依然具有显著的人才优势且该优势仍在不断增强。如图 3.2 所示，国有与非国有部门中的高人力资本占比均显著增加。国有部门接受过大专及以上教育的职工比例从 1986 年的 11.93%增加了约 3.5 倍，至 2018 年的 53.28%，而非国有部门拥有该学历的职工比例增长得更快，从 1986 年的 2.14%到 2018 年的 23.98%，超过 10 倍（表 3.2）。从高人力资本占比上看，国有部门依然占有明显的人才优势，其超过 50%的职工均拥有大专及以上的学历。非国有部门的人才占比虽增速迅猛，年均增长率达 7.8%，高于同期的 GDP 增长率，但从绝对数上看，该部门内人才占比仅略高于五分之一。国有与非国有部门间的人才占比差距依然显著且有不断拉大的趋势[①]。

国有部门的人才优势还体现在职工的平均受教育年限上。虽然 1986~2018 年，国有与非国有部门职工的平均受教育年限均在增加，分别提高到 13.11 年和 10.56 年，但国有部门增加得更快。同时，国有与非国有部门的职工平均受教育年限差距在不断扩大。1986 年部门间职工平均受教育年限的差距为 1.05 年，而 2018 年两部间的差距扩大到 2.55 年（表 3.2）。总体而言，国有部门和非国有部门之间人力资本差异在不断扩大。

[①] UHS、CHFS、CFPS 在城镇样本的代表性上可能存在一定的差异，对于 2014 年以后的数据，可以结合 CHFS 和 CFPS 的数据一起进行分析。表 3.2 中提供了历年数据，供参考。

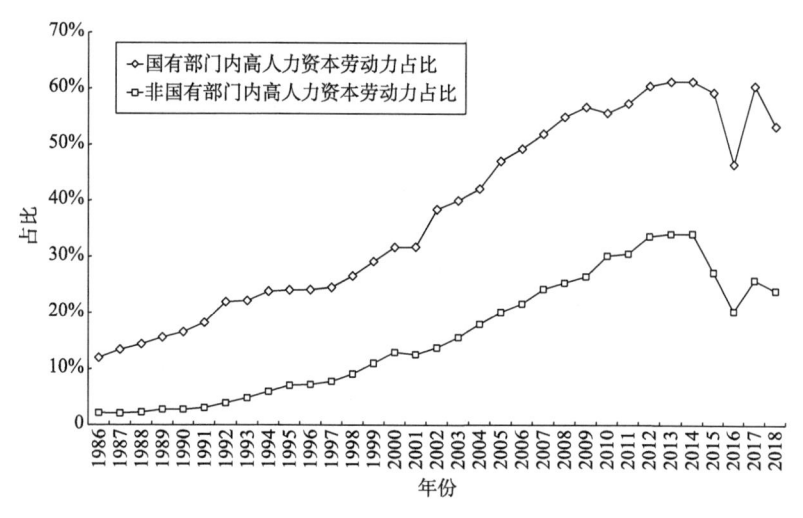

第三章 市场经济转型中人力资本配置演变研究

图 3.2 中国城镇地区各所有制部门内高人力资本劳动力占比的变化

资料来源：UHS（1986~2014 年）；CHFS（2015 年、2017 年）；CFPS（2016 年、2018 年）

表 3.2 1986~2018 年中国城镇地区分所有制部门的人力资本积累情况

年份	平均受教育年限/年			高人力资本劳动力占比		
	国有部门	非国有部门	差	国有部门	非国有部门	差/百分点
1986	12.78	11.73	1.05***	11.93%	2.14%	9.79***
1987	12.89	11.79	1.10***	13.37%	2.08%	11.29***
1988	12.95	11.83	1.12***	14.36%	2.25%	12.11***
1989	13.01	12.02	0.99***	15.57%	2.76%	12.81***
1990	13.10	12.01	1.09***	16.53%	2.74%	13.79***
1991	13.18	12.09	1.09***	18.20%	3.05%	15.15***
1992	12.43	11.27	1.16***	21.93%	3.90%	18.03***
1993	12.47	11.40	1.07***	22.14%	4.82%	17.32***
1994	12.57	11.51	1.06***	23.81%	5.96%	17.85***
1995	12.58	11.59	0.99***	24.06%	7.07%	16.99***
1996	12.60	11.67	0.93***	24.11%	7.21%	16.90***
1997	12.61	11.72	0.89***	24.53%	7.77%	16.76***
1998	12.70	11.83	0.87***	26.55%	9.09%	17.46***
1999	12.81	11.97	0.84***	29.13%	11.00%	18.13***
2000	12.90	11.97	0.93***	31.68%	12.93%	18.75***
2001	12.92	12.06	0.86***	31.72%	12.53%	19.19***

续表

年份	平均受教育年限/年			高人力资本劳动力占比		
	国有部门	非国有部门	差	国有部门	非国有部门	差/百分点
2002	12.58	10.98	1.60***	38.40%	13.76%	24.64***
2003	12.69	11.07	1.62***	39.97%	15.61%	24.36***
2004	12.82	11.24	1.57***	42.03%	17.95%	24.08***
2005	13.07	11.35	1.71***	47.05%	20.11%	26.94***
2006	13.20	11.49	1.71***	49.26%	21.59%	27.67***
2007	13.35	11.65	1.70***	51.86%	24.21%	27.65***
2008	13.50	11.61	1.90***	54.88%	25.31%	29.57***
2009	13.61	11.69	1.92***	56.66%	26.45%	30.21***
2010	13.55	11.95	1.59***	55.60%	30.15%	25.45***
2011	13.66	11.95	1.71***	57.30%	30.52%	26.78***
2012	13.84	12.16	1.68***	60.45%	33.66%	26.79***
2013	13.89	12.20	1.70***	61.25%	34.11%	27.14***
2014	13.89	12.20	1.70***	61.25%	34.12%	27.13***
2015	13.72	11.08	2.65***	59.30%	27.24%	32.06***
2016	12.75	10.45	2.30***	46.54%	20.31%	26.23***
2017	13.76	11.00	2.76***	60.45%	25.85%	34.61***
2018	13.11	10.56	2.55***	53.28%	23.98%	29.30***

***表示部门间均值差在1%的显著水平上显著

注：表中"差"列显示了国有部门与非国有部门的均值差

资料来源：UHS（1986~2014年）；CHFS（2015年、2017年）；CFPS（2016年、2018年）

三、不同所有制部门之间人力资本结构的演变规律

根据我国改革开放以来非国有部门的发展历程，我国经济转型过程大致可以划分为五个阶段。①1978~1988年的起步阶段：在农村推行家庭联产承包责任制以及城市开展国有企业改革试点的进程中，非国有经济开始崭露头角并逐步发展。与此同时，城镇集体企业也迅速发展。②1989~1991年的曲折发展阶段：私营经济的发展进入"寒潮期"。③1992~2001年的恢复性发展阶段：1992年邓小平南方谈话重申了深化改革和加速发展的必要性和重要性，同年中共十四大提出建立社会主义市场经济体制，以及1997年国企改制都为私营企业的发展提供了空间和机遇。④2001~2012年的井喷式快速发展阶段：2001年我国加入世界贸易组

织，2002年中共十六大提出一系列鼓励非公有制经济发展的方针政策，同年颁布实施《中华人民共和国中小企业促进法》，2005年"非公经济36条"的提出，2009年颁布的《关于进一步促进中小企业发展的若干意见》，以及2012年颁布的《关于进一步支持小型微型企业健康发展的意见》，均在很大程度上促进、推进和深化了个体私营经济的发展。⑤2012年至今的稳定发展阶段：该阶段改革的核心是处理好政府和市场的关系，让市场在资源配置中起决定性作用，同时更好地发挥政府作用。我国经济增长已进入新常态阶段，政府在继续深化改革国有企业的同时，强调多种所有制经济平等竞争、依法平等使用生产要素，废除对非公有制经济的各种不合理规定，进一步肯定了非公有制经济在我国社会经济发展中的地位和作用，推动非国有部门的健康和稳定发展。

伴随着非国有经济的发展，劳动力不断地向非国有部门聚集，虽然高人力资本劳动力在非国有部门的就业人数增长较快，但与国有部门相比其存量仍较低，非国有部门仍不具有人才优势。图3.3反映了各级人力资本劳动力在国有与非国有部门间的配置演变过程。首先，各级人力资本劳动力在非国有部门的就业人数占比均呈现出不断上升的趋势。1986年，在拥有大专及以上学历的劳动力中，仅有5.4%在非国有部门就业（表3.3），其余94.6%的高人力资本劳动力均在国有部门就业；具有中专、职高和高中学历的劳动力中，也仅有16.9%在非国有部门就业；具有初中及以下学历的劳动力中，在非国有部门就业的比例稍高一些，但也不到三分之一，仅为32.0%。随着非国有经济的兴起，各级人力资本劳动力在非国有部门的就业人数占比显著增加，至2018年，全国城镇地区拥有大专及以上学历的劳动力中，有46.6%在非国有部门就业，具有中等教育水平的劳动力中有65.5%就职于非国有部门，具有初级教育水平的劳动力中有高达81.7%在非国有部门就业。其次，从年均增长率上看，高人力资本劳动力在非国有部门的就业人数占比增长最快，年均增长率高达7.0%，中等人力资本劳动力年均增长4.3%，低人力资本劳动力年均增长3.0%。最后，分经济转型的阶段看，20世纪80年代末至90年代中后期，非国有部门经历过"寒潮期"，并进入恢复性发展阶段，不同人力资本劳动力在国有与非国有部门间的就业人数占比保持稳定；直至1997年左右国有企业改制，劳动力逐渐从国有部门向非国有部门流动，而2002年中共十六大提出的"必须毫不动摇地鼓励、支持和引导非公有制经济发展""放宽国内民间资本的市场准入领域""完善保护私人财产的法律制度"[1]等一系列鼓励非公有制经济发展的方针政策进一步促进非公有制经济的发展，推动了劳动力加速向非国有部门聚集，不同人力资本劳动力在非国有部门的就业比例迅速增加。

---

[1] 江泽民同志在党的十六大上所作报告全文[EB/OL]. https://fuwu.12371.cn/2012/09/27/ARTI1348734708607117.shtml，2002-11-08.

从1997年到2018年低人力资本劳动力在非国有部门的就业人数占比增加了49.7个百分点,升幅最大,中等人力资本劳动力次之,增加了46.9个百分点,高人力资本劳动力最低,增加了38.8个百分点。2018年,已有超过80%的低人力资本劳动力以及超过65%的中等人力资本劳动力在非国有部门就业,而高人力资本劳动力在非国有部门就业人数占比仍低于47%。

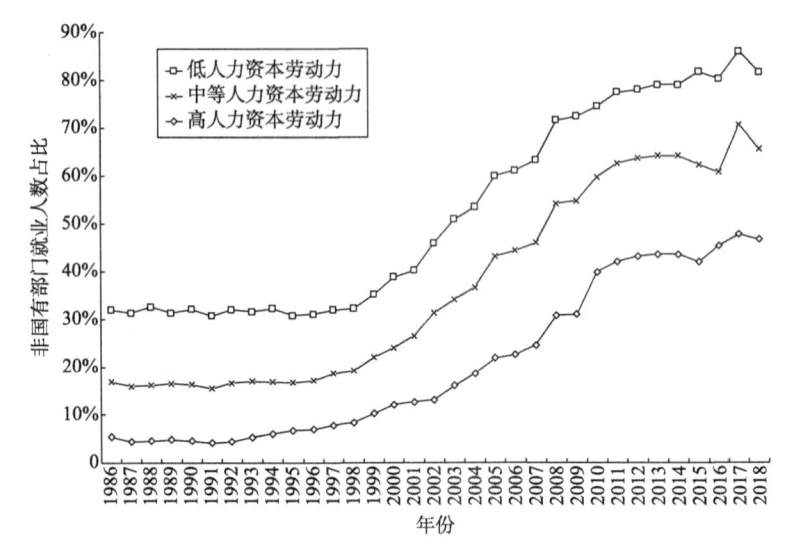

图3.3 各级人力资本劳动力在非国有部门就业人数占比的变化趋势

资料来源:UHS(1986~2014年);CHFS(2015年、2017年);CFPS(2016年、2018年)

表3.3 1986~2018年中国城镇地区各级人力资本劳动力在非国有部门就业人数占比

年份	非国有部门占比		
	低人力资本劳动力	中等人力资本劳动力	高人力资本劳动力
1986	32.0%	16.9%	5.4%
1987	31.3%	16.0%	4.4%
1988	32.6%	16.2%	4.6%
1989	31.3%	16.5%	4.9%
1990	32.1%	16.4%	4.5%
1991	30.7%	15.5%	4.1%
1992	32.0%	16.7%	4.4%
1993	31.6%	17.0%	5.3%
1994	32.3%	16.9%	6.0%
1995	30.8%	16.7%	6.7%
1996	31.0%	17.2%	6.9%
1997	31.9%	18.7%	7.8%
1998	32.2%	19.3%	8.4%

续表

年份	非国有部门占比		
	低人力资本劳动力	中等人力资本劳动力	高人力资本劳动力
1999	35.1%	22.0%	10.2%
2000	38.7%	24.0%	12.1%
2001	40.1%	26.5%	12.7%
2002	45.8%	31.3%	13.1%
2003	50.9%	34.1%	16.0%
2004	53.4%	36.6%	18.6%
2005	60.0%	43.1%	21.9%
2006	61.1%	44.2%	22.6%
2007	63.2%	45.9%	24.5%
2008	71.5%	54.2%	30.8%
2009	72.3%	54.7%	31.0%
2010	74.4%	59.7%	39.7%
2011	77.5%	62.6%	42.0%
2012	78.0%	63.6%	43.1%
2013	79.0%	64.2%	43.5%
2014	79.0%	64.2%	43.5%
2015	81.7%	62.3%	41.9%
2016	80.3%	60.7%	45.3%
2017	86.0%	70.6%	47.7%
2018	81.7%	65.5%	46.6%

资料来源：UHS（1986~2014年）；CHFS（2015年、2017年）；CFPS（2016年、2018年）。

进一步地，图3.4展示了各级人力资本劳动力在国有与非国有部门间的配置情况。图3.4中横轴表示全国城镇地区劳动力在非国有部门就业的比例（表3.1），纵轴表示各级人力资本劳动力在非国有部门中就业的比例（表3.3），黑色直线是45°线，其刻画了人力资本在国有与非国有部门间平等配置的情况。例如，当整体劳动力在非国有部门就业占比为50%时，各级人力资本劳动力在非国有部门就业占比也为50%。图3.4清晰地显示出，低人力资本劳动力过多地集中在非国有部门，中等人力资本劳动力略集中于非国有部门，而高人力资本劳动力则在非国有部门中配置不足。低人力资本劳动力分布在45°线的上方，意味着其在非国有部门的配置比例高于整体劳动力在该部门的配置比例，说明非国有部门聚集了更多的低人力资本劳动力，而且这种趋势还在扩大（在图中表现为低人力资本的分布点逐渐远离45°线）。中等人力资本劳动力在经济转型初期还较多地分布在国有部门（在图中表现为其分布在45°线下方），随着市场化进程的加快和整体劳动力受教育水平的提高，非国有部门逐渐吸引了较多的具有中等学历的劳动力加入（在图中表现为其逐渐分布在45°线上方）。然而，代表高人力资本劳动力的点一直分布在 45°线下方，且与 45°线的距离基本保持不变，这说明拥有大专及以上学历的劳动力自经济转型以来一直聚集在国有部门，非国有部门的高人力资本劳动力配置不足，且两部门间的人才配置差距一直存在且略显扩大趋势。

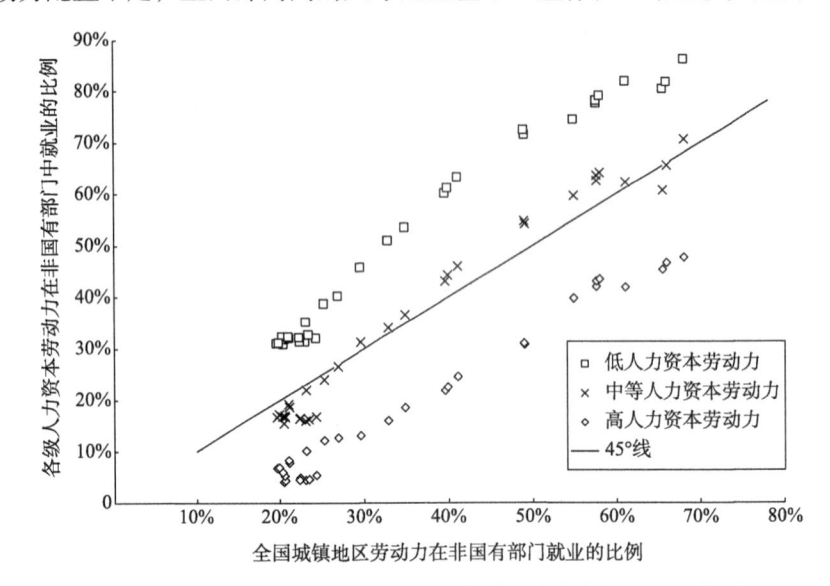

图 3.4　各级人力资本劳动力在国有与非国有部门间的配置状况

资料来源：UHS（1986~2014 年）；CHFS（2015 年、2017 年）；CFPS（2016 年、2018 年）

四、不同地区的所有制部门间人力资本结构的演变规律

我国经济转型过程中还呈现出地区发展不均衡的特征，这也反映在劳动力市场化进程中。东西部地区的人力资本结构调整速度不一致，东部经济发达地区，人力资本结构调整的时间点较早、速度较快；而西部欠发达地区，人力资本结构调整的时间较晚且国有与非国有部门间的人才差距更大。以我国经济较发达的广东省以及经济欠发达的四川省为例，结果如图 3.5 所示。我们可以看到经济较发达的广东省开始调整的时间点较早，大约从非国有经济恢复性发展期开始，劳动力选择到非国有部门就业的比例开始上升。1992 年邓小平南方谈话为非公有制经济的发展奠定了思想理论基础，大批拥有中高等学历的劳动力转移到非国有部门就业，政府工作人员和科研院所的技术人员纷纷下海经商。广东省是改革先行省份，从图 3.5 中可以看出，中高人力资本劳动力在非国有部门的就业比例在 1992 年时呈现跨越式增长，随后基本保持稳定。但自 1997 年深化国有企业改革起，各级人力资本劳动力到非国有部门就业的占比经历第二次快速上升，且增速更快。高、中、低人力资本劳动力选择到非国有部门就业的占比从 1997 年的 14.0%、30.1% 和

41.6%上升到2018年的63.9%、74.8%和87.8%。1986~2018年，高人力资本劳动力选择到非国有部门就业的比例增长了55.6个百分点，人力资本结构调整速度较快。

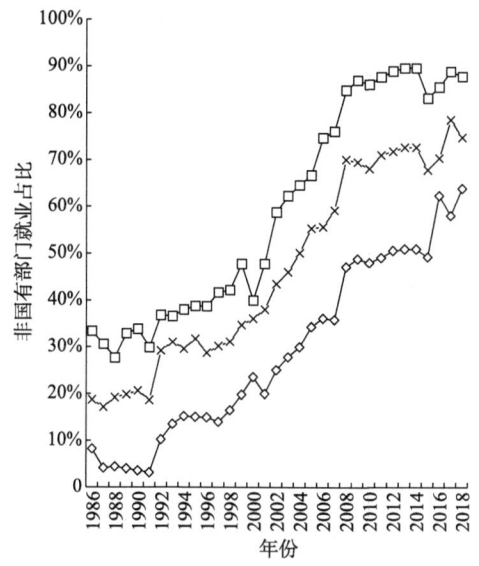

（a）广东省

（b）四川省

图3.5　分地区分人力资本水平的非国有部门就业占比变化趋势

资料来源：UHS（1986~2014年）；CHFS（2015年、2017年）；CFPS（2016年、2018年）

经济欠发达的四川省的人力资本结构调整速度较慢，调整开始的时间点也相对较晚。非国有经济恢复性发展期，劳动力选择到非国有部门就业的比例上升，但速度较慢，上升比例较小。1994年开始实行国有企业"抓大放小"改革，国有部门推行减员增效，部分劳动力下岗，转移到非国有部门中就业。如图3.5所示，四川省中高人力资本劳动力在非国有部门的就业占比从1995年起缓慢增加，直到2001年我国加入世界贸易组织后，各级人力资本劳动力到非国有部门就业的比例开始呈现较大增幅。然而，截至2018年，各级人力资本劳动力在非国有部门就业的占比仍均低于广东省。四川省高、中、低人力资本劳动力在非国有部门的占比分别为40.0%、57.1%、80.0%。在1986~2018年，高人力资本劳动力选择到非国有部门就业的比例增长了38.6个百分点，人力资本结构调整速度较慢。

经济发展水平越高的地区，人力资本结构调整速度越快，非国有部门的人力资本水平也越高。截至2017年，在经济较发达的广东省，非国有部门内高人力资本劳动力占比已达34.0%，高于25.9%的全国平均水平；而在经济欠发达的四川省，非国有部门内高人力资本劳动力占比仅为24.1%。这部分由于东南沿海地区的经济发展更好，市场化程度更高，非国有部门的教育回报率高于国有部门，从而促进了劳动力从国有部门向非国有部门转移。这同时也说明，在西部欠发达地区，国有与非国有部门间的人才差距更大。

总体而言，通过观察人力资本要素在国有与非国有部门间的演变历程，我们可以发现以下几点规律：①两部门劳动力的平均受教育水平均不断提高，但国有部门增长得更快、人力资本优势依然存在；②伴随着经济转型进程，劳动力逐渐向非国有部门转移，虽然非国有部门内部高人力资本劳动力的占比增长快于国有部门内部该占比的增长，但两部门间的人才差距依然存在，高人力资本劳动力依然更多地聚集在国有部门；③经济越发达的地方，非国有经济越活跃，各级人力资本劳动力向非国有部门聚集的起始点更早，速度也越快。

第四节　本章小结

在市场转型过程中，我国城镇劳动力市场经历了根本性变化，其中最为突出的是就业所有制类型的转变。1978年，国有部门在城镇就业人口中所占份额约为78.3%，集体经济所占份额约为21.5%，而其他经济所占份额几乎为零。至2020年，非国有部门在城镇就业人口中所占份额已达到88.0%。在计划经济体制下，劳动力由行政部门统一分配，工资也由政府决定。如今，劳动力的配置几乎主要由市场决定，政府对于企业制定工资的干预较少。在经济转型之前，部分国有企业经营状况不佳、效率低下、亏损严重，为了维持经济和社会的稳定，政府只能对其采取"保"和"补"的办法，财政赤字日趋增加，这不利于中国经济的发展。在市场化的推进过程中，非国有部门不断发展，打破国有部门的垄断局面，为我国经济发展提供了强大的动力，为政府补贴国有部门改革中受损的利益集团提供了资金支持及就业机会，有效地推动和深化国有企业改革，促进经济平稳且高速发展。

本章回顾了从政府到市场的经济转型中，人力资本要素在国有与非国有部门之间的配置演变过程，得出以下六点结论。第一，城镇地区劳动就业从国有部门占主体过渡到非国有部门占重要地位。第二，虽然非国有部门劳动力的人力资本水平显著提升，但其与国有部门相比，差距依然存在。第三，随着非国有经济的发展，尤其是进入恢复性发展阶段和稳步发展阶段，各级人力资本水平的劳动力不断向非国有部门转移。但是，从国有部门转移出来的劳动力主要是中低人力资本劳动力，高人力资本劳动力调整速度较慢，仍然集中在国有部门。这可能是我国劳动力质量已达到世界平均水平，但劳动生产率依然较低的根源之一。第四，随着劳动力不断从国有部门转移到非国有部门，两个部门的经济效率均有所提升，资源错配情况也有所改善，且国有部门的提升速度快于非国有部门，这可能是因为高人力资本劳动力向非国有部门的转移速度较慢。第五，非国有部门难以吸引高人力资本劳动力，这会导致一定的经济损失。第六，在经济较发达的东南沿海地区，人力资本结构调整速度较快，经济损失相对较低。

在新的历史阶段，我国经济已迈入高质量发展阶段，人力资本将是新阶段带动经济稳定增长的重要引擎。目前，中国劳动力的人力资本存量已经达到足够规模，也有相当大的增量，全国高校毕业生人数逐年增加，2022届高校毕业生规模首破千万，达1 053.5万人，其中研究生毕业生86.2万人，普通、职业本专科毕业生967.3万人①。然而，从前文分析可知，我国的人力资本红利仍有较大的释放空间。因此，本章建议在加快人力资本积累的同时，继续改善人力资本配置状况，促进高人力资本劳动力从国有部门向非国有部门转移，并继续深化国有企业改革，提高国有部门的生产效率。这有利于推动供给侧结构性改革，巩固国有经济的主体地位，进一步壮大非国有经济，提高我国的生产效率，提升产品和服务的质量，从而推动我国经济高质量发展。

---

① 资料来源：国家统计局（http://www.stats.gov.cn/sj/zxfb/202302/t20230228_1919011.html）。

第四章　优化人力资本配置对经济总产出的影响

第三章深入探讨了不同所有制内部和之间人力资本结构的演化规律。研究结果显示，随着中国市场化改革的推进，劳动力市场不断发展和完善，劳动力要素得以重新配置，人力资本配置失衡现象逐渐缓解，而且这一过程似乎伴随着国有与非国有部门经济效率的同时提高。这引发了本章的两个研究问题：①自经济转型以来，国有与非国有部门之间的人力资本配置失衡的程度及其演变规律；②优化两部门间的人力资本错配可提升经济总产出的幅度。第一个问题属于量化基础上的定性分析，而第二个问题涉及定量分析。本章旨在通过回答这两个问题，总结中国经济转型过程中优化人力资本配置的经验。

第一节　理论模型

经济学理论指出，在完全竞争市场中，人力资本要素在企业间实现最优配置，同质的人力资本的边际收益（即工资）相同，最终产出实现最大化（Restuccia and Rogerson，2013）。然而，经济体制改革和发展过程伴随着体制性扭曲、结构性扭曲或政策诱致性扭曲（马颖等，2018），这些扭曲导致了国有部门与非国有部门间存在工资差异，人力资本价格偏离社会均衡时的理想价格。当每单位同质的人力资本的工资在部门间存在差异时，人力资本在不同部门的配置就会失衡，即发生错配，这种部门间的人力资本错配会进一步导致实际产出偏离最优产出。本章借鉴Vollrath（2014）研究发展中国家行业间人力资本配置效率的模型，测度了国有部门与非国有部门之间人力资本错配程度及其对经济产出的影响。

一、人力资本错配的测算

第二章综述了人力资本错配的概念及其测度方式。从本质上讲，错配是实际的资源配置状态对资源最优配置状态的一种偏离。因而，"最优配置状态"的确定方式不同就决定了错配有不同的测度方式。在第三章中，我们虽然用人力资本结构刻画人力资本配置方式的演变，但本质上是仅反映出就业量的变化，未考虑到劳动力市场上另一个重要的变量——劳动力价格（工资）的变化情况，也未讨论最优配置的参照系。因此，第三章主要揭示国有与非国有部门人力资本结构变化的趋势。本章则是进一步通过确定一个最优配置的参照系来探究不同所有制部门间人力资本配置偏离最优状态时的情况及其演变规律。具体上讲，已有研究主要用单位研发投入占比、科研人员占比、各行业人力资本强度、全要素生产率的损失、教育回报率（Dougherty and Selowsky，1973；李静和楠玉，2017；葛晶和李勇，2019）等指标衡量人力资本错配。本章则根据 Vollrath（2014）的方法，计算实际每单位人力资本价格与最优配置时每单位人力资本价格的差额，用该差额测度人力资本配置失衡的程度。该差额越大，说明人力资本在不同所有制部门间的配置失衡程度就越大。

根据 Krueger 和 Summers（1988）、Hsieh 和 Klenow（2009）的研究，劳动力要素在自由流动时，其价格往往会趋于社会平均的价格水平。根据新古典经济学理论，当一单位同质的劳动力要素从生产率较低的部门流向生产率较高的部门时，生产率较高的部门得到这一单位同质劳动力要素后的要素边际产出价值会减少，而生产率较低的部门失去这一单位同质劳动力要素后的要素边际产出价值会增加。因而，随着要素在部门间的自由流动，各部门同质要素的边际产出价值会趋同，此时同质要素在各部门间的配置可被视作一种最优的配置状态。在 Vollrath（2014）的基础上，我们将 j 部门的工资回报相对于社会平均工资回报的差距定义为人力资本错配，即 j 部门的工资溢价。人力资本错配值的度量可以由式（4.1）得到：

$$\text{wagediff} = \ln\left(1+\tau_j^w\right) = \delta_j - \sum_{i=1}^{J} \delta_j s_j \tag{4.1}$$

其中，δ_j 表示 j 部门的工资回报，由下文的 Mincer 方程（Mincer，1974）得出；$\sum_{i=1}^{J} \delta_j s_j$ 表示社会平均工资水平（劳动力可以自由流动时的市场均衡工资）[①]；s_j

---

[①] 本章测算的人力资本错配值是相对错配程度而非绝对错配程度。具体上讲，本章将理论上的社会平均工资水平作为参照系，计算实际人力资本配置时的部门工资与该参照系之间的差距。然而，理论值难以观测，因此本章采用实际观测到的社会平均工资水平。尽管本章度量的并非错配程度的绝对值，但是相对值的变化趋势依然能反映错配程度的演变趋势。

表示 j 部门的就业份额，由样本数据中 j 部门的就业人数占比表示。在理想状态下，部门间人力资本实现了最优配置，各部门的工资回报与社会平均工资回报相等，部门之间的工资回报亦不存在差异，即式（4.1）等于 0。但事实上，两个部门之间的人力资本配置并不总是最优的，各部门均存在一个"工资楔子"（Vollrath，2014），我们用式（4.1）中的 τ_j^w 表示。$\tau_j^w>0$ 表示 j 部门的人力资本价格（即工资回报）高于社会均衡时的理想价格，即 j 部门面临工资溢价，这将导致人力资本流入该部门，从而导致 j 部门形成正向的人力资本配置扭曲，此时式（4.1）大于 0。$\tau_j^w<0$ 则表示 j 部门的人力资本价格低于社会均衡时的理想价格，这将导致人力资本流出该部门，从而导致 j 部门形成负向的人力资本配置扭曲，此时式（4.1）小于 0。当 $\tau_j^w=0$ 时，j 部门的人力资本价格等于社会均衡时的理想价格，即同质的人力资本在不同部门获得相同的工资回报，此时式（4.1）等于 0，部门间人力资本配置达到理论最优状态。

为了得到 j 部门的工资回报 δ_j，我们估计下列 Mincer 方程：

$$\ln w_{ij} = \beta_0 + \delta_j \text{Sector}_j + X_i'\beta_x + \gamma + \theta + \mu + \varepsilon_{ij} \quad (4.2)$$

其中，$\ln w_{ij}$ 为在 j 部门工作的个体 i 的工资水平；Sector_j 为部门虚拟变量，当个体 i 在国有部门工作时取值为 1，否则为 0；X_i 为个体 i 的人力资本特征向量，包括受教育水平、工作经验、工作经验的平方与性别；γ、θ、μ 分别为个体 i 所在省级行政区、职业和行业的虚拟变量；ε_{ij} 为误差项，表示影响个体工资性收入的其他难以观测的因素以及工资估计模型的设定误差等。本章主要使用普通最小二乘法估计式（4.2）[①]。我们主要关注的是部门的估计系数，得到 j 部门的工资回报 δ_j 后，我们便将其代入式（4.1）中测度人力资本错配值。

二、人力资本错配对经济产出的影响

假设 j 部门的代表性企业以柯布-道格拉斯（Cobb-Douglas，C-D）生产函数进行生产：

[①] 利用普通最小二乘法估计式（4.2）可能会产生遗漏变量偏差的内生性问题。例如，家庭背景更好、能力更强的人更有可能进入国有部门工作，同时他们也能获得较高的工资，那么遗漏家庭背景和个人能力，会使得部门的工资回报率被高估。为了部分处理该内生性问题，本章利用倾向评分匹配（propensity score matching，PSM）法进行稳健性检验，检验结果表明普通最小二乘法估计值稳健。当然，PSM 并不能完全解决遗漏变量偏差的内生性问题；但由于本章的研究目的是通过估计部门回报率来进一步测算人力资本错配值，并展示 1988~2018 年该错配值的变化趋势，故而即使部门回报率存在高估，只要假定该高估值在样本年份间保持不变，那么其基本不影响人力资本错配值的逐年变化趋势。因此，本章主要基于普通最小二乘法的估计值计算人力资本错配值。

第四章 优化人力资本配置对经济总产出的影响

$$Y_j = A_j K_j^{\alpha} H_j^{1-\alpha} \tag{4.3}$$

其中，Y_j 为 j 部门的产量；A_j 为 j 部门的全要素生产率；K_j 为 j 部门的资本投入量；H_j 为 j 部门的人力资本投入量；α 为资本的要素投入份额，借鉴已有研究，将其取值为 0.3[①]。

本章主要考察由人力资本在不同部门间的配置失衡导致的实际产值偏离理论最优产值的情况，因此暂时假定资本在各部门实现了合理配置。在该假定下，本章估计出的经济效率增加值将为下限，即当人力资本配置在不同所有制部门间实现最优配置时，我国经济总产出至少可以增加的幅度[②]。为了方便表述，不妨将 $A_j K_j^{\alpha}$ 记作 Z_j，于是式（4.3）可以重新写为

$$Y_j = Z_j H_j^{1-\alpha} \tag{4.4}$$

在人力资本价格存在扭曲的情况下，j 部门中的代表性企业的目标是实现利润最大化[③]：

$$\max\left\{ \Pi_j = \left(1 - \tau_j^R\right) p_j Y_j - w\left(1 + \tau_j^w\right) H_j \right\} \tag{4.5}$$

其中，τ_j^R 为 j 部门的"收益楔子"（即由人力资本错配以及产品市场不完全竞争而导致的收益扭曲）；τ_j^w 为 j 部门的"工资楔子"（人力资本价格扭曲）；p_j 为 j 部门的产品价格；w 为市场均衡时的人力资本边际报酬（未扭曲时的人力资本价格）。

由利润最大化的一阶条件可以得到

$$\text{F.O.C}_{H_j}: \quad w = \frac{1 - \tau_j^R}{1 + \tau_j^w}(1-\alpha) p_j Z_j H_j^{-\alpha} \tag{4.6}$$

考虑两部门的情况，即当 $j=2$ 时，不妨设

$$\frac{1 - \tau_1^R}{1 + \tau_1^w} = B_1, \quad p_1 Z_1 = B_2$$

[①] Hamermesh（1973）认为该弹性的合理区间为[0.15, 0.75]，且最优值为 0.3。因此本章借鉴已有研究，将工资弹性 α 取值为 0.3。为了验证结论的稳健性，我们分别取 α 为 0.2、0.45 进行测算，主要结论不变。

[②] 如果考虑资本在国有与非国有部门间的错配情况，并且资本与人力资本之间存在较强的互补性，那么考虑资本错配的情况，人力资本错配对企业经济效率造成的损失将更大。换句话说，在考虑资本错配的情况下，纠正部门间的人力资本错配将带来更大程度的经济效率的提升。那么，本章所估计的纠正人力资本错配对经济效率带来的提升作用可以被看作估计的下限。

[③] 国有企业与非国有企业的目标函数可能并不一致。2015 年 8 月 24 日发布的《关于深化国有企业改革的指导意见》将国有企业划分为：①公益类；②主业处于充分竞争行业和领域的商业类；③主业处于重要行业和关键领域的商业类。对于公益类的国有企业而言，利润最大化可能并不是其首要目标，但其也是业绩导向，最终产品可能表现为一种公共服务品，而该公共服务品的市场价格可能趋于零（免费享受）。这类情形，仍可纳入式（4.5）的研究框架中。此外，国企改革的一大目标是国有资产增值保值，以壮大国有经济；因而对于其他商业类的国有企业，将利润最大化作为其目标函数有一定道理，也符合国企改革的目标。

$$\frac{1-\tau_2^R}{1+\tau_2^w} = C_1, \quad p_2 Z_2 = C_2$$

则由式（4.6）可得

$$B_1(1-\alpha)B_2 H_1^{-\alpha} = w \qquad (4.7)$$

$$C_1(1-\alpha)C_2 H_2^{-\alpha} = w \qquad (4.8)$$

由式（4.7）、式（4.8）变换可以进一步得到

$$\left(B_1 \frac{1-\alpha}{w} B_2\right)^{\frac{1}{\alpha}} = H_1 \qquad (4.9)$$

$$\left(C_1 \frac{1-\alpha}{w} C_2\right)^{\frac{1}{\alpha}} = H_2 \qquad (4.10)$$

结合式（4.9）、式（4.10）可以得到

$$\left(\frac{B_1 B_2}{C_1 C_2}\right)^{\frac{1}{\alpha}} = \frac{H_1}{H_2} \qquad (4.11)$$

假设一个经济体中的所有人力资本存量为

$$H = \sum_{j=1}^{J} H_j$$

即 $H = H_1 + H_2$

则结合式（4.9）、式（4.10）可以进一步得到

$$\frac{H_1}{H} = \frac{\left(\frac{B_1 B_2}{C_1 C_2}\right)^{\frac{1}{\alpha}}}{1+\left(\frac{B_1 B_2}{C_1 C_2}\right)^{\frac{1}{\alpha}}} \qquad (4.12)$$

$$\frac{H_2}{H} = \frac{1}{1+\left(\frac{B_1 B_2}{C_1 C_2}\right)^{\frac{1}{\alpha}}} \qquad (4.13)$$

于是，在存在人力资本错配时，一个经济体中（j=2）的经济总产出 Y^{obs} 可以表示为

$$Y^{obs} = Y_1^{obs} + Y_2^{obs} = B_1 B_2 H_1^{1-\alpha} + C_1 C_2 H_2^{1-\alpha} = \left[B_1 B_2 \left(\frac{H_1}{H}\right)^{\frac{1}{\alpha}} + C_1 C_2 \left(\frac{H_2}{H}\right)^{1-\alpha}\right] \times H^{1-\alpha}$$

$$(4.14)$$

将式（4.12）、式（4.13）代入式（4.14），则存在人力资本错配时的经济总

产出可以进一步表示为

$$
\begin{aligned}
Y^{obs} &= \left\{ B_1 B_2 \left[\frac{\left(\frac{B_1 B_2}{C_1 C_2}\right)^{\frac{1}{\alpha}}}{1+\left(\frac{B_1 B_2}{C_1 C_2}\right)^{\frac{1}{\alpha}}} \right]^{1-\alpha} + C_1 C_2 \left[\frac{1}{1+\left(\frac{B_1 B_2}{C_1 C_2}\right)^{\frac{1}{\alpha}}} \right]^{1-\alpha} \right\} \times H^{1-\alpha} \\
&= \left\{ B_1 B_2 \left[\frac{(B_1 B_2)^{\frac{1}{\alpha}} + (C_1 C_2)^{\frac{1}{\alpha}}}{(B_1 B_2)^{\frac{1}{\alpha}}} \right]^{\alpha-1} + C_1 C_2 \left[\frac{(B_1 B_2)^{\frac{1}{\alpha}} + (C_1 C_2)^{\frac{1}{\alpha}}}{(C_1 C_2)^{\frac{1}{\alpha}}} \right]^{\alpha-1} \right\} \times H^{1-\alpha} \\
&= \left\{ \left[(B_1 B_2)^{\frac{1}{\alpha}} + (C_1 C_2)^{\frac{1}{\alpha}} \right]^{\alpha-1} \times \left[\frac{B_1 B_2}{(B_1 B_2)^{\frac{\alpha-1}{\alpha}}} + \frac{C_1 C_2}{(C_1 C_2)^{\frac{\alpha-1}{\alpha}}} \right] \right\} \times H^{1-\alpha} \\
&= \left\{ \left[(B_1 B_2)^{\frac{1}{\alpha}} + (C_1 C_2)^{\frac{1}{\alpha}} \right]^{\alpha} \times \frac{(B_1 B_2)^{\frac{1}{\alpha}} + (C_1 C_2)^{\frac{1}{\alpha}}}{(B_1 B_2)^{\frac{1}{\alpha}} + (C_1 C_2)^{\frac{1}{\alpha}}} \right\} \times H^{1-\alpha} \\
&= \left[(B_1 B_2)^{\frac{1}{\alpha}} + (C_1 C_2)^{\frac{1}{\alpha}} \right]^{\alpha} \times H^{1-\alpha} \\
&= \left[\left(\frac{1-\tau_1^R}{1+\tau_1^w} \times p_1 Z_1 \right)^{\frac{1}{\alpha}} + \left(\frac{1-\tau_2^R}{1+\tau_2^w} \times p_2 Z_2 \right)^{\frac{1}{\alpha}} \right]^{\alpha} \times H^{1-\alpha}
\end{aligned}
$$

(4.15)

基于式(4.15),可以得到不存在人力资本错配时的经济总产出(即潜在的最优总产出)①:

$$Y^* = \left\{ \left[(1-\tau_1^R) \times p_1 Z_1 \right]^{\frac{1}{\alpha}} + \left[(1-\tau_2^R) \times p_2 Z_2 \right]^{\frac{1}{\alpha}} \right\}^{\alpha} \times H^{1-\alpha} \quad (4.16)$$

国有部门与非国有部门之间的人力资本配置失衡同时影响各自部门的生产率,使得实际经济产出偏离人力资本最优配置状态下的经济产出。参考 Vollrath(2014)的做法,结合式(4.15)和式(4.16),本章构造了不存在人力资本错配时的最优的经济总产出(Y^*)与存在人力资本错配时的实际经济总产出(Y^{obs})之间的比值 R,以此评估部门间人力资本错配导致的效率损失,并评估当两部门间的人力资本实现最优配置后,经济总产出能够提高的幅度。该比值可

---

① 本章推导的潜在最优总产出即式(4.16),仍存在产品市场不完全性导致的收益扭曲。

以表示为

$$R = \frac{Y^*}{Y^{\text{obs}}} = \frac{\left\{\left[(1-\tau_1^R) \times p_1 Z_1\right]^{\frac{1}{\alpha}} + \left[(1-\tau_2^R) \times p_2 Z_2\right]^{\frac{1}{\alpha}}\right\}^{\alpha}}{\left[\left(\frac{1-\tau_1^R}{1+\tau_1^w} \times p_1 Z_1\right)^{\frac{1}{\alpha}} + \left(\frac{1-\tau_2^R}{1+\tau_2^w} \times p_2 Z_2\right)^{\frac{1}{\alpha}}\right]^{\alpha}} \quad (4.17)$$

比值 R 等于 1 表示实际的经济总产出等于潜在最优的经济总产出，即不存在效率损失。该比值大于 1 表明实际总产出低于潜在的最优总产出，说明人力资本配置不当导致实际产出损失，这时国有部门存在工资溢价；该比值小于 1 表明实际总产出高于潜在的最优总产出，这时非国有部门存在工资溢价。具体而言，该比值的绝对值越大，说明实际产出与潜在的最优产出的差距越大，即改善了部门间的人力资本配置后，总产出的增加幅度越大。此外，该比值的绝对值越大，说明人力资本价格的扭曲越严重，跨部门的人力资本错配也越严重。

为了测算比值 R，我们将式（4.6）进行变换得到

$$w(1+\tau_j^w) = \frac{1-\alpha}{H_j^\alpha} \times (1-\tau_j^R) p_j Z_j \quad (4.18)$$

将式（4.18）移项后可以得到

$$(1-\tau_j^R) p_j Z_j = \frac{w(1+\tau_j^w)}{1-\alpha} \times H_j^\alpha \quad (4.19)$$

设 j 部门中的个体 i 获得的实际收入为

$$\text{income}_{ij} = w(1+\tau_j^w) h_{ij} \quad (4.20)$$

其中，h_{ij} 为 j 部门中个体 i 的人力资本存量，且

$$\ln h_{ij} = X_i' \beta_x + \gamma_i + \theta_i + \mu_i + \eta_{ij} \quad (4.21)$$

式（4.21）中 X_i、γ_i、θ_i、μ_i 与式（4.2）中各参数的含义一致，分别表示个体 i 的人力资本特征向量（包括受教育水平、工作经验、工作经验的平方、性别）、省份虚拟变量、职业虚拟变量和行业虚拟变量；η_{ij} 为误差项。

进一步地，对式（4.20）取对数后可以得到

$$\ln\text{income}_{ij} = \ln w + \ln(1+\tau_j^w) + \ln h_{ij} \quad (4.22)$$

将式（4.21）代入式（4.22）可以得到

$$\ln\text{income}_{ij} = \ln w + \ln(1+\tau_j^w) + X_i' \beta_x + \gamma_i + \theta_i + \mu_i + \eta_{ij} \quad (4.23)$$

不妨定义 $\beta_0 = \ln w + \ln(1+\tau_j^w)$，$\delta_j = \ln(1+\tau_j^w) - \ln(1+\tau_j^w)$，则式（4.23）可以写成

$$\text{lnincome}_{ij} = \ln w + \ln\left(1+\tau_j^w\right) + \ln\left(1+\tau_j^w\right) - \ln\left(1+\tau_j^w\right) + X_i'\beta_x + \gamma_i + \theta_i + \mu_i + \eta_{ij}$$
$$= \beta_0 + \delta_j + X_i'\beta_x + \gamma_i + \theta_i + \mu_i + \eta_{ij} \tag{4.24}$$

结合式（4.21）~式（4.24），可以得到

$$\beta_0 + \delta_j = \text{lnincome}_{ij} - \left(X_i'\beta_x + \gamma_i + \theta_i + \mu_i + \eta_{ij}\right)$$
$$= \text{lnincome}_{ij} - \ln h_{ij} = \ln w + \ln\left(1+\tau_j^w\right) \tag{4.25}$$

将式（4.25）取以 e 为底的指数后得到

$$\exp\left(\beta_0 + \delta_j\right) = w\left(1+\tau_j^w\right) \tag{4.26}$$

其中，β_0 和 δ_j 的估计值与式（4.2）中的估计值一致。

j 部门的人力资本存量如下：

$$H_j = \sum_{i\in j} h_{ij} = \sum_{i\in j} \exp\left(X_i'\beta_x + \gamma_i + \theta_i + \mu_i + \eta_{ij}\right)$$
$$= \sum_{i\in j} \exp\left(\text{lnincome}_{ij} - \beta_0 - \delta_j\right) \tag{4.27}$$

将式（4.26）、式（4.27）代入式（4.19）可以得到式（4.17）中的未知部分 $\left(1-\tau_j^R\right)p_j Z_j$，从而可以计算出 R 值，即不存在人力资本错配时的最优总产出与存在人力资本错配时实际总产出的比值。

第二节 数据来源与样本选择

一、数据来源

为了较为完整地刻画在劳动力市场培育和发展的关键时期，人力资本要素在国有与非国有部门之间配置的演变过程，本章结合 1988~2012 年连续 25 年的 UHS，2014 年、2016 年、2018 年的 CFPS，以及 2013 年、2015 年、2017 年的 CHFS 三套大型家庭数据库进行测算。UHS 数据由国家统计局负责收集，涵盖了我国经济较发达的东南沿海地区（浙江省、广东省），经济快速发展的华北（北京市）和东北（辽宁省）地区，经济逐步崛起的中部地区（安徽省、湖北省），以及经济欠发达的西部地区（四川省、陕西省、甘肃省），具有较好的地区代表性，有利于将全国代表性地区的人力资本配置情况作对比，以便更好地揭示人力资本配置演化的区域特征。CFPS 是由北京大学中国社会科学调查中心开展的长期追踪调查，收集个体、家庭、社区三个层次的数据，该数据涵盖 29 个省（自

治区、直辖市）；CHFS 是西南财经大学中国家庭金融调查与研究中心在全国范围内开展的追踪调查，在样本涵盖区域上，CHFS 比 CFPS 多了青海省，但是少了福建省。在具体测算中，为了保持各年份间数据的可比性，CFPS 和 CHFS 的样本均限制在与 UHS 一致的九个具有代表性的省级行政区样本中。此外，由于 UHS 仅针对城镇住户进行抽样调查，故在本章的测算中仅保留 CHFS 和 CFPS 的城镇样本。从城乡划分来看，虽然 CHFS 在村居层面上的抽样方法和 CFPS 略有不同，但由于两者对区县的抽取都是在城乡一体的抽样框中进行的，故具有一定的可比性。表 4.1 列出了本章使用的三个数据库的主要信息。

表 4.1 本章所使用的数据库主要信息

数据库	时间	省（自治区、直辖市）	变量来源	抽样方法
UHS	1988~2012 年	北京、安徽、辽宁、浙江、湖北、广东、四川、陕西、甘肃	1. 职工收入（包括工资性收入、奖金） 2. 其他劳动收入 3. 就业情况（即工作性质） 4. 性别 5. 年龄 6. 受教育水平 7. 职业 8. 行业	分层随机抽样
CFPS	2014 年、2016 年、2018 年	**北京**、天津、河北、山西、内蒙古、**辽宁**、吉林、黑龙江、上海、江苏、**浙江**、**安徽**、福建、江西、山东、河南、**湖北**、湖南、**广东**、广西、海南、重庆、**四川**、贵州、云南、**陕西**、**甘肃**、宁夏、新疆	1.（主要工作）过去一年的税后工资 2.（主要工作）机构性质 3.（主要工作）所属行业 4.（主要工作）职业 5. 性别 6. 出生时间 7. 受教育水平	分层随机抽样（没有在抽样时人为地划定城乡）
CHFS	2013 年、2015 年、2017 年	**北京**、天津、河北、山西、内蒙古、**辽宁**、吉林、黑龙江、上海、江苏、**浙江**、**安徽**、江西、山东、河南、**湖北**、湖南、**广东**、广西、海南、重庆、**四川**、贵州、云南、**陕西**、**甘肃**、宁夏、新疆、青海	1. 上年实收多少税后货币工资 2.（主要工作）工作性质 3.（主要工作）所属行业 4.（主要工作）所属职业 5. 性别 6. 出生年月 7. 受教育水平	分层随机抽样（没有在抽样时人为地划定城乡）

二、样本选择与变量定义

如表 4.1 所示，UHS、CFPS 和 CHFS 数据均提供了受教育水平、性别、年龄或出生时间、就业单位类型、职业类型、所属行业及工资收入等信息，测算人力资本错配及其对经济产出影响过程中用到的主要变量如下。

（1）国有经济部门（就业单位的所有制类型）：若受访者在国有部门工作，则该变量赋值为 1，否则为 0。本章的国有部门包括政府部门/党政机关、人民团体、军队、国有事业单位、国有企业/国有控股企业等；非国有部门包括集体企业、股份合作企业/联营企业、有限责任公司/股份有限公司、私营企业、港澳台投资企业、外商投资企业、个体经营者等。

（2）实际工资：个体历年实际工资收入（按2018年价格水平计算）[1]，包括奖金、津贴[2]。

（3）受教育年限：根据受教育水平对个体受教育年限进行赋值，博士、硕士、大学本科、大专/高职、中专/职高、高中、初中、小学和文盲依次赋值为22、19、16、15、12、12、9、6和0年。

（4）性别：若受访者为男性则赋值为1，否则为0。

（5）工作经验：利用年龄减去受教育年限再减去6计算而得。

本章的样本为劳动年龄人口（其中男性样本为16~60岁，女性样本为16~54岁）且有劳动收入的非农就业个体，不包括离退休再就业人员、在校学生、家务劳动者、丧失劳动能力者、失业人员等个体。在剔除主要变量缺失或异常的样本后，最终得到1988~2018年共353 201个观测值。

三、统计性描述

在总样本中，实际工资（按2018年价格水平计算）的均值为23 925.28元，标准差为27 800.27元，表明不同经济部门间就业人员的工资差异较大。分不同来源数据库对主要变量进行的描述性统计，见表4.2。

表4.2 主要变量描述性统计

	变量	均值	标准差	最小值	最大值
UHS （1988~2012年； 样本量： 333 323）	国有经济部门（=1）	0.676	0.468	0.000	1.000
	实际工资（按2018年价格水平计算）/元	22 023.360	22 845.638	4.419	710 950.200
	实际工资的对数	9.602	0.923	1.486	13.474
	受教育年限/年	12.537	2.941	0.000	19.000
	性别（男性=1）	0.553	0.497	0.000	1.000
	工作经验/年	21.379	10.105	0.000	54.000
	工作经验的平方	559.188	444.724	0.000	2 916.000

---

[1] 将名义工资用国家统计局公布的居民消费价格指数（consumer price index，CPI）进行平减，得到实际工资。

[2] 由于数据限制，本章未考虑福利性收入。国有部门通常提供比非国有部门更高的福利性补贴和收入，忽略这部分收入会低估国有部门的工资回报率。因此，本章估计出的人力资本错配值（τ^w）以及效率改善百分比（R）均是估计值的下限。

续表

变量		均值	标准差	最小值	最大值
CHFS（2013年、2015年、2017年；样本量：14 143）	国有经济部门（=1）	0.426	0.495	0.000	1.000
	实际工资（按2018年价格水平计算）/元	58 021.500	65 150.057	5.290	3 165 100.000
	实际工资的对数	10.643	0.829	1.666	14.968
	受教育年限/年	12.767	3.573	0.000	22.000
	性别（男性=1）	0.583	0.493	0.000	1.000
	工作经验/年	20.094	11.310	0.000	54.000
	工作经验的平方	531.658	490.841	0.000	2 916.000
CFPS（2014年、2016年、2018年；样本量：5 735）	国有经济部门（=1）	0.291	0.454	0.000	1.000
	实际工资（按2018年价格水平计算）/元	50 382.180	54 953.050	600.000	1 287 475.000
	实际工资的对数	10.608	0.624	6.397	14.068
	受教育年限/年	11.084	3.998	0.000	22.000
	性别（男性=1）	0.586	0.493	0.000	1.000
	工作经验/年	18.781	12.239	0.000	53.000
	工作经验的平方	502.486	538.878	0.000	2 809.000

在测算人力资本错配程度之前，我们首先检验了1988~2018年国有部门与非国有部门之间的实际工资变化趋势，总结出三点特征。第一，两部门间的实际工资差异呈现出先逐渐增大后迅速减小再波动收敛的趋势，说明随着国有企业改革的不断深化，国有部门的工资溢价不断降低甚至逐渐消失[①]。第二，从劳动力的异质性看，在高人力资本（大专及以上学历）劳动力和低人力资本（高中及以下）劳动力中，两部门间的实际工资差异总体上也呈现出先逐渐增大再迅速减小后波动收敛的趋势。第三，两部门间实际工资差异主要来自低人力资本劳动力的工资差距。

为了直观地观察国有部门和非国有部门之间的工资差异，我们列出了各部门分样本的实际工资均值，如表4.3所示；并利用表4.3的数值做出图4.1，以清晰反映上述1988~2018年国有与非国有部门之间工资差距的演变特征。首先，表4.3的第（1）、（2）、（3）列分别给出了全样本的实际工资均值、非国有部门的实际工资均值和国有部门的实际工资均值。比较第（2）列和第（3）列可以发现，在整个样本期间，国有部门的工资水平总体上明显高于非国有部门的工资水平，即国有部门的工资溢价一直存在。其次，第（4）、（5）、（6）列分别给

---

① 此处的实际工资（包括下文的人力资本错配值）在部分年份存在跳跃，很大程度上源于本章估计中使用了三套可比但又相对独立的微观调查数据。在假设三大数据库中的实际工资增长率相同的条件下，我们尝试将CHFS和CFPS两个数据库的数据换算成以UHS为标准的数据，但我们发现这并不能解决估计结果中的跳跃性问题，也无法很好地呈现样本的代表性，因而沿用三大数据库的原始数据。

出了高人力资本(大专及以上学历)劳动力的实际工资均值、在非国有部门工作的高人力资本劳动力的实际工资均值以及在国有部门工作的高人力资本劳动力的实际工资均值。通过比较第(5)列和第(6)列,我们可以发现2001~2012年,国有部门高人力资本劳动力的工资水平均高于非国有部门高人力资本劳动力的工资水平;而2012年国有企业深化薪酬制度改革后,国有部门高人力资本劳动力的工资水平逐渐低于非国有部门高人力资本劳动力的工资水平。再次,就低人力资本劳动力而言,1988~2012年国有部门的工资水平均高于非国有部门,而2013年后,该优势不再显现。最后,从图4.1中可见,国有与非国有部门间的实际工资差距主要来自两部门间低人力资本劳动力的工资差距①。这说明,相较于高人力资本劳动力,低人力资本劳动力在国有部门中的工资溢价更高。这也可能成为两部门间人力资本配置失衡的主要原因。

表4.3 各部门分样本的实际工资均值(2018年价格) 单位:元

年份	全样本 整体(1)	全样本 非国有部门(2)	全样本 国有部门(3)	高人力资本劳动力 整体(4)	高人力资本劳动力 非国有部门(5)	高人力资本劳动力 国有部门(6)	低人力资本劳动力 整体(7)	低人力资本劳动力 非国有部门(8)	低人力资本劳动力 国有部门(9)
1988	5 999	4 987	6 323	6 880	6 192	6 916	5 729	4 926	6 076
1989	5 843	4 932	6 119	6 806	6 346	6 834	5 531	4 842	5 812
1990	6 063	4 984	6 379	6 934	6 400	6 964	5 758	4 892	6 107
1991	6 561	5 607	6 828	7 242	6 742	7 271	6 300	5 522	6 604
1992	7 916	7 002	8 162	8 879	8 835	8 881	7 468	6 823	7 723
1993	8 836	7 780	9 114	9 937	10 617	9 887	8 304	7 442	8 634
1994	9 960	8 516	10 323	11 707	12 913	11 610	9 028	7 870	9 453
1995	10 432	9 099	10 749	11 930	12 431	11 886	9 643	8 539	10 012
1996	10 821	9 276	11 172	12 732	13 665	12 656	9 793	8 556	10 194
1997	12 108	10 350	12 540	14 341	15 203	14 253	10 924	9 408	11 437
1998	13 087	11 464	13 482	15 767	17 457	15 574	11 466	9 989	11 963
1999	14 013	12 050	14 533	16 720	16 369	16 766	12 154	10 808	12 663
2000	16 023	14 292	16 512	19 274	21 413	18 952	13 559	11 836	14 255
2001	17 290	14 741	18 041	21 015	20 277	21 133	14 506	12 813	15 213
2002	18 363	14 972	19 719	21 966	19 431	22 498	15 291	13 243	16 553
2003	19 527	16 327	20 943	23 291	21 646	23 696	16 104	13 976	17 560
2004	22 349	18 313	24 287	26 816	24 458	27 489	17 956	15 154	20 028
2005	24 556	19 927	27 006	29 342	26 006	30 406	19 438	16 491	21 924
2006	26 838	21 835	29 593	31 934	28 424	33 107	21 087	17 898	23 951

① 如图4.1所示,2013年后不论是高人力资本劳动力还是低人力资本劳动力,其在国有部门的平均工资均较其在非国有部门的要低。但是从全体劳动力来看,国有部门的平均工资依然比非国有部门的要高。导致这一现象的主要原因是非国有部门内部高、低人力资本劳动力的平均工资差距比国有部门要大得多。

续表

年份	全样本			高人力资本劳动力			低人力资本劳动力		
	整体	非国有部门	国有部门	整体	非国有部门	国有部门	整体	非国有部门	国有部门
	（1）	（2）	（3）	（4）	（5）	（6）	（7）	（8）	（9）
2007	29 031	23 546	32 302	34 453	29 885	36 125	22 547	19 482	25 610
2008	30 333	25 035	34 572	36 660	33 171	38 296	22 817	19 829	27 171
2009	34 944	29 070	39 444	41 833	38 188	43 550	25 985	22 538	30 772
2010	39 410	34 110	44 736	47 702	45 274	49 304	29 074	25 343	35 445
2011	40 977	35 926	46 668	50 041	47 653	51 802	29 893	26 684	36 083
2012	45 779	40 973	51 133	54 730	53 060	55 984	33 349	30 121	39 707
2013	66 819	64 651	71 218	102 985	104 154	101 228	38 561	39 058	37 259
2014	46 485	46 713	45 968	60 034	64 110	56 416	41 522	42 853	36 900
2015	59 127	57 152	61 018	76 388	81 897	72 974	39 170	39 264	39 021
2016	48 762	48 714	48 924	62 112	67 163	54 842	42 607	42 840	42 840
2017	55 118	51 954	59 857	75 427	79 451	72 333	38 678	38 754	38 468
2018	54 495	54 183	55 203	66 304	69 302	63 086	47 304	48 231	43 572

资料来源：笔者根据 UHS、CFPS、CHFS 数据测算得到

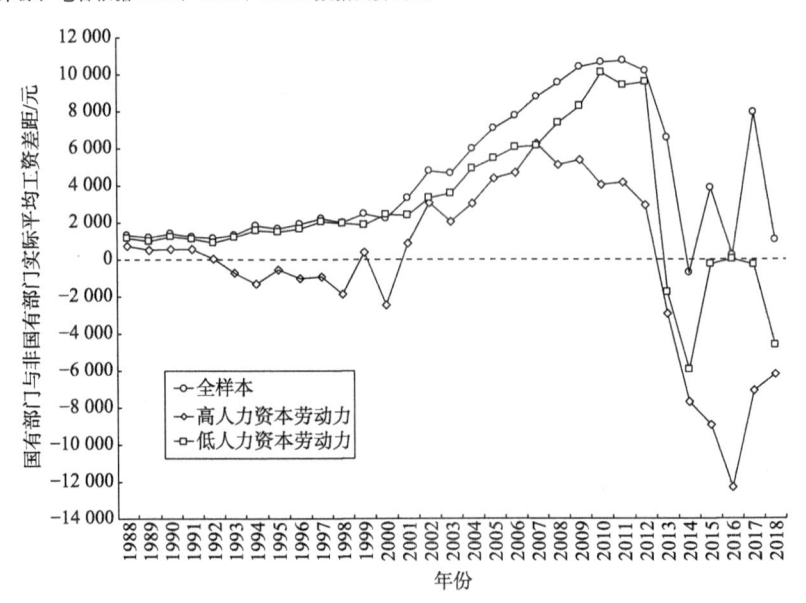

图 4.1 国有与非国有部门实际平均工资差距（按 2018 年价格计算）
资料来源：笔者根据 UHS、CFPS、CHFS 数据测算得到

此外，通过比较非国有部门内部高人力资本与低人力资本的实际工资差额 [表 4.3 第（5）列和第（8）列] 以及国有部门内部高人力资本与低人力资本的实际工资差额 [表 4.3 第（6）列和第（9）列]，我们发现，国有部门内部高人

力资本劳动力与低人力资本劳动力之间的工资差距较小;而在非国有部门内部,高人力资本劳动力与低人力资本劳动力之间的工资差距较大。这一发现与已有的研究结果一致(Mueller,1998;Hyder and Reilly,2005;Tansel,2005;Mizala et al.,2011;Morikawa,2016;Hospidoa and Moral-Benito,2016),这些研究均发现非国有部门内部的工资差距更大。

第三节 测算结果与分析

一、人力资本错配的演变规律

图4.2描绘了1988~2018年中国国有部门与非国有部门的人力资本错配值τ_j^w的演变趋势。该值大于0,表明该部门的人力资本价格(即工资)高于社会均衡时的理想价格,即存在工资溢价。这将吸引人力资本过多流入该部门,从而降低同质劳动力的边际收益产出。即使其他生产要素的边际收益产出保持不变,总产出也将低于最优产出。反之,若该值小于0,则表明该部门的人力资本价格低于社会均衡时的人力资本价格,这时人力资本倾向于流出该部门,导致该部门人力资本配置不足,进而导致总产出低于最优产出。该值等于0则意味着部门间人力资本配置达到了最优状态。

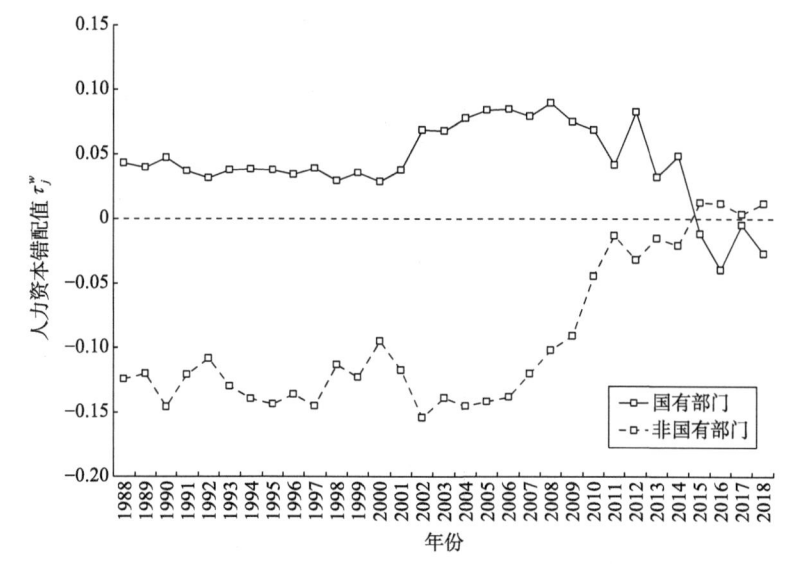

图4.2 各部门人力资本错配的演变趋势

资料来源:笔者根据UHS、CFPS和CHFS数据测算而得

（一）全国人力资本错配的演变

如图 4.2 所示，1988~2018 年全国人力资本错配的演变经历了一个缓解、加剧、再缓解的过程。1988~2014 年，国有部门的人力资本错配值均大于 0，说明国有部门的工资溢价一直存在；而非国有部门的人力资本错配值均小于 0，表明非国有部门支付的工资水平低于同质人力资本的社会平均劳动报酬，人力资本配置失衡现象一直存在。

总体上看，我国经济转型期人力资本配置经历了三个阶段。

第一阶段是 20 世纪 80 年代至 90 年代国有企业改革全面铺开时期。这一时期，国有部门的人力资本错配由 1988 年的 0.043 波动下降到 2000 年的 0.029（附表 4.1），降幅达 32.6%[①]。非国有部门的人力资本错配（绝对值）则由 1988 年的 0.124 波动下降到 2000 年的 0.095（附表 4.1），降幅达 23.4%[②]。两部门的人力资本配置均不断接近最优状态。

第二阶段是 2003~2012 年国有企业改革处于"国资监管"时期。该时期国有部门和非国有部门的人力资本错配均有所加剧。具体而言，如图 4.2 所示，国有部门的人力资本配置自 2000 年左右开始逐渐偏离最优状态，即人力资本错配加剧；但从 2008 年左右开始又不断趋于最优状态，即人力资本错配逐渐改善（但错配值仍大于 1988~1999 年的错配值）。此外，非国有部门的人力资本配置也于 2000 年左右开始迅速偏离最优状态，表明人力资本错配加剧，但很快又于 2002 年左右再次开始趋于最优状态，说明人力资本错配很快得以改善。在这段时期，国有企业改制步伐加快，导致国有部门的大量员工下岗；与此同时，非国有部门迅速发展，提供了大量的工作岗位，使劳动力得以重新流动和配置。

第三阶段是自 2013 年全面深化改革以来，市场在资源配置中起决定性地位时期。该时期国有部门与非国有部门的人力资本错配均得到了进一步缓解。截至 2015 年，国有部门的人力资本错配值为负且接近于 0，说明国有部门的工资溢价基本消失[③]。此外，伴随劳动力市场改革不断深化，非国有部门的人力资本错配亦呈现出缓解趋势；截至 2015 年，其人力资本错配值为正且几乎为 0[④]。这些结果表明，随着要素市场化改革的不断深化，劳动力要素在部门间的流动逐渐加强，从而使不同所有制部门间的人力资本配置效率均得以提高。

[①] 1988~1998 年国有部门错配值的均值为 0.038，标准差为 0.005。该时期错配值的降幅相对于 3 个同期错配值的标准差。

[②] 同理，非国有部门错配值的降幅相当于 2.3 个同期标准差。附表 4.2 汇报了整个样本期间分所有制部门和分人力资本类型的错配值的均值与标准差。

[③] 2015 年全国国有部门人力资本错配值为-0.012。

[④] 2015 年全国非国有部门人力资本错配值为 0.012。

（二）不同受教育水平劳动力配置失衡的演变

技能偏向型技术进步导致高技能劳动力与中低技能劳动力的工资差异加剧。在此背景下，研究国有部门与非国有部门之间不同技能水平的劳动力人力资本配置状况，对于促进人力资本流动、实现最优人力资本配置、缩小收入差距及实现共同富裕都具有重要的实践意义。

在本部分中，我们放松之前每单位人力资本可完全相互替代的假设，进一步假定高人力资本劳动力（拥有大专及以上学历）与低人力资本劳动力（高中及以下学历）不是完全可替代的。因此，两者的工资回报存在异质性。接下来，我们将重新测算高教育水平与低教育水平劳动力在国有与非国有部门间的人力资本错配状况，结果如图4.3所示。

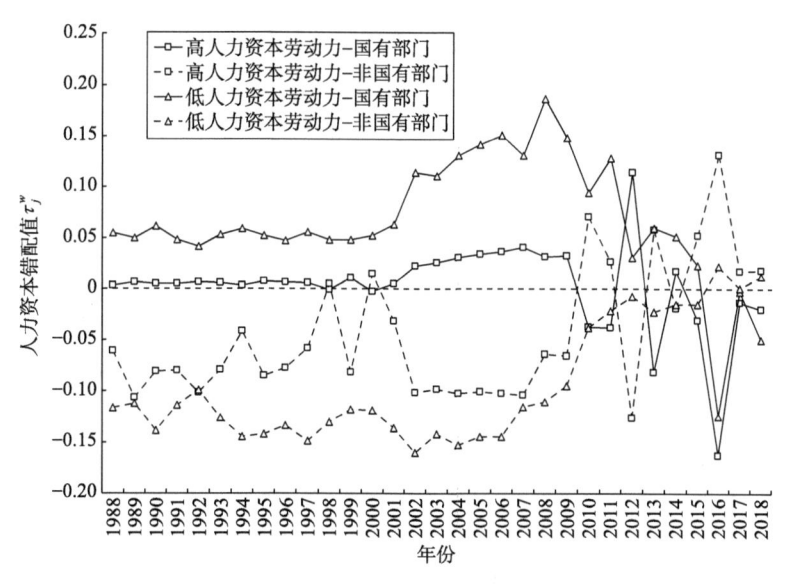

图4.3　各部门各类人力资本错配的演变趋势

资料来源：笔者根据 UHS、CFPS、CHFS 数据测算得到

异质性劳动力的配置失衡也经历了趋向、偏离和再趋向最优配置的过程。自经济发展进入新常态以来，高人力资本和低人力资本的配置都趋向于最优状态，这表明劳动力市场不仅在不同所有制部门之间，在具有不同教育水平的劳动力之间，也呈现出协调统一的发展趋势。

国有部门人力资本配置失衡的演变过程主要由低教育水平劳动力的配置失衡主导（图4.3）。高教育水平劳动力的工资回报略高于社会平均水平，但差距较小；虽然在 2000~2010 年也经历了差距扩大的过程，但党的十八大提出深化国有企业改革之后，高教育水平劳动力的工资回报甚至低于非国有部门同类劳动力的工资回报。不过，自 2015 年政府密集出台一系列关于公务员职务职级制度的改革、关于事业单位的改革以及深化国有企业改革的指导意见后，国有部门高人力资本的配置又迅速趋于最优配置状态，反映出劳动力市场较为灵敏的调节能力。

国有部门低人力资本的错配程度较高，说明与非国有部门相比，国有部门中低人力资本劳动力能获得比社会平均工资水平更高的工资回报。国有部门原本僵化的就业体制（如"铁饭碗"）和各种可衡量与难以观测到的福利水平都为低人力资本劳动力提供了一种就业保护，同时也产生就业依赖现象，导致国有部门存在大量低人力资本的冗余。虽然 20 世纪 90 年代中期开始推行国有企业改制，轻简了大量冗员，但留任企业的低人力资本劳动力仍然拥有较高的工资报酬。低人力资本劳动力的配置在 2015 年后逐渐好转，错配基本消失。

相比之下，非国有部门人力资本错配的演变过程则主要由高人力资本配置的演变过程主导。非国有部门高人力资本的三阶段特征比低人力资本更为明显。首先，20世纪90年代初，政府鼓励产学研相结合，有计划地开放科技劳务市场，一批有能力有技术的人才纷纷自主创业，从国有部门转移到非国有部门。在图 4.3 中表现为，从 20 世纪 90 年代初期开始高人力资本的配置趋向最优水平，而低人力资本的配置基本稳定不变。其次，2000 年后，非国有部门的高人力资本配置出现恶化，并在持续了一段时间后，又迅速趋于最优配置状态。这可能是由于同期改制后的企业尚需一段时间调整企业各项经营决策以及非国有部门同期蓬勃发展，为大学生和高人力资本提供了较多的就业机会。最后，2012 年后，非国有部门高人力资本的工资回报超过了国有部门，这或许和我国创新战略的转变，即从模仿型创新转变为自主型创新有关。为了将高人力资本从国有部门吸引到非国有部门中来，非国有部门不得不提供一个高于社会平均水平的薪酬。不过，随着要素市场化改革的推进，劳动力市场配置人力资本要素的能力将继续加强。如图 4.3 所示，不论是国有部门还是非国有部门，不论是高人力资本还是低人力资本的配置均趋于社会平均水平，表明人力资本配置失衡的现象逐渐消失。

（三）部门工资溢价以及各部门就业占比的分析

本章用工资溢价，即部门工资回报与最优配置时社会平均工资回报的差额，作为衡量人力资本错配的方法，与现有文献中专门讨论国有部门和非国有部门之间工资溢价即国有部门相对于非国有部门的工资回报率的研究不同，如等式（4.1）所示，我们不仅考虑了部门的工资回报 δ_j，而且考虑了部门的就业份额 s_j。表4.4与表4.5分别给出了各部门的工资回报 δ_j 和就业份额 s_j。一方面，较高的工资回报 δ_j 是导致人力资本流向高工资部门从而导致部门间人力资本配置失衡的重要原因。从表 4.4 中我们可以看到，国有部门的低人力资本劳动力确实获得了较高的工资回报，国有部门的高人力资本劳动力与低人力资本劳动力之间的工资差距较小，与前文结论一致。另一方面，各部门就业份额 s_j 的变化反映了不同阶段劳动力市场效率的改善状况，同时也反映了部门间人力资本再配置的过程。表 4.5 的数据表明，劳动力市场改革初期，国有部门聚集了较多的高人力资本劳动力，两部门间的人力资本配置严重失衡。随着劳动力市场改革的不断深化，人力资本要素在市场上的流动性不断增加，不同人力资本水平的劳动力逐步流向非国有部门，从而改善部门间的人力资本配置状况。

表 4.4　国有部门工资回报 δ_j

年份	全样本	高人力资本劳动力	低人力资本劳动力
1988	0.18	0.07	0.18
1989	0.17	0.12	0.17
1990	0.20	0.09	0.21
1991	0.16	0.09	0.17
1992	0.15	0.11	0.14
1993	0.18	0.09	0.19
1994	0.19	0.05	0.21
1995	0.19	0.10	0.21
1996	0.18	0.09	0.19
1997	0.20	0.07	0.22
1998	0.15	−0.01	0.19
1999	0.17	0.10	0.17
2000	0.13	−0.02	0.18
2001	0.16	0.04	0.21
2002	0.23	0.13	0.28
2003	0.22	0.13	0.26
2004	0.23	0.14	0.29
2005	0.23	0.14	0.29
2006	0.23	0.14	0.30
2007	0.20	0.15	0.24

续表

年份	全样本	高人力资本劳动力	低人力资本劳动力
2008	0.19	0.10	0.29
2009	0.17	0.10	0.24
2010	0.11	−0.11	0.13
2011	0.05	−0.07	0.14
2012	0.11	0.24	0.04
2013	0.05	−0.14	0.08
2014	0.07	0.04	0.07
2015	−0.02	−0.08	0.04
2016	−0.05	−0.30	−0.13
2017	−0.01	−0.03	0.00
2018	−0.04	−0.04	−0.06

注：在测算人力资本错配值时，非国有部门的工资回报 δ_j 记作 0

资料来源：笔者根据 UHS、CFPS、CHFS 数据测算得到

表 4.5 各部门就业份额 s_j

年份	全样本		高人力资本劳动力		低人力资本劳动力	
	非国有部门	国有部门	非国有部门	国有部门	非国有部门	国有部门
1988	24.29%	75.71%	4.98%	95.02%	30.20%	69.80%
1989	23.26%	76.74%	5.73%	94.27%	28.96%	71.04%
1990	22.68%	77.32%	5.34%	94.66%	28.74%	71.26%
1991	21.84%	78.16%	5.51%	94.49%	28.10%	71.90%
1992	21.27%	78.73%	5.98%	94.02%	28.38%	71.62%
1993	20.89%	79.11%	6.82%	93.18%	27.68%	72.32%
1994	20.07%	79.93%	7.39%	92.61%	26.83%	73.17%
1995	19.18%	80.82%	7.99%	92.01%	25.09%	74.91%
1996	18.53%	81.47%	7.47%	92.53%	24.48%	75.52%
1997	19.73%	80.27%	9.26%	90.74%	25.28%	74.72%
1998	19.55%	80.45%	10.24%	89.76%	25.19%	74.81%
1999	20.94%	79.06%	11.49%	88.51%	27.43%	72.57%

续表

年份	全样本 非国有部门	全样本 国有部门	高人力资本劳动力 非国有部门	高人力资本劳动力 国有部门	低人力资本劳动力 非国有部门	低人力资本劳动力 国有部门
2000	22.01%	77.99%	13.09%	86.91%	28.77%	71.23%
2001	22.75%	77.25%	13.74%	86.26%	29.50%	70.50%
2002	28.57%	71.43%	17.34%	82.66%	38.13%	61.87%
2003	30.67%	69.33%	19.74%	80.26%	40.62%	59.38%
2004	32.44%	67.56%	22.22%	77.78%	42.50%	57.50%
2005	34.62%	65.38%	24.19%	75.81%	45.76%	54.24%
2006	35.51%	64.49%	25.05%	74.95%	47.31%	52.69%
2007	37.36%	62.64%	26.80%	73.20%	49.99%	50.01%
2008	44.45%	55.55%	31.94%	68.06%	59.31%	40.69%
2009	43.38%	56.62%	32.02%	67.98%	58.14%	41.86%
2010	59.38%	40.62%	35.70%	64.30%	70.01%	29.99%
2011	76.15%	23.85%	59.69%	40.31%	84.63%	15.37%
2012	70.90%	29.10%	44.30%	55.70%	79.58%	20.42%
2013	66.99%	33.01%	60.05%	39.95%	72.41%	27.59%
2014	69.43%	30.57%	47.02%	52.98%	77.63%	22.37%
2015	48.90%	51.10%	38.26%	61.74%	61.20%	38.80%
2016	77.10%	22.90%	59.00%	41.00%	85.44%	14.56%
2017	59.96%	40.04%	43.47%	56.53%	73.31%	26.69%
2018	69.37%	30.63%	51.77%	48.23%	80.09%	19.91%

资料来源：笔者根据 UHS、CFPS、CHFS 数据测算得到

（四）分区域人力资本错配的演变

图 4.4 展示了东、中、西部①三个地区不同所有制部门的人力资本错配状况。东部地区的国有部门和非国有部门人力资本错配程度较小，而中西部地区的国有部门和非国有部门人力资本错配程度较大。自改革开放以来，东部沿海地区最先实现了"经济崛起"。虽然"先富带动后富"政策不断缩小了区域差异，但中西部地区由于地理位置、资源优势、体制机制等原因在经济发展方面仍与东部地区

---

① 本章中，东部地区指的是北京市、辽宁省、浙江省、广东省；中部地区指的是安徽省、湖北省；西部地区指的是四川省、陕西省、甘肃省。

存在一定差距。中西部地区经济发展的重要瓶颈包括市场经济发展所需要的理念、制度和机制，以及社会文化环境和人文风俗条件等（陈自芳，2019），这些瓶颈阻碍了要素的自由流动，不利于市场资源的优化配置。

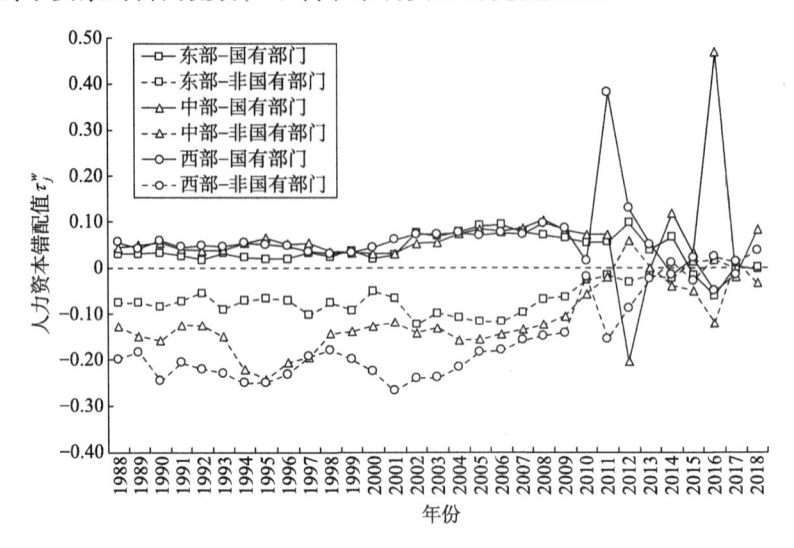

图 4.4　东、中、西部地区各部门人力资本错配的演变趋势

资料来源：笔者根据 UHS、CFPS、CHFS 数据测算得到

具体来看，各地区的人力资本配置演变过程也大体分为三个阶段。在 2001 年我国加入世界贸易组织以前，人力资本错配呈现自东向西不断加剧的态势，不过各地区国有部门的人力资本错配程度低于非国有部门。在图 4.4 中，表现为代表东部地区的两条线最接近 0 值线即最优配置线，说明东部地区的国有与非国有部门的人力资本配置状况相对更好。这和我国区域发展战略布局有密切关系。我国在改革开放之初，于 1979 年设立了东部沿海的深圳、珠海、汕头和厦门为出口特区，1980 年改为经济特区，实行优惠的经济政策；1984 年又开放 14 个沿海城市为经济技术开发区；1988 年，沿海经济开放区扩大到 140 个市县。东部沿海地区的经济发展和非国有经济的迅速崛起，都推动了劳动力市场的培育和快速发展，劳动力市场配置人力资本的效率较高。

2000~2008 年，国有部门人力资本的错配程度总体上呈现出中西部地区高于东部地区的态势，非国有部门人力资本错配仍然呈现东、中、西部依次加剧的态势，但地区间的错配差距在逐渐减少。这一时期人力资本错配的演变趋势反映了同期我国实行区域发展战略的成效。我国于 1999 年实施西部大开发战略，从图 4.4 上看，代表西部地区的两条线在 1999 年后有一个先远离最优配置线又逐渐趋向最优配置线的过程，非国有部门中的这一趋势更为明显。在宣布实施西部大开发战略后的两年，在西部地区，不论是国有部门还是非国有部门，尤其是非国有部门，人力资本配置状况得到明显的改善。我国随后在2004年3月提出了中部崛起发展战略，实行该战略后，中部地区非国有部门的人力资本配置状况显著改善。从图4.4上看，代表中部地区非国有部门的虚线，在2004年以后迅速趋向最优配置线。这一变化趋势似乎印证了中部崛起发展战略在劳动力市场上的成效。

党的十八大以来，各地区的人力资本配置状况总体上又呈现出东部地区优于中西部地区的态势。图4.4中，2008~2018年代表中部地区的折线和西部地区的折线波动较大，这可能部分由于这些年所使用的数据的区域代表性不够。但滤去该波动，我们发现与经济转型的前段时期的波动不同，进入经济新常态后，该波动围绕着最优配置线上下摆动，这代表了一种向最优配置状况的收敛过程。总体上看，不同地区，尤其是东部地区，人力资本配置状况不断优化，说明各地区的劳动力市场的配置效率都在逐渐提高。

从非国有部门不同地区人力资本配置效率的演变过程看，非国有经济越活跃的地区，人力资本错配程度越低，如东部地区，这与第三章揭示的不同地区人力资本结构演变规律相一致。

二、优化人力资本配置对改善经济产出的影响

在经济转型过程中，随着劳动力市场的培育、发展和完善，人力资本在国有与非国有部门间得以重新配置。本部分内容进一步测算了纠正人力资本配置失衡后给经济总产出带来的收益。如前文所述，我们用不存在人力资本错配的潜在最优经济总产出（Y^*）与实际经济总产出（Y^{obs}）的比值 R 来衡量该收益。表4.6中的第（1）列、第（2）列、第（3）列分别汇报了纠正整体人力资本、高人力资本劳动力和低人力资本劳动力的配置失衡后，经济总产出的增加比例（即 R 的变化率，以百分比来表示）。为更直观地比较该收益的大小，我们在表4.6第（4）列中列出历年R&D支出总额占当年GDP的比例。

表4.6 优化人力资本配置对改善经济产出的影响

年份	R值变化的百分比			R&D支出/GDP
	全样本	高人力资本劳动力	低人力资本劳动力	
	（1）	（2）	（3）	（4）
1988	1.13%	0.05%	1.23%	0.88%
1989	1.04%	0.15%	1.11%	0.83%
1990	1.35%	0.08%	1.55%	0.82%
1991	0.91%	0.07%	1.06%	0.81%
1992	0.71%	0.09%	0.77%	0.77%

续表

年份	R 值变化的百分比			R&D 支出/GDP
	全样本	高人力资本劳动力	低人力资本劳动力	
	（1）	（2）	（3）	（4）
1993	0.91%	0.05%	1.12%	0.72%
1994	1.09%	0.02%	1.45%	0.64%
1995	1.01%	0.10%	1.25%	0.57%
1996	0.94%	0.08%	1.15%	0.56%
1997	1.14%	0.05%	1.50%	0.64%
1998	0.74%	0.00%	1.17%	0.65%
1999	0.98%	0.18%	1.14%	0.75%
2000	0.68%	0.00%	1.26%	0.89%
2001	1.05%	0.07%	1.54%	0.94%
2002	2.36%	0.57%	3.24%	1.06%
2003	2.13%	0.59%	2.88%	1.12%
2004	2.47%	0.70%	3.65%	1.21%
2005	2.71%	0.83%	3.89%	1.31%
2006	2.68%	0.86%	4.09%	1.37%
2007	2.36%	1.00%	3.06%	1.37%
2008	2.53%	0.61%	4.28%	1.45%
2009	1.95%	0.58%	3.09%	1.66%
2010	1.24%	0.31%	2.56%	1.71%
2011	1.17%	0.33%	2.01%	1.78%
2012	0.80%	0.14%	1.88%	1.91%
2013	0.20%	0.02%	0.13%	2.00%
2014	0.20%	−0.04%	−0.02%	2.02%
2015	−0.07%	0.20%	0.06%	2.06%
2016	−0.04%	1.60%	0.30%	2.10%
2017	−0.04%	−0.01%	−0.00%	2.12%
2018	−0.01%	0.08%	0.13%	2.14%

资料来源：R 值由笔者用 UHS、CFPS 和 CHFS 数据测算而得。R&D 支出和 GDP 数据来源于历年《中国统计年鉴》

优化人力资本配置后，经济总产出的改善对应人力资本错配演变过程，大致也呈现出三个阶段［表 4.6 第（1）列］。首先，在人力资本配置失衡的第一阶段，即 20 世纪 80 年代末期到 21 世纪初期，若同质的人力资本在不同的所有制部门实现最优配置时，全国经济总产出可以提高 1% 左右，高于同期 R&D 占比。其次，在人力资本配置失衡的第二阶段，即 2000~2010 年，大多数年份优化人力资本配置能增加经济总产出高于两个百分点，这几乎是同期 R&D 投入的两倍。最后，第三阶段，随着人力资本配置失衡状况的进一步改善甚至逐渐消失，从优化配置过程中获得的经济收益也逐渐减少到 0，这同时也说明了统一的劳动力市场逐渐形成，劳动力市场逐渐有效运作，效率损失接近于 0。

进一步考察优化异质性劳动力的配置对经济总产出的影响后，我们发现改善整体人力资本配置带来的效率增加主要来自改善低人力资本配置后的效率增加。这一结果与前文发现的人力资本错配主要反映在低人力资本的错配这一结果相一致。具体来看，表 4.6 第（2）列显示，若高人力资本在国有与非国有部门间实现最优配置，经济总产出的增加也呈现出三个阶段，第一阶段的增量较少，低于 0.1%，第二阶段接近 1%，第三阶段低于 0.5% 并逐渐减少到 0。第（3）列显示，若允许低人力资本劳动力在两部门间自由流动并实现最优配置，那么经济总产出在第一阶段可以增加 1~1.5 个百分点，均高于同期 R&D 支出。其中，1994~1997 年乡镇企业和集体企业改制时期，经济总产出的增量是同期 R&D 支出的两倍多。第二阶段，得益于低人力资本重新配置的经济总产出增幅平均高达 2%~3%，为同期 R&D 支出的 2~3 倍。同样，第三阶段，随着劳动力市场运作效率的提高，效率损失递减直至消失。基于此，改善人力资本在国有部门与非国有部门之间的配置效率、提高生产率，主要在于纠正低人力资本劳动力在两部门间的配置失衡。

三、稳健性检验

（一）基于倾向得分匹配的处理效应

劳动者可能并不是随机地决定是否进入国有部门，个体进入国有部门就业的决策会受到自身党员身份、配偶工作单位等因素的影响。因此，个体选择进入国有部门或非国有部门可能存在自选择问题。为了尽可能地降低样本选择性偏误对研究结果的影响，借鉴 Imbens 和 Rubin（2015）的做法，本章分别对国有企业样本和非国有企业样本按照个体 i 的受教育年限、性别、工作经验及工作经验的平方进行了核匹配，利用匹配后的样本重新测算人力资本错配值和 R 值，结果如图 4.5 所示。比较图 4.2、图 4.3 和图 4.5 可知，本章前述的估计结果较为稳健。

（二）劳动需求弹性的影响效应

如式（4.18）所示，影响优化人力资本配置后经济产出提升幅度的一个重要因素是 $1/\alpha$——劳动需求弹性。α 决定了随着人力资本的增加，高工资部门的边际产出价值减少的速度；以及随着人力资本的减少，低工资部门边际产出价值增加的速度（Vollrath，2014）。为了考察研究结论的稳健性，本章将 α 分别取值为

0.2 和 0.45 并重新测算了 R 值，结果如图 4.6 所示。从图 4.6 可以发现，α 越大，则人力资本配置优化后的经济产出越小；反之，α 越小，则人力资本配置优化后的经济产出越大；总体趋势与劳动需求弹性为 0.3 时的趋势非常相似，主要结论依然稳健。

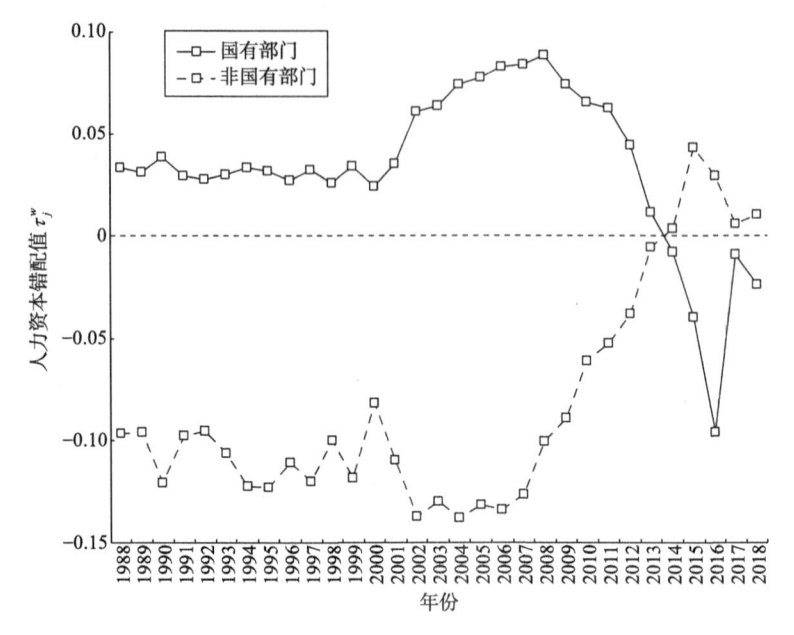

（a）1988~2018 年人力资本配置的演变：基于 PSM 匹配样本的测算

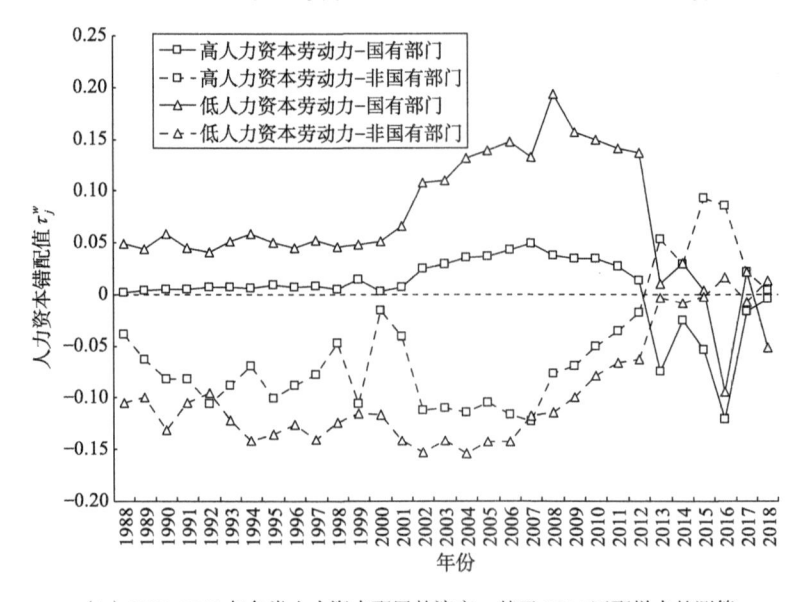

（b）1988~2018 年各类人力资本配置的演变：基于 PSM 匹配样本的测算

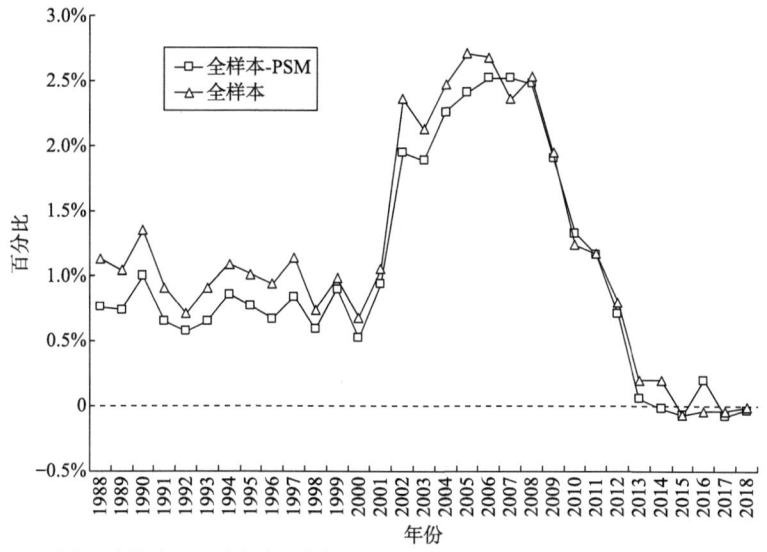

（c）优化人力资本配置对改善经济产出的影响（$\alpha=0.3$）：基于 PSM 匹配样本的测算

图 4.5　基于倾向得分匹配样本的人力资本错配值和 R 值

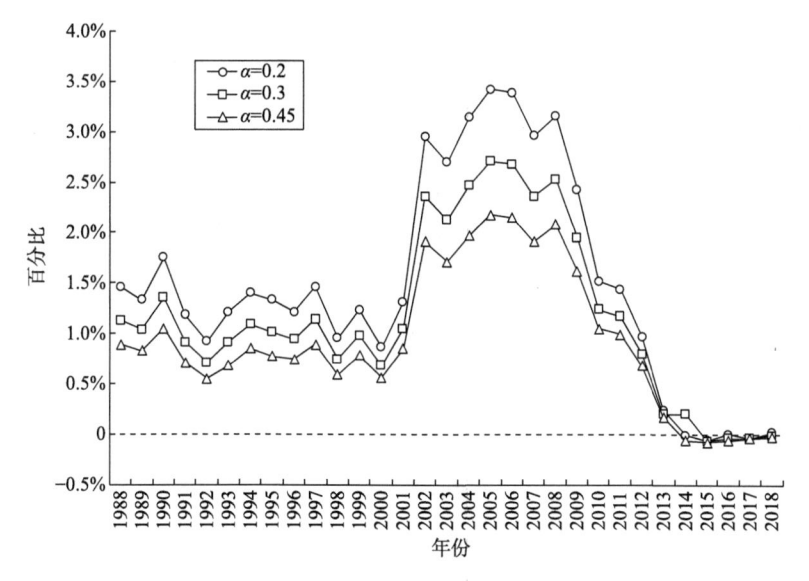

图 4.6　劳动需求弹性 $1/\alpha$ 对优化人力资本配置改善经济总产出的影响

第四节　本章小结

优化不同所有制部门间的人力资本配置对深化要素市场化改革、促进经济高质量发展具有重要的现实意义。本章基于一个局部均衡模型，利用 UHS、CFPS 及 CHFS 数据，对 1988~2018 年国有部门与非国有部门的人力资本错配程度及其对总产出的影响进行测算。主要结果如下。

（1）随着劳动力市场改革的深入，不同所有制部门间的人力资本得以重新配置，但国有部门在吸引高人力资本劳动力方面仍具有优势。1988~2018 年，全国人力资本错配经历了一个缓解、加剧、再缓解的过程。1988~2014 年，国有部门的人力资本错配值均大于 0，工资溢价一直存在；而非国有部门的人力资本错配值均小于 0，表明非国有部门支付的工资水平低于同质人力资本应得的劳动报酬，人力资本配置失衡现象一直存在。自 2013 年全面深化改革以来，国有部门与非国有部门的人力资本配置失衡状况均得到了进一步缓解。要素市场化改革使得劳动力要素在部门间得以更充分地流动，从而提高不同所有制部门间的人力资本配置效率。

（2）不同受教育水平劳动力的错配具有异质性。在国有部门中，高教育水平劳动力与低教育水平劳动力的工资差距较小，国有部门的人力资本错配主要是由低人力资本劳动力冗余造成的。在非国有部门中，低人力资本劳动力的错配趋于缓解，而高人力资本劳动力的错配程度也在波动中趋于缓解。

（3）改善人力资本错配能够减少效率损失、提高总产出。纠正国有部门与非国有部门间的人力资本错配后，全国经济总产出在 20 世纪 80 年代末到 2000 年可以增加约 1%，在 2002~2010 年可以增加约 2%。优化人力资本配置后的经济总产出收益与 R&D 支出占 GDP 的比重相当，甚至大于 R&D 支出占比。2011 年后，由于人力资本错配状况不断改善，优化人力资本配置给经济总产出带来的收益相应减小，近年来接近于 0。该结果表明中国劳动力市场的配置效率得到了明显改善。

本 章 附 录

附表 4.1　1988~2018 年分所有制部门的人力资本错配值 τ_j^w

年份	非国有部门	国有部门	高人力资本		低人力资本	
			非国有部门	国有部门	非国有部门	国有部门
1988	−0.124	0.043	−0.060	0.003	−0.116	0.055
1989	−0.120	0.039	−0.106	0.007	−0.112	0.050
1990	−0.146	0.047	−0.080	0.005	−0.138	0.062
1991	−0.121	0.037	−0.080	0.005	−0.114	0.048

续表

年份	非国有部门	国有部门	高人力资本 非国有部门	高人力资本 国有部门	低人力资本 非国有部门	低人力资本 国有部门
1992	−0.108	0.031	−0.101	0.007	−0.099	0.042
1993	−0.130	0.037	−0.079	0.006	−0.126	0.053
1994	−0.140	0.038	−0.042	0.003	−0.144	0.059
1995	−0.144	0.038	−0.085	0.008	−0.142	0.053
1996	−0.136	0.034	−0.077	0.006	−0.134	0.048
1997	−0.145	0.039	−0.058	0.006	−0.149	0.056
1998	−0.113	0.030	0.005	−0.001	−0.131	0.048
1999	−0.123	0.035	−0.081	0.011	−0.118	0.049
2000	−0.095	0.029	0.015	−0.002	−0.119	0.053
2001	−0.117	0.037	−0.031	0.005	−0.136	0.063
2002	−0.154	0.069	−0.102	0.023	−0.160	0.114
2003	−0.139	0.068	−0.098	0.026	−0.142	0.111
2004	−0.145	0.078	−0.102	0.031	−0.153	0.130
2005	−0.141	0.084	−0.100	0.034	−0.145	0.141
2006	−0.138	0.085	−0.102	0.037	−0.145	0.151
2007	−0.120	0.079	−0.103	0.041	−0.115	0.130
2008	−0.102	0.090	−0.064	0.031	−0.110	0.186
2009	−0.091	0.075	−0.065	0.032	−0.094	0.148
2010	−0.058	0.062	−0.038	0.026	−0.074	0.140
2011	−0.053	0.063	−0.037	0.028	−0.061	0.128
2012	−0.043	0.050	−0.021	0.016	−0.061	0.132
2013	−0.015	0.032	0.058	−0.082	−0.022	0.060
2014	−0.021	0.048	−0.019	0.017	−0.015	0.052
2015	0.012	−0.012	0.052	−0.031	−0.015	0.023
2016	0.012	−0.039	0.131	−0.162	0.020	−0.107
2017	0.003	−0.005	0.017	−0.013	−0.001	0.001
2018	0.012	−0.027	0.019	−0.020	0.013	−0.050

资料来源：笔者根据 UHS、CFPS、CHFS 数据测算得到

附表 4.2　统计性描述：人力资本错配值 τ_j^w

变量		样本量	均值	标准差	最小值	最大值
总体人力资本	非国有部门	31	−0.095	0.055	−0.154	0.012
	国有部门	31	0.042	0.031	−0.039	0.090
高人力资本	非国有部门	31	−0.046	0.058	−0.106	0.131
	国有部门	31	0.003	0.039	−0.162	0.041
低人力资本	非国有部门	31	−0.099	0.054	−0.160	0.020
	国有部门	31	0.072	0.061	−0.107	0.186

第五章 优化人力资本配置对居民消费的影响

第四章估算了优化人力资本在国有与非国有部门间的配置后经济总产出增加的幅度。研究发现，在经济转型过程中，改善人力资本在两部门间的配置失衡，经济总产出增加的百分比相当于同期 R&D 支出占 GDP 的比例。这一经济影响不容小觑。经济增长的最终目标是提高人民的生活水平，其中，消费水平是衡量生活水平的一项重要经济指标。因此，本章采用 UHS（1988~2014 年）、CFPS（2016年、2018年）和 CHFS（2015年、2017年）数据，根据消费决定理论，首先估计了家庭人均可支配收入对家庭人均消费的影响，得到了消费需求的收入弹性。然后，利用第四章的估计结果，即优化人力资本配置后经济总产出的增幅，乘以本章估算出的消费需求的收入弹性，从而估计出居民消费的增加量。

第一节 消费需求的收入弹性

促进消费是我国经济增长的长期战略选择，尤其是"双循环"新发展格局形成以来，通过拉动内需提振经济成效是当前经济发展的重要方式。消费作为拉动经济增长的三驾马车之一，一直是经济学领域的研究重点。在各类消费理论中，如凯恩斯的当期收入消费模型、欧文·费雪的跨期消费决策理论、弗兰科·莫迪利安尼的生命周期消费理论、米尔顿·弗里德曼的永久收入消费理论和杜森贝利的相对收入消费理论等，一个核心的消费决定因素是居民收入。各个消费理论围绕着居民收入的不同形式（当期可支配收入、永久收入、预期收入等），构建了不同的消费函数。其中，最重要的一个模型参数是消费需求的收入弹性，被用于衡量居民收入与居民消费之间的关系。

消费需求的收入弹性是指居民消费支出量的变动百分比与居民收入变动百分

比的比值。具体上讲，它用于衡量当居民收入增加 1%时居民消费量可增加的百分比。不同类型的消费品具有不同的消费需求的收入弹性。当消费需求的收入弹性大于 0 且小于 1 时，表明存在"消费刚性"，这类消费品主要是生活必需品，收入增加对生活必需品消费额的增加影响不大；当消费需求的收入弹性大于 1 时，即收入增加 1%，而消费支出总量的增加大于 1%时，表明该类消费品属于"奢侈品"，其消费增量对于收入增加较为敏感；当消费需求的收入弹性小于 0 时，说明随着收入的增加，消费量反而减少，这表明该类消费品属于低档品。因此，整个社会消费增量的变化，很大程度上取决于收入增量的变化和消费需求的收入弹性。当消费需求的收入弹性短期相对稳定时，收入增加的百分比越大，居民消费总额增加的百分比就越大、增量就越多。当收入增量变化相对稳定且大于 0 时，消费需求的收入弹性越大，消费增量的变动就越多、增量越大。我们在第四章中已经估算了优化人力资本在国有部门与非国有部门间的配置后总收入可增加的幅度（即已获得收入增量的变化值），在本章中，我们进一步估算消费需求的收入弹性。

  现有的研究主要从户籍类型和消费类型两个维度估算了我国消费需求的收入弹性。首先，从户籍类型角度测度的消费需求的收入弹性，具有三个方面的特征。第一，流动人口消费需求的收入弹性较城镇本地人口的低，但差距在缩小。程杰和尹熙（2020）使用 2010~2017 年中国流动人口动态监测调查（China migrants dynamic survey，CMDS）数据和 2003~2009 年每隔一年的 UHS 数据，分别估算流动人口与城镇本地居民的消费需求的收入弹性。研究发现，2010 年以来流动人口总体消费弹性已经达到 0.67，并呈现出显著的上升态势，2017 年消费弹性提高到 0.72；流动人口总体消费行为呈现"本地化"倾向，但较之于城镇本地居民平均消费弹性（0.8 左右）仍然相对偏低。吴幽（2021）同样使用 CMDS 数据，发现全流动家庭（父母和子女均完成了从农村向城市的跨越过程）的消费需求的收入弹性为 0.653，也较城镇本地居民的低。第二，城镇居民的消费需求的收入弹性逐年提高并趋于稳定。沈晓栋和赵卫亚（2005）使用 1981~2003 年《中国统计年鉴》数据，发现我国城镇地区 1981~1988 年的消费需求的收入弹性系数呈上升趋势（从 0.61 上升到 1.06），至 1988 年达到最高（1.06），然后开始下降。笔者认为，这是由于我国城镇居民 1981~1988 年的生活水平已基本解决温饱问题，增加的可支配收入大多用于更高需求的消费支出。Jin 等（2011）使用 UHS 1997~2006 年的数据，发现我国城镇居民 1997~2006 年的消费需求的收入弹性在 0.76 到 0.80 之间。张邦科等（2011）使用 1980~2008 年《中国统计年鉴》中的数据，发现城镇居民家庭消费需求的收入弹性为 0.899。张颖熙（2014）指出，1995~2010 年，从消费结构类型来看，城镇居民对医疗保健、交通、通信和文化娱乐的消费支出弹性均大于 1（富有弹性），而对家庭服务、教育和居住的消费支出弹性均小于 1（缺乏弹性）。第三，近年来关于农村居民消费的研究大多发现农村居民消费需求的收入弹性逐年增加，消费需求结构逐渐改善。满足基本生活需求类的消费（例如，在食品、衣着、居住上的支出）在消费支出中的比重逐步降低，而医疗保健、交通通信、娱乐教育文化、家庭设备及用品的支出在消费总支出中的比重逐步提高。温涛和孟兆亮（2012）使用《中国统计年鉴》数据，测算了2000年、2005年、2010年我国农村居民消费需求的收入弹性，发现我国农村居民的居住、家庭设备及服务、交通通信、文教娱乐、医疗保健以及其他消费品的收入弹性均大于1，而食品消费的收入弹性则小于1，说明农村居民的消费结构逐渐合理。谭涛等（2014）采用2010年农业部农村固定观察点15 606个农户的观测数据，发现农村居民耐用品的收入弹性大于1，而其余消费需求的收入弹性均在0到1之间。徐秋艳和李秉龙（2015）使用2000~2012年《中国统计年鉴》中的农村居民家庭平均每人消费支出及七大类生活消费品的居民消费价格分类指数数据，研究发现医疗保健、交通与通信、娱乐教育文化、家庭设备用品的消费支出弹性系数都大于1，而食品、衣着、居住的消费支出弹性系数都小于1，总体上说明了农村居民的消费结构随着农民人均纯收入的增加而逐渐改善。问锦尚等（2021）使用2001~2018年中国农村居民商品与服务消费支出省级面板数据，发现自2010年以来，生活用品及服务、医疗保健的收入弹性值下降到0~1，表明这两类消费由"奢侈品"转变为"生活必需品"，反映了农村居民生活品质的提高。

其次，从消费类型角度看，现有研究大多聚焦测算关系民生的消费品的收入弹性，如居住支出、医疗卫生支出、能源消费及文化消费等。从总体上看，这类生活类消费的收入弹性小于1，具有消费刚性的特征。第一，居住支出的收入弹性通常小于1，这里的居住支出是指自住型住房消费，不包括以投资为目的的购房支出。Chen和Jin（2014）使用2007年由中国国家统计局上海调查组提供的上海住户调查数据，研究发现上海市自住者住房需求的永久收入弹性为0.375~0.447。郭玉婷（2020）使用2017年CMDS数据，发现上海市流动人口中租赁家庭的住房消费需求持久性收入弹性为0.837。第二，医疗卫生支出的收入弹性小于1，但考虑"生病概率"后，收入弹性大于1。叶春辉等（2008）使用1991~2004年中国健康与营养调查的数据，研究发现医疗支出的收入弹性约为0.19；但考虑生病概率后，弹性的绝对值上升到2左右，即可支配收入降低1%，医疗支出反而增加2%，说明低收入群体的医疗支出较多。第三，能源消费需求的收入弹性在2002年之前小于1，而在2002年之后大于1；并且，能源类型不同，其消费需求的收入弹性也有所不同。张志柏（2008）使用1953~2005年《中国统计年鉴》数据，研究发现能源消费需求的收入弹性为0.841，即实际收入增长1个百分点将导致能源消费增长0.841个百分点。施发启（2005）研究指出我国能源消费弹性在2002年之后大于1。Zhang等（2018）使用1992~2015年《中国能源统计年鉴》数据，研究发现天然气需求的收入弹性为2.051。第四，文化消费缺乏收入弹性（小于1）。黄隽和曾丹（2021）使用2013~2018年国家统计局和历年《中国统计年鉴》数据，发现居民文化消费需求的收入弹性为0.755。

综上所述，现有研究运用不同的消费理论、利用不同的宏观指标和微观调查数据、采用不同的测度方法，估算了不同群体和不同类型消费品的消费需求的收入弹性，这为本章的研究提供了很好的借鉴和参考。自经济转型以来，我国劳动力市场不断发展与完善，人力资本在国有部门与非国有部门间的配置不断优化，两部门的生产率不断提高，居民收入水平不断提升，继而促进了居民消费总量的增加。本章旨在探求优化人力资本配置后居民消费总额的增量，以评估和反映中国经济转型的表现与成果。鉴于此，已有研究估算的消费需求的收入弹性不足以满足本章的研究内容。因此，本章利用微观调查数据，重新估算历年城镇地区家庭的消费需求的收入弹性。

第二节　模型设定

一、弹性的一般定义

经济学领域"弹性"（elasticity）的概念由阿尔弗雷德·马歇尔（Alfred Marshall）提出，它是指一个变量由于另一个变量的变化而发生的一定比例的变动，可以用于描述所有具有因果关系的变量之间的影响程度（曼昆，2015）。一般来说，只要两个经济变量之间存在着函数关系，就可以用弹性来描述因变量对自变量变化的反应的敏感程度。具体而言，弹性是指当一个经济变量（如自变量）发生1%的变动时，它引起的另一个经济变量（因变量）的变动百分比，它是一个数值，与这两个变量的度量单位无关。

设两个经济变量之间的函数关系为 $y = f(x)$，则弹性的一般公式可以表示为

$$e = (\Delta y / y) / (\Delta x / x) \tag{5.1}$$

其中，e 为弹性系数；Δx、Δy 分别为变量 x 和 y 的变动量。式（5.1）表示：当自变量 x 变化1%时，因变量变化 e%。若经济变量的变化量趋于无穷小，即当式（5.1）中的 $\Delta x \to 0$ 且 $\Delta y \to 0$ 时，则弹性公式为

$$e = \lim_{\Delta x \to 0} \frac{\frac{\Delta y}{y}}{\frac{\Delta x}{x}} = \frac{\frac{\mathrm{d}y}{y}}{\frac{\mathrm{d}x}{x}} = \frac{\mathrm{d}y}{\mathrm{d}x} \times \frac{x}{y} \tag{5.2}$$

通常将式（5.1）称为弧弹性，将式（5.2）称为点弹性。

二、弹性与回归系数之间的关系

对于下列线性回归的一般表达式，即式（5.3），其回归系数与弹性之间的关系归纳于表 5.1 中。

$$y = \alpha + \beta X + \varepsilon \tag{5.3}$$

表 5.1　不同线性回归模型的自变量系数的解释

模型	因变量	自变量	对于 β 的解释
（1）	y	x	$\Delta y = \beta \Delta x$
（2）	y	$\ln x$	$\Delta y = (\beta/100)(\%\Delta x)$
（3）	$\ln y$	x	$\%\Delta y = (100\beta)\Delta x$
（4）	$\ln y$	$\ln x$	$\%\Delta y = \beta \%\Delta x$

模型（1）是最常见的一种形式，估计系数 β 表示 x 增加一个单位，y 变化 β 个单位。模型（2）与模型（3）中的 β，通常被称为半弹性系数（semi-elasticity）。模型（2）表示，当 x 增加 1% 时，y 增加 $\beta/100$ 个单位。模型（3）则表示，当 x 增加 1 个单位时，y 增加 $\beta \times 100\%$。

根据弹性的标准定义，模型（4）所估计的系数 β 是 y 对 x 的弹性：

$$e = \lim_{\Delta x \to 0} \frac{\dfrac{\Delta y}{y}}{\dfrac{\Delta x}{x}} = \frac{\dfrac{\mathrm{d}y}{y}}{\dfrac{\mathrm{d}x}{x}} = \frac{\mathrm{d}\ln y}{\mathrm{d}\ln x} \tag{5.4}$$

三、实证模型

基于上述分析，本章建立估计消费需求的收入弹性：

$$\ln C_{it} = \alpha + \beta \ln Y_{it} + \gamma \mathrm{Gini}_{it} + X_{it}\delta + \eta_t + \lambda_i + \varepsilon_{it} \tag{5.5}$$

其中，$\ln C_{it}$ 为个体 i 在年份 t 的家庭消费支出的对数形式；$\ln Y_{it}$ 为个体 i 在年份 t 的家庭可支配收入的对数形式；Gini_{it} 为个体 i 在年份 t 的收入差距；X_{it} 为个体 i 在年份 t 的控制变量向量，参考 Jin 等（2011）的研究，该向量中包括户主年龄、有效家庭规模和省份虚拟变量；η_t 代表时间效应，随时间但是不随个体变化而变化；λ_i 代表省份固定效应，随省份但不随时间变化而变化；ε_{it} 为随机误差项，表示影响家庭消费的其他难以观测的因素以及模型的设定误差等。本章使用固定效应法，分别控制时间固定效应和省份固定效应来估计式（5.5）。本章主要关注家庭可支配收入前的估计系数 β，即消费需求的收入弹性的估计值。

第三节　数据与描述性统计

一、数据来源与样本选择

本节估算了 1988~2018 年历年的消费需求的收入弹性，所用数据分别来自 1988~2014 年 UHS、2016 年和 2018 年 CFPS 以及 2015 年和 2017 年 CHFS。

UHS 是由国家统计局组织并进行的调查。调查采用分层、二阶段、与人数大小成比例（PPS[①]方法）的随机等距法选取调查样本，即先按区分层，在层内按照 PPS 方法随机等距抽选调查社区/居委会，在抽中社区/居委会内随机等距抽选住宅。部分城市根据需要采用三阶段抽样，即先抽选调查社区/居委会，再抽选调查小区，最后抽选调查住宅。UHS1988~2009 年涵盖我国九个省级行政区的城镇样本数据[②]，2010~2014 年涵盖我国四个省级行政区的城镇样本数据[③]，具有市一级层面的代表性。该调查每年更换 1/2 的样本，两年内更换所有调查户。具体来看，1998~1991 年每年调查 4 750 户，1992~2001 年每年调查 5 450 户，2002 年调查 13 564 户，2003 年调查 14 580 户，2004 年调查 15 823 户，2005 年调查 16 988 户，2006 年调查 17 175 户，2007~2009 年每年调查 17 200 户，2010~2014 年每年调查 11 000 户。

CFPS 是由北京大学中国社会科学调查中心实施的调查，从 2010 年起每两年调查一次。CFPS 采用分层、三阶段、与规模度量成比例（PPS 方法）抽样。具体而言，第一阶段在全国范围内抽取区县，第二阶段从区县中抽取居委会/村委会，最后在居委会/村委会中抽取住户。每个阶段抽样的实施都采用了 PPS 方法，其权重为该抽样单位的人口数（或户数），最大限度保证了样本的随机性和代表性。CFPS 涵盖我国除港澳台地区、新疆、西藏、青海、内蒙古、宁夏和海南以外的 25 个省级行政区，这 25 个省级行政区的人口占全国总人口（不含港澳台地区）的 95%，因此其具有全国代表性。CFPS 样本规模为 16 000 户，其中 8 000 户从上海、辽宁、河南、甘肃、广东这 5 个省级行政区过度抽样得到，每个省级行政区抽取 1 600 户，样本具有省级层面代表性。另有 8 000 户从其他 20 个省级行政区共同构成的一个独立子样本框中抽取（Xie and Lu，2015）。

CHFS 是由西南财经大学中国家庭金融调查与研究中心组织的调查，从 2011

[①] PPS：probability proportionate to size sampling，按规模大小成比例的概率抽样。
[②] 包括北京市、辽宁省、浙江省、安徽省、湖北省、广东省、四川省、陕西省和甘肃省。
[③] 包括辽宁省、上海市、四川省、广东省。

年起每两年调查一次，抽样方法与CFPS相同。2011年第一轮调查样本分布在25个省级行政区、82个县（区、县级市）和320个村（居）委会，样本规模为8 438户。该数据在全国层面具有代表性。2013年第二轮调查样本覆盖29个省级行政区、267个县（区、县级市）和1 048个村（居）委会，样本规模达28 141户。同时，第二轮调查在保证数据具备全国代表性的前提下，提高了样本数据的省级代表性。2015年第三轮调查覆盖29个省级行政区、351个县（区、县级市）和1 396个村（居）委会，样本规模扩大到37 289户。2017年第四轮调查覆盖29个省级行政区、355个县（区、县级市）和1 428个村（居）委会，样本规模高达40 011户。

由于UHS仅针对城镇住户进行抽样调查，所以本章使用UHS 1988~2014年的全部数据、CFPS 2016年和2018年的城镇样本数据，以及CHFS 2015年和2017年的城镇样本数据。此外，本章不考虑永久收入与跨期收入消费理论，因此数据中不包括由亏损等因素造成的可支配收入为负的家庭户，以及消费大于收入（即借贷消费）的家庭户。

二、变量定义

（一）被解释变量

家庭消费支出：本章的被解释变量是家庭消费支出，经CPI平减后，按2018年价格计算，回归中取其对数形式。根据人力资本投资理论，教育支出被视为一项投资，因此，本章测度的家庭消费支出是指除去教育支出之外的、用于日常生活的消费支出，包括食品支出、衣着支出、医疗保健支出和交通通行支出等。

（二）解释变量

（1）家庭可支配收入：参考现有研究（方福前，2009；Kostøl and Mogstad，2015；唐琦等，2018），本章采用当期的实际家庭可支配收入作为核心解释变量。该变量经CPI平减，按2018年价格计算，回归中取其对数形式。本章中的可支配收入遵循微观调查问卷中对可支配收入的定义，若微观调查中未直接定义可支配收入，本章则借鉴UHS中的定义方法，用公式"可支配收入=实际收入–个人所得税–家庭副业生产支出"计算出可支配收入。

（2）户主年龄：调查当年户主的年龄。

（3）有效家庭规模：参考Jin等（2011）的研究，设置家庭成员中的户主权重为1，除户主外18周岁以上的成人的权重为0.7，18周岁及以下的孩子的权重为0.5。然后将各类家庭人员数加权相加，得到有效家庭规模。

（4）收入差距：本章将户主以及与户主年龄上下相差五岁以内的样本组成一个群体，计算每个群体的有效人均可支配收入[①]的基尼系数，以衡量户主所在年龄组的收入差距。根据美国经济学家杜森贝利的观点，消费者的消费会受自己过去的消费习惯（棘轮效应）以及周围消费水准（示范效应）的影响，因此消费是相对决定的。根据相对收入消费理论，本章在估计中控制该收入差距变量。

三、描述性统计分析

表 5.2 列出了本章主要变量的均值、标准差、最小值和最大值。为了更直观地展示数据的基本统计信息，表 5.2 中分别列出三个数据库中变量的描述性统计信息，这三个数据库的调研时间和抽样方式并不相同。

表 5.2　1988~2018 年描述性统计分析

	变量	均值	标准差	最小值	最大值
UHS（1988~2014年；样本量：193 950）	ln 家庭消费	9.852	0.914	6.346	13.420
	ln 家庭可支配收入	10.420	0.873	7.393	15.223
	家庭消费/元	26 949	23 520	570	674 485
	家庭可支配收入/元	47 259	45 510	1 624	4 085 000
	收入差距	0.325	0.039	0.125	0.499
	有效家庭规模	2.306	0.556	1.000	5.900
	户主年龄/岁	48.005	11.975	18.000	98.000
CFPS（2016年、2018年；样本量：5 992）	ln 家庭消费	10.582	0.758	6.943	13.391
	ln 家庭可支配收入	11.239	0.717	7.378	13.911
	家庭消费/元	51 282	40 805	1 036	654 160
	家庭可支配收入/元	97 771	80 580	1 600	1 100 000
	收入差距	0.439	0.018	0.398	0.586
	有效家庭规模	2.396	0.970	1.000	5.900
	户主年龄/岁	47.439	17.217	18.000	99.000
CHFS（2015年、2017年；样本量：32 545）	ln 家庭消费	10.748	0.722	7.030	14.221
	ln 家庭可支配收入	11.472	0.822	7.642	15.670
	家庭消费/元	60 851	59 360	1 130	1 501 000
	家庭可支配收入/元	146 649	263 833	2 084	6 388 000
	收入差距	0.523	0.049	0.141	0.733
	有效家庭规模	2.482	0.898	1.000	5.900
	户主年龄/岁	53.533	14.831	18.000	98.000

---

① 有效人均可支配收入=家庭可支配收入/有效家庭规模。

第一，家庭消费逐年增加。1988~2014年，从平均上讲，家庭年消费额约为2.7万元（按2018年价格计算），相当于每月平均2 246元。然而，2015~2018年，家庭年消费额达4万~6万元，相当于家庭每月的消费额达4 000~5 000元，比1988~2014年的消费额翻了一倍。

第二，家庭可支配收入也不断增长。1988~2014年，平均家庭可支配收入约为4.7万元（按2018年价格计算），每月不到4 000元。2015~2018年，平均家庭可支配收入达10万~15万元，每月高于8 000元，也比1988~2014年的可支配收入至少翻了一番。不过，家庭消费占家庭可支配收入的比重呈现出下降的趋势，从2014年前占近60%降低到2014年后占40%多一些。从描述性统计性分析上看，预计消费需求的收入弹性小于1。

第三，收入差距有逐渐扩大的趋势。从收入差距的均值上看，1988~2014年的基尼系数为0.325，低于国际收入差距警戒线0.4的标准。但是，2014年以后，利用CFPS数据计算的基尼系数已超过0.4，达0.439，CHFS数据计算的基尼系数更是高达0.523。可以窥见，中国的收入差距呈现不断扩大的趋势。

第四，有效家庭规模略有增加。根据本章对有效家庭规模的测算，家庭户中18周岁以下孩子数量的减少，会导致平均的有效家庭规模上升。从表5.2中看，2014年以后，有效家庭规模的均值从2.3上升到2.4~2.5，这与我国同期生育率下降的趋势相符。

第五，户主年龄基本在50岁左右。不同的数据库，户主年龄的均值不同。UHS与CFPS的户主年龄略年轻一些，在47~48岁。CHFS中的户主年龄较大，平均53.533岁。

通过比较三个数据库相同变量的统计性描述，我们认为不同数据库的样本代表性不尽相同。CHFS中可能包括更高比例的高收入高消费家庭。因此，在估计式（5.5）的过程中，我们将使用数据库提供的抽样权重进行加权回归估计。

四、估计结果

为了估计1988~2018年历年的消费需求的收入弹性，本章对式（5.5）进行逐年回归。如描述性统计分析中所述，CFPS和CHFS在抽样过程中，其总体里的个体被抽中的概率不同，导致不同样本个体代表的总体数量也不同。因此，本章对CFPS 2016年、2018年和CHFS 2015年、2017年的数据均进行了加权处理，其权重为该抽样单位的人口数（或户数）。在控制了时间固定效应和省份固定效应后，各年份的消费需求的收入弹性[即式（5.5）中的β]如表5.3所示。

表 5.3　1988~2018 年消费需求的收入弹性表

项目	1988 年	1989 年	1990 年	1991 年	1992 年	1993 年	1994 年	1995 年
消费需求的收入弹性	0.856	0.847	0.833	0.838	0.750	0.766	0.813	0.825

项目	1996 年	1997 年	1998 年	1999 年	2000 年	2001 年	2002 年	2003 年
消费需求的收入弹性	0.826	0.810	0.795	0.814	0.801	0.802	0.801	0.780

项目	2004 年	2005 年	2006 年	2007 年	2008 年	2009 年	2010 年	2011 年
消费需求的收入弹性	0.792	0.811	0.795	0.756	0.815	0.788	0.641	0.607

项目	2012 年	2013 年	2014 年	2015 年	2016 年	2017 年	2018 年	
消费需求的收入弹性	0.653	0.771	0.720	0.597	0.788	0.633	0.783	

资料来源：笔者利用 UHS（1988~2014 年）、CFPS（2016 年、2018 年）、CHFS（2015 年、2017 年）数据估计而得

从表 5.3 中可以看出，消费需求的收入弹性在波动中逐渐下降，从 1988 年的 0.856 下降到 2018 年的 0.783。这说明，从平均上讲，1988 年时家庭可支配收入每增加 10%，家庭消费增加 8.56%；而 2018 年时，家庭可支配收入每增加 10%，家庭消费仅增加 7.83%。尽管消费需求的收入弹性逐渐下降，但下降幅度不大，基本保持稳定。具体而言，2015 年时的消费需求的收入弹性最低，不到 0.6。考虑到不同数据库来源对估计值的影响，近年来估计的消费需求的收入弹性基本在 0.7 左右。

五、稳健性分析

本章所使用的数据分别来自 1988~2014 年的 UHS、2016 年与 2018 年的 CFPS，以及 2015 年与 2017 年的 CHFS。然而，CFPS 提供了自 2010 年以后偶数年份的调研数据，CHFS 则提供了自 2011 年以后奇数年份的调查数据。因此，为了检验在 2010 年后利用不同数据库数据估计而得的消费需求的收入弹性是否稳健，本小节进一步使用 2010~2018 年的 CFPS 数据（每两年一次）和 2011~2017 的 CHFS 数据（每两年一次）再次估计式（5.5）。

（一）描述性统计分析

表 5.4 给出了 2010~2018 年 CFPS 和 2011~2017 年 CHFS 主要变量的均值、标准差、最小值和最大值。与表 5.2 中 CFPS 与 CHFS 的描述性统计相符，2010 年后，家庭消费与家庭可支配收入都较 2010 年前翻了一番左右。

表 5.4　CFPS 和 CHFS 数据的描述性统计分析

	变量	均值	标准差	最小值	最大值
CFPS（2010~2018 年；样本量：15 831）	ln 家庭消费	10.348	0.784	6.943	13.391
	ln 家庭可支配收入	11.007	0.753	7.378	13.911
	家庭消费/元	41 633	35 642	1 036	654 160
	家庭可支配收入/元	79 818	70 833	1 600	1 100 000
	收入差距	0.450	0.020	0.356	0.586
	有效家庭规模	2.508	0.933	1.000	5.900
	户主年龄/岁	49.354	15.217	18.000	99.000
CHFS（2011~2017 年；样本量：47 012）	ln 家庭消费	10.673	0.742	7.030	14.53
	ln 家庭可支配收入	11.405	0.829	7.624	15.670
	家庭消费/元	57 279	58 686	1 130	2 044 000
	家庭可支配收入/元	138 130	250 029	2 046	6 388 000
	收入差距	0.529	0.050	0.141	0.750
	有效家庭规模	2.332	0.912	1.000	5.900
	户主年龄/岁	52.710	14.793	18.000	98.000

（二）估计结果

本部分利用 CFPS 2010~2018 年与 CHFS 2011~2017 年的数据进行了逐年加权回归分析，权重为每个抽样单位的人口数（或户数）。在控制了收入差距、有效家庭规模、户主年龄以及时间固定效应和省份固定效应后，各年份的消费需求的收入弹性如表 5.5 所示。

表 5.5　CFPS 和 CHFS 数据的消费需求的收入弹性表

项目	2010 年	2011 年	2012 年	2013 年	2014 年	2015 年	2016 年	2017 年	2018 年
消费需求的收入弹性	0.723	0.599	0.682	0.657	0.820	0.597	0.788	0.633	0.783

资料来源：笔者利用 CFPS 和 CHFS 数据估计而得

从稳健性检验结果来看，使用 CFPS 2010~2018 年数据估计而得的消费需求的收入弹性与"四、估计结果"中使用 UHS 数据的估计结果较为接近，而使用 CHFS 2011~2017 年数据的估计结果整体偏低。

（三）进一步分析

为了更好地呈现出利用不同微观调查数据估计出的消费需求的收入弹性的差异，我们将利用 CFPS 2010~2018 年与 CHFS 2011~2017 年估计而得的消费需求的收入弹性与表 5.3 中的估计值绘制在图 5.1 中。从图 5.1 中可以看出，利用 UHS 数据估计的 1988~2014 年消费需求的收入弹性在 0.607~0.856，总体呈下降趋势；利用 CFPS 与 CHFS 数据估计的 2010~2018 年消费需求的收入弹性在 0.597~0.820，总体上与同期 UHS 数据所得的消费需求的收入弹性保持相同的变化趋势。

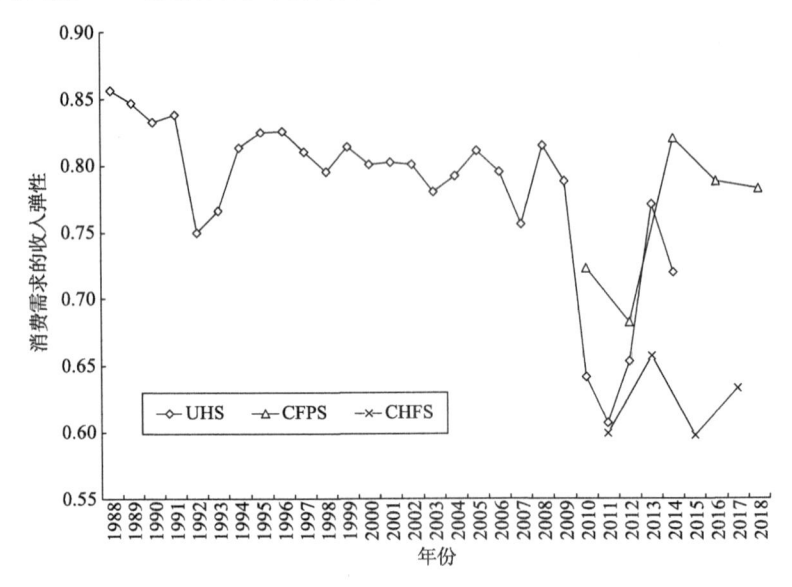

图 5.1　1988~2018 年消费需求的收入弹性的比较图

资料来源：笔者根据 UHS 1988~2014 年、CFPS 2010~2018 年与 CHFS 2011~2017 年的数据估计而得

总体上看，利用 UHS 数据估计出的消费需求的收入弹性与利用 CFPS 和 CHFS 数据估计出的结果较为相近。不过，2010~2014 年 CFPS 的估计值略高一些，CHFS 的估计值略低一些，而 UHS 的估计值位于两者之间。2015~2018 年，CFPS 的估计值明显高于 CHFS 的估计值。

为了进一步探查差异的原因，以确保我们历年估计值的准确性，本节继续对比了 UHS 1988~2014 年、CFPS 2010~2018 年、CHFS 2011~2017 年中家庭消费与家庭可支配收入取对数之后的核密度分布图，分别如图 5.2 与图 5.3 所示。从核密度分布图中可以看出，三个数据库中的家庭消费与家庭可支配收入的分布情况确实存在一定的差异。首先，UHS 的平均家庭消费与平均家庭可支配收入明显比 CFPS 和 CHFS 低。其次，CFPS 的平均家庭消费与平均家庭可支配收入明显比 CHFS 低。这说明，CHFS 中可能包含了更多的高收入、高消费家庭，而该类家庭的消费需求的收入弹性相对较低，这可能会导致最终估计出的消费需求的收入弹性较同期利用 UHS 与 CFPS 数据估计出的消费需求的收入弹性低。

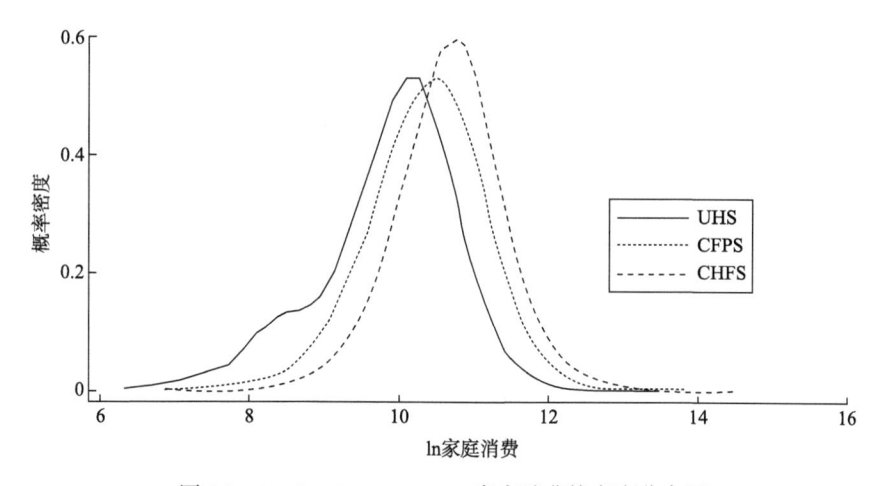

图 5.2　UHS、CFPS、CHFS 家庭消费核密度分布图

资料来源：笔者根据 UHS 1988~2014 年、CFPS 2010~2018 年与 CHFS 2011~2017 年的数据估计而得

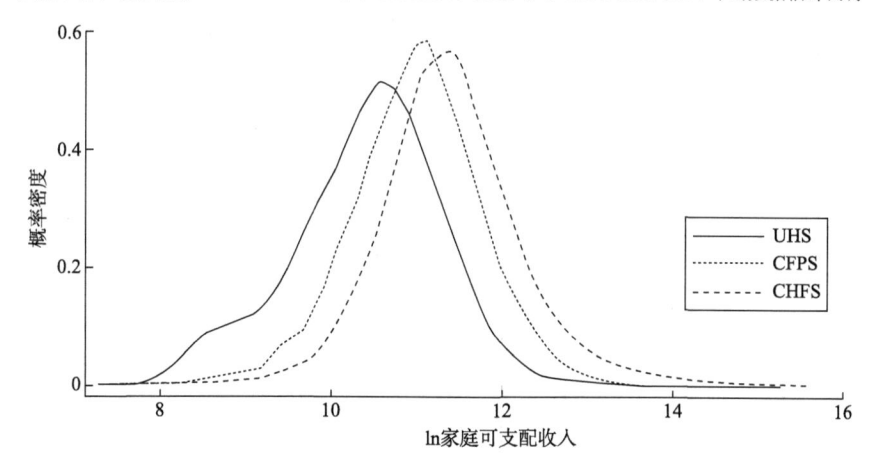

图 5.3　UHS、CFPS、CHFS 家庭可支配收入核密度分布图

资料来源：笔者根据 UHS 1988~2014 年、CFPS 2010~2018 年与 CHFS 2011~2017 年的数据估计而得

此外，三个数据库中对大宗消费的定义不一致，这也可能导致估计出的消费需求的收入弹性出现一定的差异。具体上讲，UHS 认为汽车具有投资和消费双重属性，当用于生产经营时算作经营性支出，而当用于家用时则算作消费支出，但房屋装修以及汽车保养费都算作消费支出；CFPS 中未包含住房购买消费，但包括汽车购买、维修保养消费，包含摩托车、电动车的保养维修消费，以及房屋装修费；CHFS 中未包含住房购买、汽车购买和保养维护消费，但包括房屋装修费以及摩托车、电动车的购买及维护费。总体上讲，UHS 对于大宗消费的区分更为精准；CFPS 包含了可能本属于投资的支出项目（如汽车），可能导致消费需求的收入弹性被高估；而 CHFS 包括的消费支出项目要略少，可能导致消费需求的

收入弹性被低估。所以，不同调查数据的消费支出构成不尽相同，这可能可以部分解释图 5.1 中呈现出的估计值的差异。

但总的来说，使用 CFPS 2010~2018 年和 CHFS 2011~2017 年数据估计出的消费需求的收入弹性与基准回归中 2010~2018 年的估计结果相差不大，稳健性分析中估计出的 2010~2018 年消费需求的收入弹性在[0.599，0.820]，基准回归中估计出的 2010~2018 年消费需求的收入弹性在[0.597，0.788]，因此基准回归的估计结果稳健。

第四节 测算结果与分析

承载人力资本要素的主体是劳动力，劳动力同时也是消费者，是市场经济中的另一大微观主体。人力资本要素的错配会影响到劳动力的边际产出，进而影响劳动力的实际收入，最终影响市场上的消费需求。因此，本节将进一步测算优化人力资本在不同所有制部门间的配置对居民消费支出的影响。根据第一节中简述的消费理论，优化人力资本配置后居民消费总支出的增加量可以通过消费需求的收入弹性与优化人力资本配置后总产出增幅的乘积来估算。

表 5.6 的第（1）列显示了 1988~2018 年各年的消费需求的收入弹性，该数据来源于表 5.3。第（2）列则列出了历年优化人力资本配置后总产出的增幅，该数据来自表 4.6 中第（1）列，用潜在最优经济总产出（Y^*）与实际经济总产出（Y^{obs}）的比值 R 的变化的绝对值表示。表 5.6 第（3）列中的数值，是该表前两列数值的乘积，即本章测算的优化人力资本配置后居民消费总支出的增加比例。

表 5.6 优化人力资本所有制部门间配置对居民消费量的影响

年份	消费需求的收入弹性	R 值变化的百分比的绝对值	消费支出增加的比例	实际最终消费按 2018 年价格计算/亿元	消费量增加的规模/亿元（2018 年价格）
	（1）	（2）	（3）	（4）	（5）
1988	0.856	1.13%	0.967%	34 504.34	333.754
1989	0.847	1.04%	0.881%	34 246.98	301.675
1990	0.833	1.35%	1.125%	36 130.90	406.310
1991	0.838	0.91%	0.763%	39 635.48	302.252
1992	0.750	0.71%	0.533%	44 397.06	236.414
1993	0.766	0.91%	0.697%	49 613.26	345.834
1994	0.813	1.09%	0.886%	54 348.68	481.622

续表

年份	消费需求的收入弹性 (1)	R值变化的百分比的绝对值 (2)	消费支出增加的比例 (3)	实际最终消费按2018年价格计算/亿元 (4)	消费量增加的规模/亿元（2018年价格）(5)
1995	0.825	1.01%	0.833%	59 422.04	495.134
1996	0.826	0.94%	0.776%	65 308.28	507.080
1997	0.810	1.14%	0.923%	70 050.60	646.847
1998	0.795	0.74%	0.588%	76 486.35	449.969
1999	0.814	0.98%	0.798%	85 352.68	680.875
2000	0.801	0.68%	0.545%	95 636.49	520.913
2001	0.802	1.05%	0.842%	102 289.77	861.382
2002	0.801	2.36%	1.890%	111 474.26	2 107.265
2003	0.780	2.13%	1.661%	118 325.48	1 965.860
2004	0.792	2.47%	1.956%	127 680.34	2 497.734
2005	0.811	2.71%	2.198%	142 929.84	3 141.326
2006	0.795	2.68%	2.131%	159 467.19	3 397.608
2007	0.756	2.36%	1.784%	181 672.65	3 241.331
2008	0.815	2.53%	2.062%	197 908.46	4 080.773
2009	0.788	1.95%	1.537%	218 919.72	3 363.920
2010	0.641	1.24%	0.795%	244 761.74	1 945.464
2011	0.607	1.17%	0.710%	281 948.88	2 002.373
2012	0.653	0.80%	0.522%	309 270.34	1 615.628
2013	0.771	0.20%	0.154%	335 598.58	517.493
2014	0.720	0.20%	0.144%	362 672.28	522.248
2015	0.597	0.07%	0.042%	393 522.87	164.453
2016	0.788	0.04%	0.032%	426 144.27	134.321
2017	0.633	0.04%	0.025%	466 105.08	118.018
2018	0.783	0.01%	0.008%	506 134.90	39.630

注：消费支出增加的比例=消费需求的收入弹性×R值。最终消费数据来自国家统计局，实际最终消费数据根据国家统计局提供的CPI进行了平减（按2018年价格计算）。消费量增加的规模=消费支出增加的比例×实际最终消费

优化人力资本配置后，消费增加的比例也对应人力资本错配的演变过程，大致呈现出三个阶段特征（图5.4）。首先，在人力资本配置失衡的第一阶段（20

世纪 80 年代末至 21 世纪初期），优化不同所有制部门间的人力资本配置能使得居民消费增加 0.8%左右，高于同期 R&D 占比。其次，在人力资本配置失衡的第二阶段（2000~2010 年），若人力资本在不同所有制部门实现了最优配置，居民消费可以增加 1.5%左右，远高于同期的 R&D 占比。最后，在人力资本配置失衡状况进一步改善的第三阶段，优化人力资本配置所带来的消费增幅也逐渐减少，接近于 0。这主要是由于随着中国劳动力市场化建设的不断推进和完善，市场运作效率显著提升，人力资本在不同所有制部门间的配置总体上趋于合理，因此，由人力资本配置失衡导致的劳动力市场效率损失也逐渐接近于 0。换句话说，纠正人力资本错配后获得的总产出的增加空间也不断减小，进而能带来的消费增幅也不断减少。在图 5.4 中，表现为最近几年代表消费支出增加的比例的折线逐渐接近横轴。

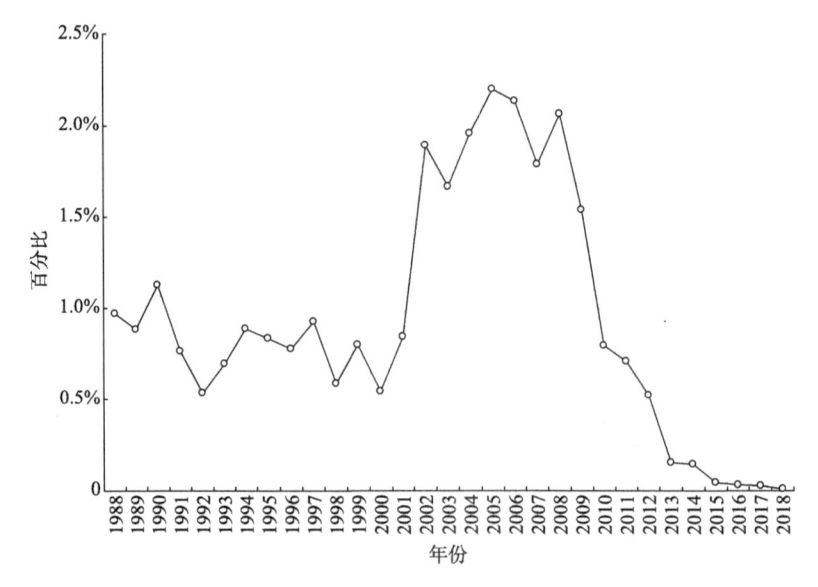

图 5.4　优化人力资本在不同所有制部门间的配置后居民消费支出增加的比例变化
资料来源：笔者利用 UHS 1988~2014 年、CFPS 2016~2018 年、CHFS 2015~2017 年数据估算而得

表 5.6 的最后两列分别汇报了实际最终消费（按 2018 年价格水平计算）和纠正人力资本配置失衡后消费量增加的规模。优化人力资本配置能增加的消费规模也呈现出两个阶段性特征。首先，在人力资本配置失衡的第一阶段和第二阶段，即 20 世纪 80 年代末到 2012 年，优化人力资本配置后，消费支出的增量会波动增加。这是因为优化人力资本配置能够激发潜在的生产能力，提高经济产出，增加居民的可支配收入，从而促进消费增长。其次，在人力资本配置状况逐步改善的第三阶段，优化人力资本配置能增加的消费量不断减少甚至逐渐消失。这进一步说明劳动力市场逐渐有效运作，由人力资本错配导致的消费损失

大幅降低。

为了更好地理解居民消费增加额的高低,我们将其与零售市场成交额进行比较。国家统计局从 2008 年开始公布细分的亿元以上商品交易零售市场的成交额。通过对比,我们发现,2008 年和 2009 年优化人力资本在不同所有制部门间的配置能增加的居民消费额分别为 4 081 亿元和 3 364 亿元,高于同期综合零售市场成交额的 2 640 亿元与 2 906 亿元[①]。2010~2012 年增加的居民消费额相当于同期农产品综合零售市场的成交额。2013~2017 年增加的居民消费额相当于同期食品、饮料及烟酒零售市场成交额。即使在 2018 年,虽然由优化人力资本配置而获得的居民消费额已降至 39.63 亿元,但仍高于当年食品、饮料零售市场的成交额 36.5 亿元。可见,纠正人力资本在部门间的错配能够增加较为可观的居民消费。

第五节 本章小结

本章旨在估计纠正人力资本在国有部门与非国有部门间的错配后居民消费增加的比例和规模。我们首先利用 UHS(1988~2014 年)、CFPS(2016 年、2018 年)和 CHFS(2015 年、2017 年)数据,根据消费决定理论建立回归方程,估计历年消费需求的收入弹性。然后,利用第四章的估计结果,即优化人力资本配置后经济总产出的增量,乘以估算出的消费需求的收入弹性,估计居民消费的增加比例与规模。本章的研究结果显示,首先,在控制了城镇居民家庭的收入差距、有效家庭规模、户主年龄以及省份固定效应后,消费需求的收入弹性从 1988 年的 0.856 逐渐下降到 2018 年的 0.783。其次,优化人力资本在不同所有制部门间的配置后,居民消费增加的比例呈现出三阶段特征:第一阶段,20 世纪 80 年代末到 21 世纪初,居民消费增加 0.8%左右,高于同期 R&D 占比;第二阶段,2000~2010 年,居民消费可以增加 1.5%左右,远高于同期 R&D 占比;第三阶段,消费增幅逐渐减少甚至消失。居民消费量增加的规模则呈现出两个阶段性特征:1988~2012 年,居民消费支出的增加量在波动中增加,相当于同期零售市场的成交额;2012 年后,优化人力资本配置能增加的消费量不断减少并逐渐消失。因此,本章的研究结果表明,优化人力资本配置能够激发潜在的生产能力,提高经济产出,增加居民的可支配收入,从而促进居民消费的增加。

---

① 根据国家统计局的划分标准,综合零售市场包括生产资料综合零售市场、工业消费品综合零售市场、农产品综合零售市场以及其他综合零售市场。

本章附录

附表 5.1　利用不同微观调查数据估计的全国消费需求的收入弹性

变量	ln 家庭消费（不包括教育支出）					
	UHS 1988~2009 年	UHS 2010~2014 年	UHS 1988~2014 年	CFPS 2010~2018 年	CHFS 2011~2017 年	1988~2018 年[1]
ln 家庭可支配收入	0.802*** (0.000)	0.706*** (0.000)	0.786*** (0.000)	0.745*** (0.000)	0.655*** (0.000)	0.743*** (0.000)
基尼系数	0.113** (−0.011)	−1.352*** (0.000)	−0.230*** (0.000)	1.339*** (−0.017)	−0.388 (−0.137)	0.052 (0.217)
有效家庭规模	0.030*** (0.000)	0.015*** (0.004)	0.027*** (0.000)	0.009 (−0.181)	−0.022** (−0.017)	0.019*** (0.000)
户主年龄	−0.001*** (0.000)	−0.001*** (0.002)	−0.001*** (0.000)	−0.003*** (0.000)	−0.007*** (0.000)	−0.002*** (0.000)
时间固定效应	Yes	Yes	Yes	Yes	Yes	Yes
省份固定效应	Yes	Yes	Yes	Yes	Yes	Yes
观测值数量	167 026	26 924	193 950	15 830	47 012	229 869
R^2	0.882	0.908	0.893	0.620	0.568	0.835

注：括号内为 p 值
1）利用 UHS（1988~2014 年）、CFPS（2016 年、2018 年）和 CHFS（2015 年、2017 年）数据
***、** 分别表示在 1%、5% 的水平上显著

附表 5.2　UHS 消费需求的收入弹性（1988~2014 年）

变量	ln 家庭消费（不包括教育支出）			
	1988 年	1989 年	1990 年	1991 年
ln 家庭可支配收入	0.856*** (0.000)	0.847*** (0.000)	0.833*** (0.000)	0.838*** (0.000)
基尼系数	−1.916*** (0.007)	−0.548 (0.178)	−0.812* (0.088)	−0.755 (0.204)
有效家庭规模	0.033*** (0.000)	0.032*** (0.000)	0.032*** (0.000)	0.028*** (0.000)
户主年龄	0.002*** (0.005)	0.001** (0.014)	0.001** (0.015)	0.000 (0.125)
省份固定效应	Yes	Yes	Yes	Yes
观测值数量	3 515	3 491	3 967	4 002
R^2	0.838	0.825	0.798	0.802

续表

变量	ln 家庭消费（不包括教育支出）			
	1992 年	1993 年	1994 年	1995 年
ln 家庭可支配收入	0.750*** (0.000)	0.766*** (0.000)	0.813*** (0.000)	0.825*** (0.000)
基尼系数	−0.175 (0.127)	−0.231 (0.117)	−0.518*** (0.003)	−0.488*** (0.004)
有效家庭规模	−0.034*** (0.000)	−0.031*** (0.000)	−0.038*** (0.000)	−0.046*** (0.000)
户主年龄	0.001** (0.030)	0.000 (0.217)	0.001* (0.089)	0.000 (0.753)
省份固定效应	Yes	Yes	Yes	Yes
观测值数量	3 978	3 952	4 243	4 267
R^2	0.784	0.802	0.828	0.843

变量	ln 家庭消费（不包括教育支出）			
	1996 年	1997 年	1998 年	1999 年
ln 家庭可支配收入	0.826*** (0.000)	0.810*** (0.000)	0.795*** (0.000)	0.814*** (0.000)
基尼系数	−1.050*** (0.000)	1.331** (0.034)	−1.604*** (0.003)	−2.377*** (0.001)
有效家庭规模	−0.054*** (0.000)	0.013* (0.059)	0.021*** (0.008)	0.030*** (0.000)
户主年龄	0.000 (0.201)	0.000 (0.913)	−0.003*** (0.000)	−0.004*** (0.000)
省份固定效应	Yes	Yes	Yes	Yes
观测值数量	4 388	4 322	4 334	4 404
R^2	0.842	0.845	0.824	0.815

变量	ln 家庭消费（不包括教育支出）			
	2000 年	2001 年	2002 年	2003 年
ln 家庭可支配收入	0.801*** (0.000)	0.802*** (0.000)	0.801*** (0.000)	0.780*** (0.000)
基尼系数	−0.821** (0.013)	−0.525 (0.261)	−0.052 (0.916)	0.016 (0.969)
有效家庭规模	0.042*** (0.000)	0.040*** (0.000)	0.047*** (0.000)	0.056*** (0.000)
户主年龄	−0.002*** (0.000)	−0.003*** (0.000)	−0.001*** (0.005)	−0.001*** (0.006)

续表

变量	ln 家庭消费（不包括教育支出）			
	2000 年	2001 年	2002 年	2003 年
省份固定效应	Yes	Yes	Yes	Yes
观测值数量	4 240	4 339	11 275	10 113
R^2	0.820	0.817	0.771	0.756

变量	ln 家庭消费（不包括教育支出）			
	2004 年	2005 年	2006 年	2007 年
ln 家庭可支配收入	0.792*** (0.000)	0.811*** (0.000)	0.795*** (0.000)	0.756*** (0.000)
基尼系数	0.933* (0.099)	1.050* (0.091)	1.061** (0.021)	−0.276 (0.676)
有效家庭规模	0.054*** (0.000)	0.033*** (0.000)	0.040*** (0.000)	0.043*** (0.000)
户主年龄	−0.001** (0.015)	−0.000 (0.578)	−0.001 (0.342)	−0.002** (0.011)
省份固定效应	Yes	Yes	Yes	Yes
观测值数量	13 660	14 673	15 045	14 873
R^2	0.775	0.774	0.765	0.710

变量	ln 家庭消费（不包括教育支出）			
	2008 年	2009 年	2010 年	2011 年
ln 家庭可支配收入	0.815*** (0.000)	0.788*** (0.000)	0.641*** (0.000)	0.607*** (0.000)
基尼系数	−0.773*** (0.002)	−0.497* (0.065)	−5.009*** (0.000)	−0.592 (0.444)
有效家庭规模	0.033*** (0.000)	0.043*** (0.000)	−0.005 (0.702)	0.003 (0.944)
户主年龄	−0.002*** (0.000)	−0.002*** (0.000)	−0.006*** (0.001)	0.002 (0.259)
省份固定效应	Yes	Yes	Yes	Yes
观测值数量	14 931	15 014	8 151	445
R^2	0.763	0.714	0.361	0.317

续表

变量	ln 家庭消费（不包括教育支出）		
	2012 年	2013 年	2014 年
ln 家庭可支配收入	0.653*** (0.000)	0.771*** (0.000)	0.720*** (0.000)
基尼系数	−1.180* (0.056)	−0.659*** (0.007)	−1.619*** (0.000)
有效家庭规模	−0.060*** (0.005)	0.036*** (0.000)	0.053*** (0.000)
户主年龄	0.002* (0.076)	−0.002*** (0.000)	−0.001*** (0.000)
省份固定效应	Yes	Yes	Yes
观测值数量	2 581	9 295	6 452
R^2	0.279	0.724	0.681

注：括号内为 p 值

***、**、*分别表示在 1%、5%、10%的水平上显著

附表 5.3　CFPS 消费需求的收入弹性（2010~2018 年）

变量	ln 家庭消费（不包括教育支出）				
	2010 年	2012 年	2014 年	2016 年	2018 年
ln 家庭可支配收入	0.723*** (0.000)	0.682*** (0.000)	0.820*** (0.000)	0.788*** (0.000)	0.783*** (0.000)
基尼系数	1.079 (0.310)	−2.221* (0.099)	1.010 (0.198)	1.870* (0.085)	0.541 (0.344)
有效家庭规模	0.003 (0.826)	0.046*** (0.004)	0.009 (0.430)	−0.024* (0.065)	0.037*** (0.003)
户主年龄	−0.005*** (0.000)	−0.009*** (0.000)	−0.001 (0.268)	−0.001 (0.552)	−0.001** (0.038)
省份固定效应	Yes	Yes	Yes	Yes	Yes
观测值数量	4 296	2 662	2 880	2 892	3 100
R^2	0.637	0.515	0.655	0.601	0.632

注：括号内为 p 值

***、**、*分别表示在 1%、5%、10%的水平上显著

附表 5.4　CHFS 消费需求的收入弹性（2011~2017 年）

变量	ln 家庭消费（不包括教育支出）			
	2011 年	2013 年	2015 年	2017 年
ln 家庭可支配收入	0.599*** (0.000)	0.657*** (0.000)	0.597*** (0.000)	0.633*** (0.000)

续表

变量	ln 家庭消费（不包括教育支出）			
	2011 年	2013 年	2015 年	2017 年
基尼系数	−0.273 (0.704)	−0.357 (0.192)	−0.928*** (0.001)	−1.836*** (0.000)
有效家庭规模	0.094*** (0.000)	−0.025*** (0.010)	0.017*** (0.008)	0.029*** (0.000)
户主年龄	−0.005 (0.213)	−0.007*** (0.000)	−0.005*** (0.000)	−0.007*** (0.000)
省份固定效应	Yes	Yes	Yes	Yes
观测值数量	3 243	11 224	14 536	18 009
R^2	0.651	0.566	0.573	0.573

注：括号内为 p 值

***表示在1%的水平上显著

第六章 优化人力资本配置对企业效率的影响

根据第二章文献综述，人力资本错配可以分为质量错配和数量错配两个维度。质量错配的研究通常从个人角度出发，将劳动力视作异质性生产要素，并测度劳动力所在部门的实际工资回报率与理论最优回报率的差距。数量错配的研究通常从企业角度出发，将劳动力视作同质性生产要素，测度企业实际生产率与理论最优生产率之间的差距。第四章与第五章研究了国有与非国有两部门间劳动力质量错配程度，并分析了其对经济总产出和居民消费的影响。本章将从数量错配的角度重点分析我国劳动力数量在国有与非国有部门间的错配程度及其对企业效率的影响，从而更完整地展现我国部门间人力资本错配的全貌。本章首先构建劳动力错配测度模型。其次，利用中国规模以上工业企业数据估算不同部门间的劳动力错配值，并揭示 1998~2013 年我国最重要的经济转型期制造业劳动力错配的演变过程。最后，分析纠正部门间劳动力错配后，全国、各省级行政区以及地区间企业效率的改进情况。

第一节 理论模型

资源错配现象广泛存在于各种经济体中。根据新古典经济学理论，完全竞争市场条件下，当要素边际成本等于要素边际收益时，生产要素配置达到帕累托最优，全社会生产效率最大化。但在现实的经济社会中，受政策、制度、环境和历史等因素影响，市场运行往往偏离帕累托最优状态，从而导致要素资源错配。已有研究表明，要素资源错配通过扭曲要素边际产品价值，影响企业的全要素生产率，从而导致效率损失（Hsieh and Klenow，2009；龚关和胡关亮，2013）。因而，本节首先建立理论模型，测度劳动力错配程度及其对企业效率的影响。

一、劳动力数量错配的测算

本章主要以 Hsieh 和 Klenow（2009）提出的理论模型为基础，参考龚关和胡关亮（2013）的方法，放松规模报酬不变的假定，将企业层面的要素错配分为资本数量错配和劳动力数量错配，建立国有与非国有两部门经济的数理模型并进行推导，得出不同所有制部门间劳动力错配的测度公式①，并进一步分析劳动力错配对企业效率的影响。

假设最终产品市场为完全竞争市场，社会上有两个部门——国有部门（j=s）和非国有部门（j=p），最终产品 Y 是两部门产出的 C-D 加总，即

$$Y = \prod_{j=s,p} Y_j^{\theta_j} \quad \sum_{j=s,p} \theta_j = 1 \tag{6.1}$$

其中，θ_j 为 Y_j 的产出弹性。设 P 和 P_j 为产出 Y 和 Y_j 的价格。令最终产品为单位计价产品，即 $P \equiv 1$。根据成本最小化，可以得到②

$$P_j Y_j = \theta_j PY \quad P \equiv \prod_{j=s,p} \left(\frac{P_j}{\theta_j}\right)^{\theta_j} \tag{6.2}$$

设部门产出 Y_j 是 i 个异质性企业产出按照常数替代弹性的加总，即

$$Y_j = \left(\sum_{i=1}^{I} Y_{ij}^{\frac{\sigma-1}{\sigma}}\right)^{\frac{\sigma}{\sigma-1}} \tag{6.3}$$

其中，σ 为产出替代弹性。利润最大化条件下，产出与价格的关系可以表示为

$$P_j Y_j^{\frac{1}{\sigma}} = P_{ij} Y_{ij}^{\frac{1}{\sigma}} \tag{6.4}$$

设企业生产函数为 C-D 生产函数形式，即

$$Y_{ij} = A_{ij} K_{ij}^{\alpha} L_{ij}^{\beta} \tag{6.5}$$

其中，A_{ij}、K_{ij} 和 L_{ij} 分别为企业的全要素生产率、资本存量投入和劳动力数量投入；α 和 β 为资本与劳动力的产出弹性，本章使用 OP 法进行估计。

市场中的企业同时面临资本错配和劳动力错配。错配，主要是指受政策和制度等因素影响而导致的企业要素边际产出价值偏离理论的最优值。例如，国有银行对不同所有制企业的信贷规定和金融摩擦等会导致资本错配，最低工资制度和劳动力市场分割等因素会影响劳动力的定价与流动，从而造成劳动力错配。将这两种错配以"价格楔子"的形式作用在企业利润函数上，则企业利润函数可以表示为

---

① 附表 6.1 比较了不同研究中资源错配的测度方法及其估算结果。
② 详细的公式推导过程，请见本章附录。

$$\pi_{ij} = P_{ij}Y_{ij} - (1+\tau_{Kij})RK_{ij} - (1+\tau_{Lij})wL_{ij} \tag{6.6}$$

其中，τ_{Kij} 和 τ_{Lij} 分别为部门 j 企业 i 面临的资本错配和劳动力错配；R 和 w 为要素边际成本，即资本租金率和劳动报酬[①]。将利润函数对产出求导，可以得到部门 j 企业 i 最终产品价格（P_{ij}）与产品边际成本（MC_{ij}）之间的关系，即

$$P_{ij} = \frac{\sigma}{\sigma-1}\mathrm{MC}_{ij} \tag{6.7}$$

根据利润最大化的一阶条件，得到错配情况下企业资本劳动比、总产出和要素使用量情况：

$$\frac{K_{ij}}{L_{ij}} = \frac{\alpha}{\beta} \times \frac{w}{R} \times \frac{1+\tau_{Lij}}{1+\tau_{Kij}} \tag{6.8}$$

$$Y_{ij} = \left(P_i^\sigma Y_i\right)^{\frac{\Psi(\alpha+\beta)}{\sigma-1}} \left\{ \left(\frac{\sigma}{\sigma-1}\right)^{\alpha+\beta} \frac{1}{A_{ij}} \left[\frac{(1+\tau_{Lij})w}{\beta}\right]^\beta \left[\frac{(1+\tau_{Kij})R}{\alpha}\right]^\alpha \right\}^{\frac{-\sigma\Psi}{\sigma-1}} \tag{6.9}$$

$$K_{ij} = \frac{\alpha}{(1+\tau_{Kij})R} \left\{ \left(P_i^\sigma Y_i\right)^{\frac{1}{\sigma-1}} \left(\frac{\sigma}{\sigma-1}\right)^{\frac{-\sigma}{\sigma-1}} A_{ij} \left[\frac{\beta}{(1+\tau_{Lij})w}\right]^\beta \left[\frac{\alpha}{(1+\tau_{Kij})R}\right]^\alpha \right\}^\Psi \tag{6.10}$$

$$L_{ij} = \frac{\beta}{(1+\tau_{Lij})w} \left\{ \left(P_i^\sigma Y_i\right)^{\frac{1}{\sigma-1}} \left(\frac{\sigma}{\sigma-1}\right)^{\frac{-\sigma}{\sigma-1}} A_{ij} \left[\frac{\beta}{(1+\tau_{Lij})w}\right]^\beta \left[\frac{\alpha}{(1+\tau_{Kij})R}\right]^\alpha \right\}^\Psi \tag{6.11}$$

其中，$\Psi = \dfrac{\sigma-1}{\sigma-(\sigma-1)(\alpha+\beta)}$。

进一步，产品价格可以表示为

$$P_{ij} = \frac{\sigma}{\sigma-1} Y_{ij}^{\frac{1-\alpha-\beta}{\alpha+\beta}} A_{ij}^{\frac{-1}{\alpha+\beta}} \left[\frac{(1+\tau_{Kij})R}{\alpha}\right]^{\frac{\alpha}{\alpha+\beta}} \left[\frac{(1+\tau_{Lij})w}{1-\alpha}\right]^{\frac{\beta}{\alpha+\beta}} \tag{6.12}$$

式（6.8）~式（6.11）表明，企业最终产品数量以及要素投入量不仅与企业的生产率 A_{ij} 有关，还和资本错配 τ_{Kij}、劳动力错配 τ_{Lij} 有关，要素资源错配影响了企业的要素使用量（K_{ij}，L_{ij}）和最终产品数量（Y_{ij}）。具体地，给定市场出清时的资本租金率 R 和劳动报酬 w，市场上得到政策扶持或资源偏向的企业能以低

[①] 假设资本与劳动实现最优配置时，所有部门的资本和劳动的边际产出价值均相同。

于市场出清时的价格获得生产要素，其最终产品数量 Y_{ij}、要素使用量 K_{ij} 和 L_{ij} 就较大；反之，资源获得受限的企业，其最终产品数量和要素使用量则较少。

要素边际产品价值是指企业增加一单位要素投入所增加的产品价值，等于最终产品价格乘以要素的边际产出。企业资本边际产品价值（MRPK）与劳动边际产品价值（MRPL）可以分别表示为：

$$\text{MRPK}_{ij} = \frac{\partial P_{ij} Y_{ij}}{\partial K_{ij}} = \frac{\sigma - 1}{\sigma} \times \frac{\alpha P_{ij} Y_{ij}}{K_{ij}} = \left(1 + \tau_{Kij}\right) R \quad (6.13)$$

$$\text{MRPL}_{ij} = \frac{\partial P_{ij} Y_{ij}}{\partial L_{ij}} = \frac{\sigma - 1}{\sigma} \times \frac{\beta P_{ij} Y_{ij}}{L_{ij}} = \left(1 + \tau_{Lij}\right) w \quad (6.14)$$

式（6.13）和式（6.14）揭示了企业要素边际产品价值与企业要素错配之间的关系：要素错配扭曲了企业间相同要素的边际产品价值，使要素配置偏离了帕累托最优。本章将资源错配细分为资本错配和劳动力错配，能更好地厘清资本错配和劳动力错配的作用，并进一步估算纠正劳动力在国有与非国有部门的错配后可以提升的经济效率，即优化劳动力在两部门间配置的经济效率。

本章用要素边际产品价值的离散程度衡量资源错配情况。离散程度越小且越接近于 0，说明要素资源配置状况越好；离散程度越大，说明要素资源错配越严重。使用这种方法测算资源错配，其蕴含的假设是部门平均要素边际产品价值为帕累托最优的生产结果，即以行业平均水平作为有效配置的标准。该方法合理性有二。首先，根据边际报酬递减规律，生产率最高与最低的企业同时得到一单位资源，生产率低的企业的边际产品价值可能更高，这意味着部分资源从高生产率企业流入低生产率企业将促进要素资源的优化配置，要素重新配置的结果是市场内企业的边际产品价值趋于平均水平。其次，通过进一步推导，即根据后文式（6.21），要素边际产品价值的离散程度越大，全要素生产率损失越严重，实际效率越低。最优生产水平，即部门平均要素边际产品价值 $\overline{\text{MRPK}_j}$ 和 $\overline{\text{MRPL}_j}$，按照企业增加值份额进行加权得到，具体表示为

$$\overline{\text{MRPK}_j} = \frac{R}{\left[\sum_{i=1}^{I} \frac{1}{\left(1 + \tau_{Kij}\right)} \frac{P_{ij} Y_{ij}}{P_j Y_j}\right]} \quad (6.15)$$

$$\overline{\text{MRPL}_j} = \frac{w}{\left[\sum_{i=1}^{I} \frac{1}{\left(1 + \tau_{Lij}\right)} \frac{P_{ij} Y_{ij}}{P_j Y_j}\right]} \quad (6.16)$$

此时，企业全要素生产率 TFPQ_{ij} 和部门生产率 TFP_j 为

$$\text{TFPQ}_{ij} \triangleq A_{ij} = \frac{Y_{ij}}{K_{ij}^{\alpha} L_{ij}^{\beta}} \qquad (6.17)$$

$$\text{TFP}_j = \frac{Y_j}{K_j^{\alpha} L_j^{\beta}} = \left\{ \sum_{i=1}^{I} \left[A_{ij} \left(\frac{\overline{\text{MRPK}_j}}{\text{MRPK}_{ij}} \right)^{\alpha} \left(\frac{\overline{\text{MRPL}_j}}{\text{MRPL}_{ij}} \right)^{\beta} \right]^{\Psi} \right\}^{\frac{1}{\Psi}} \qquad (6.18)$$

当 TFPQ、MRPK、MRPL 符合联合对数正态分布时,式(6.18)可以渐进表示为

$$\ln \text{TFP}_j = \ln\left(\overline{A}_j\right)$$
$$\underbrace{-\frac{1}{2}\gamma\Psi\left[\phi\text{Var}(\ln\text{MRPK}_{ij}) + \varphi\text{Var}(\ln\text{MRPL}_{ij}) + 2\gamma\alpha\beta\text{Cov}(\ln\text{MRPK}_{ij},\ln\text{MRPL}_{ij})\right]}_{\text{TFP}_{\text{loss}}}$$
$$(6.19)$$

其中,$\phi = \alpha\left[1 - \frac{\beta(\sigma-1)}{\sigma}\right]$; $\varphi = \beta\left[1 - \frac{\alpha(\sigma-1)}{\sigma}\right]$; $\gamma = \frac{(\sigma-1)}{\sigma}$。

式(6.19)表明,部门实际 TFP_j 等于最优 TFP 减去错配导致的效率损失,而效率损失与要素边际产品价值的标准差和协方差正相关[1]。根据式(6.13)和式(6.14),资源错配直接导致了企业要素边际产品价值偏离最优值,且错配越严重,实际的要素边际产品价值偏离最优值的程度越大,即要素边际产品价值的标准差越大。将式(6.13)和式(6.14)代入式(6.19)后可以得出,要素错配越严重,TFP_{loss} 就越大,TFP_j 就越小。只有当企业间的要素边际产品价值趋同(或者说越接近平均水平),才能实现资源的更有效配置和产出的优化,因此使用要素平均边际产品价值作为最优标准的合理性得到了印证。

二、劳动力错配对企业效率的影响

根据新古典经济学资源最优配置的原则,当不存在资源错配时,部门内企业的要素边际产品价值相等,则行业最优 TFP_j 为

$$\overline{A}_j = \left(\sum_{i=1}^{I} A_{ij}^{\Psi}\right)^{\frac{1}{\Psi}} \qquad (6.20)$$

---

[1] MRPK 和 MRPL 的协方差反映的是一种要素错配对另一种要素错配的影响。具体地,当企业面临资本错配时,劳动力错配的边际影响将增大,即资本错配更严重的企业增加额外一单位劳动错配对行业 TFP 的负向影响更严重。计算结果显示,MRPK 与 MRPL 的协方差在计算期内虽然恒大于 0,但数值逐年减少。此外,由于 MRPK 与 MRPL 的协方差在式(6.19)中占比很小,可忽略不计。

将式（6.20）代入式（6.18）。在给定部门资本和劳动力的情况下，可得部门实际产出 Y_j 与有效产出 $Y_j^{\text{efficient}}$ 比，即实际 TFP 与有效 TFP 的比[①]，即

$$\frac{Y_j}{Y_j^{\text{efficient}}} = \left\{ \sum_{i=1}^{I} \left[\frac{A_{ij}}{A_j} \times \left(\frac{\overline{\text{MRPK}_j}}{\overline{\text{MRPK}_{ij}}} \right)^{\alpha} \left(\frac{\overline{\text{MRPL}_j}}{\overline{\text{MRPL}_{ij}}} \right)^{\beta} \right]^{\Psi} \right\}^{\frac{1}{\Psi}} \quad (6.21)$$

将各部门最终产品产出按照各部门增加值份额进行加权并根据 C-D 生产函数加总后，可以获得总产出 Y 与总有效产出 $Y^{\text{efficient}}$ 的比，即

$$\frac{Y}{Y^{\text{efficient}}} = \prod_{j=s,p} \left\{ \sum_{i=1}^{I} \left[\frac{A_{ij}}{A_j} \times \left(\frac{\overline{\text{MRPK}_j}}{\overline{\text{MRPK}_{ij}}} \right)^{\alpha} \left(\frac{\overline{\text{MRPL}_j}}{\overline{\text{MRPL}_{ij}}} \right)^{\beta} \right]^{\Psi} \right\}^{\frac{\theta_j}{\Psi}} \quad (6.22)$$

如果仅考虑资本或劳动力某单一要素的配置发生扭曲时，有效生产率可以写为

$$\left(\overline{A_j} \right)_K = \left\{ \sum_{i=1}^{I} \left[A_{ij} \left(\frac{\overline{\text{MRPL}_j}}{\overline{\text{MRPL}_{ij}}} \right)^{\beta} \right]^{\Psi} \right\}^{\frac{1}{\Psi}} \quad (6.23)$$

$$\left(\overline{A_j} \right)_L = \left\{ \sum_{i=1}^{I} \left[A_{ij} \left(\frac{\overline{\text{MRPK}_j}}{\overline{\text{MRPK}_{ij}}} \right)^{\alpha} \right]^{\Psi} \right\}^{\frac{1}{\Psi}} \quad (6.24)$$

则实际产出与不存在资本错配的最优产出 $\left(Y^{\text{efficient}} \right)_K$ 和实际产出与不存在劳动错配 $\left(Y^{\text{efficient}} \right)_L$ 的最优产出比为

$$\frac{Y}{\left(Y^{\text{efficient}} \right)_K} = \prod_{j=s,p} \left\{ \sum_{i=1}^{I} \left[\frac{A_{ij}}{\left(\overline{A_j} \right)_K} \times \left(\frac{\overline{\text{MRPK}_j}}{\overline{\text{MRPK}_{ij}}} \right)^{\alpha} \left(\frac{\overline{\text{MRPL}_j}}{\overline{\text{MRPL}_{ij}}} \right)^{\beta} \right]^{\Psi} \right\}^{\frac{\theta_j}{\Psi}} \quad (6.25)$$

$$\frac{Y}{\left(Y^{\text{efficient}} \right)_L} = \prod_{j=s,p} \left\{ \sum_{i=1}^{I} \left[\frac{A_{ij}}{\left(\overline{A_j} \right)_L} \times \left(\frac{\overline{\text{MRPK}_j}}{\overline{\text{MRPK}_{ij}}} \right)^{\alpha} \left(\frac{\overline{\text{MRPL}_j}}{\overline{\text{MRPL}_{ij}}} \right)^{\beta} \right]^{\Psi} \right\}^{\frac{\theta_j}{\Psi}} \quad (6.26)$$

定义生产效率改进：

[①] 本书资源有效配置指的是，给定资源禀赋条件下，资源通过自由流动实现的最优配置。这意味着，给定部门的资本和劳动力数量，本章计算的资源有效配置是指资源在部门内部流动达到的帕累托最优。

$$\text{Gain} = \left(1 - \frac{Y}{Y^{\text{efficient}}}\right) \times 100\% \qquad (6.27)$$

$$\text{Gain}_K = \left[1 - \frac{Y}{\left(Y^{\text{efficient}}\right)_K}\right] \times 100\% \qquad (6.28)$$

$$\text{Gain}_L = \left[1 - \frac{Y}{\left(Y^{\text{efficient}}\right)_L}\right] \times 100\% \qquad (6.29)$$

Gain 的经济学含义是纠正部门间资源错配后的效率改进，从另一个角度解释，是由部门间资源错配导致的全要素生产率损失。资源错配越严重，实际产出与有效产出的差距就越大，效率改进就越多。当 $Y/Y^{\text{efficient}} > 1$ 时，表明部门间资源配置过度，偏离最优状态，产出过剩；当 $Y/Y^{\text{efficient}} < 1$ 时，表明部门间资源配置不足，偏离最优状态，产出存在缺口。这两种情形都意味着资源未实现有效配置，部门间资源错配导致效率损失，影响经济发展速度和质量。

根据 $Y^{\text{efficient}}$ 的不同，可以计算纠正不同类型要素错配后的效率改进情况。具体地，根据式（6.27）计算得到的是纠正资本和劳动力部门间错配后的效率改进；根据式（6.28）计算得到的是仅纠正资本错配后的效率改进；根据式（6.29）计算得到的是仅纠正劳动力错配后的效率改进。本章在第四节根据式（6.27）计算了纠正要素资源错配后的全国生产效率改善情况，并根据式（6.29）计算了纠正劳动力错配后各省级行政区生产效率改进情况，分析其演变特征。

第二节　数　据　介　绍

一、数据来源

本章数据来自 1998~2013 年中国规模以上工业企业数据。中国工业企业数据库是目前中国样本量最大、信息最全面、时间跨度最长、应用最广泛的工业企业数据库。该数据库以企业法人为统计单位，涵盖全部国有和规模以上非国有工业企业[①]，收录超过 50 万家工业企业信息，全部企业产值占工业总产值的 95% 左右。数据库中的"工业"是指国民经济行业分类中的采矿业制造业电力、热力、燃气及水生产和供应业三个门类，两位数行业代码 06~46 的 41 个大类行业。本章

---

① 2011 年起，国家统计局"规模以上"的标准由主营业务收入（即销售额）500 万元及以上调整至 2 000 万元及以上。

选取其中占比超过 90%、行业代码 13~43 的制造业企业进行错配值的测算。

该工业企业数据库存在如企业代码混乱、重要指标缺失、指标大小异常、统计口径变动等问题，为了减少其对计算结果准确性的影响，本章对数据进行了较为彻底的清理和调整工作。

首先，对企业代码进行统一，解决企业代码混乱问题。本章参考聂辉华等（2012）提出的"交叉匹配法"进行数据匹配。该方法与 Brandt 等（2012）提出的"序贯识别法"相比，综合利用了企业代码和企业名称信息，能更好地识别在样本期内发生变动的企业，其匹配精度更高，因此本章采用"交叉匹配法"进行样本匹配。具体地，若一家企业历年的组织机构代码与企业名称保持相同，则被识别为一家企业；否则进入继续识别阶段。企业可能由于以下几种原因进入再识别阶段：企业重复上报；企业不同年份分别上报了子公司或母公司或不同地区公司的信息；企业因改制、并购、重组更改代码或名称；信息录入失误。因此，继续识别阶段除了参照企业的归属地、行业、主营产品、法人代表等特征信息，还参考了企业规模、注册资本等财务信息，删除完全重复的观测值。经过"交叉匹配法"识别，数据库中共包含 758 834 家企业，3 656 039 个观测值。对于匹配后的数据，取该企业最后一次出现在样本中的代码与名称，作为新的企业代码与企业名称变量，并向前回溯进行统一。本章以新的企业代码和企业名称作为相同企业匹配的依据。

其次，本章综合聂辉华等（2012）、盖庆恩等（2015）的做法，对关键指标缺失或异常值和重复值进行处理。具体地，本章删除了以下内容：①重要指标缺失或非正值项的观测值，具体包括企业增加值、职工人数、资产总计、固定资产年均余额、应付职工薪酬、中间投入；②不符合会计准则的观测值，即资产总计小于流动资产合计或固定资产年均余额，累计折旧小于本年折旧，企业人数小于 8 人的观测值；③不合理的观测值，如企业实收资本小于等于 0、固定资产原值小于 0、资产总计小于 0 和总产值小于 0 的样本。

随后，本章对行业统计口径进行了统一。数据期内，国家统计局在 2002 年和 2011 年分别进行了行业分类标准修订，导致部分行业分类出现差异。为了保持行业的一致性，本章以 GB/T 4757—2002 为标准，将 2002 年之前和 2011 年之后的行业代码进行调整。

再次，因为统计失误或遗漏，一些常值变量也存在一些问题。例如，企业汇报的成立年份在不同调查年份中不一致。对于该种情况，本章以企业第一次汇报的成立时间为准。个别企业在个别调查年份中缺少注册类型、归属地和行业等信息，为缓解该问题，本章以该企业在其他调查年份中提供的相关信息补齐。

最后，为消除极端异常值的影响，本章剔除每年要素边际产品价值上下 2.5%

的数据，即 $\ln(\text{MRPK}_{si}/\overline{\text{MRPK}_s})$ 和 $\ln(\text{MRPL}_{si}/\overline{\text{MRPL}_s})$ 中最大和最小的 2.5%[①]。进行上述清理后，共留有 3 027 504 条有效数据，共计 667 028 家企业，平均每家企业出现 4.5 期。

二、变量选取说明

在测算要素资源错配时，需要使用企业增加值、要素价格、产出替代弹性、要素产出弹性和资本存量等信息。关键变量选取的说明如下。

（1）企业增加值。1998~2007 年的中国工业企业数据中包含了企业的增加值信息，但是该数据库在 2008 年及之后仅收集企业的总产值信息，不再收集企业增加值与中间投入品等数据，因而难以使用生产法计算企业增加值。根据生产法公式，增加值与总产值之间可能存在线性关系，本章参考王林辉和董直庆（2012）的做法，设立总产值与增加值之间的线性函数，反解 2008 年之后的企业增加值[②]。

（2）要素价格。关于资本边际成本 R 和劳动力边际成本 w，本章沿用 Hsieh 和 Klenow（2009）的假定，设 $R=0.1$，$w=$ 部门平均工资，劳动者报酬等于工资加福利。根据式（6.13）、式（6.14）和式（6.19），R 和 w 的值并不影响资源错配程度的计算，因为要素出清价格只影响部门的平均产出，并不影响要素边际产品价值的离散程度。

（3）产出替代弹性。研究表明，竞争性制造业的替代弹性一般在 3~10（Broda and Weinstein，2006；Hendel and Nevo，2006）。本章沿用 Hsieh 和 Klenow（2009）的设定，设产出替代弹性 σ 等于 3[③]。

（4）要素产出弹性。目前关于要素产出弹性的计算方法有普通最小二乘法、固定效应法、OP 法和 LP 法等，鲁晓东和连玉君（2012）对不同方法的计算结果做了详细的比较和分析。其中，普通最小二乘法与固定效应法提出时间较早，不能解决残差项的内生性问题，会导致估计结果存在较大误差，本章不予考虑。作为半参估计，OP 法和 LP 法通过选取投资和中间投入品作为代理变量，克服了普通最小二乘法与固定效应法估计过程中的内生性问题，并得到了广泛的运用。与 LP 法相比，OP 法还考虑到了企业进退的动态影响，能更有效地控制样本选择偏误，因此本章选择用 OP 法估计要素产出弹性。OP 法估计中的代理变量——投资，按照"本年固定资产–上年固定资产+本期折旧"的方法进行计算。

[①] 由于 2008~2010 年中国工业企业数据库存在极值过多问题，为了避免极值对本章估计的影响，本章剔除首、尾 2.5%的数据，而在以 1998~2007 年为对象的研究中一般剔除首、尾 1%的数据。

[②] 总产值与增加值之间的函数：ln 增加值=0.968 1×ln 总产值+0.009 2×年份–19.471 1，其中 R^2 等于 0.9。

[③] 已有研究表明，当替代弹性 σ 增加，资源错配对全要素生产率的影响也增加。

（5）资本存量。本章遵循 Brandt 等（2014）的方法，利用数据库汇报的资本信息，采用永续盘存法对企业的资本存量进行估算。

具体计算公式如下：

$$\mathrm{RK}_t = (1-\delta)\mathrm{RK}_{t-1} + \frac{\mathrm{NK}_t - \mathrm{NK}_{t-1}}{P_t} \qquad (6.30)$$

其中，δ 为折旧率，参考龚关和胡关亮（2013）的做法，设为 9%；NK 为名义资本存量；P_t 为投资平减指数。对于名义资本存量，先根据 1993 年预调查时的企业调查数据计算出省级行政区-行业的名义资本存量增长率，再依据企业的成立年份依次进行折算[①]。

此外，所有名义变量均以 1998 年为基年，考虑省际差异，利用国家统计局公布的省级价格指数进行平减。由于西藏自治区政策特殊，本章所有计算均不包含西藏的企业。

第三节 劳动力错配的特征分析

一、国有与非国有部门间劳动力错配特征

很长一段时间以来，国有企业在我国经济发展中承担着十分重要的经济、政治和社会责任，并且在关系国民经济命脉的重要行业和关键领域中一直占据着支配地位。与此同时，国有企业也面临着生产率不高、机构臃肿、管理松懈等问题，这些问题在发展中逐渐暴露。因此，1997 年国企改革被提上日程。1998~2003 年，国企改革进入了初步探索阶段，通过引入竞争淘汰机制，建立了"产权清晰、权责明确、政企分开、管理科学"的现代企业制度。2003~2012 年，开始建立产权制度，并确立了"归属清晰、权责明确、保护严格、流转顺畅"的现代产权核心，国有产权转让逐步规范，分级监管制度逐步完善，国有企业的效率也得以提升。2012 年至今，国企改革进入了深化时期，以分类改革为前提，以发展混合所有制经济为突破口，相关各项改革继续推进。因此，本节将利用 1998~2013 年企业层面数据测算我国最重要的经济转型时期不同所有制部门劳动力错配的变化状况及其对经济效率的影响。

---

① Brandt 等（2014）提供了计算资本存量的全部指标信息，具体 dta 文件和 do 文件可至 doi:10.1016/j.jdeveco.2011.02.002 下载。

（一）全国层面劳动力在两部门间的错配特征

本节首先计算要素边际产品价值的标准差，以反映我国的要素资源错配情况。根据第一节的理论模型，要素边际产品价值的离散程度越小且越接近于 0，要素资源配置状况越好；要素边际产品价值的离散程度越大，要素资源错配越严重。表 6.1 显示了本章计算的全国层面两部门间劳动力错配值；同时，为了做对比，我们也列出资本的错配值。

表 6.1 1998~2013 年国有制造业企业与非国有制造业企业间资源错配值

年份	劳动力错配	资本错配
1998	1.008	1.248
1999	0.967	1.241
2000	0.954	1.227
2001	0.921	1.259
2002	0.904	1.241
2003	0.890	1.205
2004	0.862	1.223
2005	0.876	1.158
2006	0.893	1.138
2007	0.866	1.172
2008	0.819	1.734
2009	0.828	1.333
2010	0.892	1.209
2011	0.879	1.148
2012	0.900	1.160
2013	0.978	1.190

资料来源：笔者根据 1998~2013 年中国规模以上工业企业数据计算而得

从全国层面看，1998~2013 年，我国劳动力和资本在国有与非国有制造业企业间的配置失衡状况具有两个特征。

第一，劳动力错配呈现出先缓解后又加剧的过程。首先，自 1997 年国有企业正式转制至 2008 年全球金融危机前，劳动力在国有与非国有部门间的配置得到明显改善，错配值年均下降 2.1%。资本错配情况也得到一定程度改善，1998~2007 年资本错配值年均下降 0.7%。这一期间，劳动力与资本要素的错配均得到一定程度的缓解，反映出同期要素市场化改革有所成效。改革开放至南方谈话前，我国的资源配置仍以计划为主，价格"双轨制"并行。1993 年中共十四届三中全会确立了市场经济的改革方向与目标，提出建立资本市场和劳动力市场，开启了我国真正意义上的要素市场化改革。要素市场化改革，即充分发挥市场在资源配置中的决定性作用，更好地发挥政府作用，推动要素价格市场决定、流动自主有序、配置高效公平。1998~2007年，我国通过确立市场利率、放开贷款利率上限、实行有浮动的汇率制度，基本完成市场利率体系建设。劳动力市场方面，政府出台《中华人民共和国劳动法》《中华人民共和国劳动合同法》《最低工资规定》等数十部法律法规调整劳动关系、规范用工标准、构筑社会保障体系。其次，2008~2013年劳动力配置失衡逐渐加剧；资本配置受2008年全球金融危机影响，当年失衡严重，后有所缓解，但错配值仍保持在全球金融危机前的水平上。2008年美国次贷危机波及全球，引发新一轮金融危机。在一揽子计划公布后，各省级政府都采取增加资本投入的方式刺激经济，这种非市场化的资源配置方式影响资本配置效率，资本错配开始出现巨大反弹。与此同时，我国改革发展进入关键时期，传统制造业的逐渐没落和现代制造业的异军突起使得市场出现两极分化，资源错配问题有所加剧。尽管2008~2013年我国资源错配情况较前一时间段有所恶化，但要素市场化脚步却未曾停息。例如，2013年央行推动建立市场利率定价自律机制，放开利率管制；2014年出台《国务院关于进一步推进户籍制度改革的意见》，拉开新一轮户籍制度改革的序幕，解除劳动力跨地流动的羁绊。2020年，中共中央、国务院出台第一份关于要素市场化配置的文件《关于构建更加完善的要素市场化配置体制机制的意见》，对资源的市场化配置进行总体部署和规划，进一步明确要素市场化配置改革的方向和重点任务，不断深化要素市场化改革进程。

第二，从全国层面分要素类型看，我国制造业的资本配置失衡问题较劳动力配置失衡更为严重。造成这一现象的原因有两个。一是资源禀赋的限制。相较于我国劳动力充足的天然优势，资本的相对稀缺性掣肘经济发展。在发展初期资本短缺的情况下，政府将资本更多地投入军工、原材料等行业中，使得资本配置出现严重失衡。因此我国走上了依靠低劳动力成本发展劳动密集型产业的道路。二是资本市场化进程相对滞后。一方面，我国仍存在利率"双轨制"，货币市场利率虽已实现市场化，但存贷款利率依然受央行管控，而劳动力市场定价机制已日臻完善，"按劳分配、按要素分配"已成为市场定价的基本原则。另一方面，目前仍有近一半的金融机构贷款流向国有企业，固定资产投资、外商投资结构性失衡，加剧了资本错配问题。与此同时，影响劳动力流动的"显性""隐性"障碍，已经通过土地制度改革、所有制改革等部分清除，我国已初步建成统一的城乡劳动力市场，劳动力流动性得到极大释放。

值得一提的是，在第四章中，我们基于一个局部均衡模型，忽略资本等其他生产要素配置失衡的情况，仅分析人力资本错配带来的经济效率损失，以及仅优化人力资本错配后带来的经济总产出的增加。我们认为第四章的分析提供了一个估计值的下限，即回答了如果优化人力资本在国有与非国有部门间的配置失衡，经济总产出"至少"能增加多少的问题。本节的分析则部分印证了这一结论。本节的分析表明，在 1998~2013 年，资本错配一直较劳动力错配严重。这说明，倘若我们进一步考虑要素间的互补性，尤其是资本错配可能会加剧劳动力错配，以及这两者共同对企业生产效率产生的影响[式（6.19）]，那么我们可以预见，在优化人力资本错配后，经济总产出的增幅将会更大。

（二）省级层面劳动力在两部门间的错配特征

本章还计算了各省级行政区劳动力在两部门间的错配情况（表 6.2），并和全国劳动力错配进行比较。结果显示，省级层面的劳动力配置失衡具有三个特征。第一，大部分省级行政区依然存在比较严重的劳动力错配问题（表 6.3）；全国仅有不到三分之一的省级行政区在研究期内平均劳动力错配低于全国平均水平，即劳动力配置情况优于全国平均。第二，从地域分布看，劳动力错配较低的省级行政区大部分位于东部沿海地区，特别是上海、江苏、浙江、福建等地，它们是我国改革开放的先行地，也是市场化程度比较高的地区，各种所有制经济比较发达，用工制度成熟，市场竞争激烈，整体劳动生产率和劳动力配置效率较高。劳动力错配较高的省级行政区则大部分位于中西部内陆地区。一方面，这些地区开放较晚，市场化改革起步略迟，市场机制仍不完善。另一方面，这些地区多以传统粗放型产业为主，仍存在资源浪费、生产效率低下等问题，导致地区整体劳动力配置效率不高。第三，从时间趋势看（表 6.2），各省级行政区劳动力错配发展与全国平均水平比较一致。2003 年起国企进入资产管理体制改革深化期，国有产权转让逐步规范、分级监管制度逐步形成、用人制度日渐完善。各省级行政区均在此阶段推行国企改革，劳动力错配的数据结果也从侧面反映出同期的国企改革初具成效。从 2008 年开始，受金融危机影响，市场不稳定因素增加，各省级行政区劳动力错配再次恶化。这主要是因为随着经济增速放缓，传统粗放型生产方式的结构性矛盾凸显，仅仅依靠要素投入拉动经济增长的方式难以为继。特别是随着我国人口红利的逐渐减弱，产业转型升级和经济高质量发展需要的人才与劳动力供给之间出现了错位，导致人力资本错配问题在新时期变得更加严峻。

表 6.2 各省级行政区国有与非国有制造业企业间劳动力错配值

年份	北京	天津	河北	山西	内蒙古	辽宁	吉林	黑龙江	上海	江苏
1998	1.028	1.120	1.024	1.062	1.145	1.137	0.954	1.182	0.915	0.921
1999	1.007	0.963	0.989	1.023	1.066	1.083	1.229	1.167	0.861	0.887
2000	1.003	0.985	0.984	1.030	1.073	1.024	1.172	1.178	0.857	0.863
2001	0.968	0.953	0.978	0.995	1.010	0.998	1.131	1.150	0.821	0.836
2002	0.952	0.912	0.970	0.983	1.009	0.983	1.092	1.078	0.800	0.820

续表

年份	北京	天津	河北	山西	内蒙古	辽宁	吉林	黑龙江	上海	江苏
2003	0.889	0.881	0.958	0.992	0.942	0.964	1.026	1.083	0.796	0.810
2004	0.875	0.876	0.946	1.084	0.916	0.921	1.019	1.094	0.782	0.789
2005	0.863	0.865	0.953	1.019	0.930	0.923	0.983	1.071	0.791	0.810
2006	0.844	0.913	0.969	1.006	0.929	0.936	0.966	1.120	0.801	0.827
2007	0.822	0.889	0.949	0.999	0.866	0.912	0.923	1.085	0.791	0.795
2008	0.799	0.807	0.870	0.907	0.852	0.855	0.821	0.975	0.796	0.806
2009	0.794	0.826	0.887	1.058	0.850	0.854	0.817	0.990	0.796	0.780
2010	0.796	0.855	0.954	1.090	0.865	0.891	0.913	1.118	0.768	0.799
2011	0.813	0.842	0.929	1.037	0.851	0.837	0.834	1.012	0.803	0.866
2012	0.847	0.871	0.922	1.054	0.868	0.858	0.863	1.011	0.848	0.892
2013	0.929	0.945	0.998	1.108	0.943	0.927	0.869	1.085	0.939	0.981

年份	浙江	安徽	福建	江西	山东	河南	湖北	湖南	广东	广西
1998	0.855	1.016	1.260	1.142	0.978	1.037	1.017	1.173	0.957	1.133
1999	0.770	0.990	0.864	1.083	0.963	0.985	1.022	1.102	0.900	1.066
2000	0.738	0.975	0.861	1.058	0.959	1.002	0.998	1.148	0.890	1.060
2001	0.722	0.949	0.858	1.019	0.939	0.975	0.952	1.091	0.878	1.072
2002	0.720	0.966	0.862	1.032	0.929	0.955	0.937	1.057	0.876	1.035
2003	0.726	0.979	0.873	1.024	0.916	0.953	0.923	1.019	0.858	1.053
2004	0.734	0.920	0.856	1.016	0.876	0.924	0.935	0.997	0.867	1.034
2005	0.778	0.933	0.893	0.995	0.874	0.882	0.927	0.981	0.869	1.026
2006	0.816	0.954	0.901	1.047	0.885	0.878	0.918	0.997	0.901	1.057
2007	0.792	0.896	0.881	0.973	0.860	0.864	0.897	0.933	0.887	0.961
2008	0.799	0.817	0.792	0.847	0.842	0.857	0.812	0.846	0.796	0.847
2009	0.800	0.827	0.838	0.854	0.815	0.786	0.840	0.848	0.876	0.918
2010	0.783	0.887	0.838	0.972	0.891	0.929	0.993	0.982	0.997	1.139
2011	0.907	0.863	0.840	0.901	0.856	0.903	0.859	0.849	0.908	0.985
2012	0.941	0.874	0.856	0.905	0.867	0.899	0.866	0.890	0.944	0.947
2013	1.052	0.980	0.922	0.967	0.943	0.965	0.957	0.931	1.006	0.988

续表

年份	海南	重庆	四川	贵州	云南	陕西	甘肃	青海	宁夏	新疆
1998	0.806	1.131	1.020	1.289	1.091	1.184	0.906	1.041	1.048	1.152
1999	0.859	1.042	0.988	1.276	1.080	1.170	1.326	1.174	1.018	1.082
2000	0.900	1.045	0.964	1.217	1.082	1.165	1.316	1.164	1.033	1.218
2001	0.932	0.934	0.950	1.196	1.103	1.121	1.290	1.018	1.028	0.975
2002	1.005	0.932	0.927	1.145	1.085	1.128	1.151	0.985	1.082	0.948
2003	0.880	0.869	0.921	1.105	1.057	1.095	1.215	0.952	0.999	0.962
2004	0.892	0.873	0.865	1.083	0.901	0.996	1.040	0.988	0.894	0.974
2005	0.949	0.870	0.922	1.039	0.970	1.062	1.085	0.951	0.986	1.019
2006	0.875	0.874	0.935	1.027	1.046	1.024	1.087	0.947	1.036	1.041
2007	0.812	0.852	0.914	0.954	0.967	0.982	1.075	0.950	0.918	0.967
2008	0.780	0.794	0.803	0.841	0.820	0.871	0.895	0.862	0.870	1.002
2009	0.769	0.791	0.778	0.940	0.838	0.946	0.989	1.006	0.792	0.914
2010	0.893	0.997	0.949	1.100	1.072	1.170	1.179	1.024	0.983	1.158
2011	0.848	0.825	0.846	0.906	0.939	0.977	1.001	0.811	0.909	1.048
2012	0.908	0.875	0.868	0.937	0.912	0.984	1.037	0.803	0.952	1.099
2013	0.969	0.932	0.935	1.024	0.971	1.047	1.060	0.890	1.071	1.185

资料来源：笔者根据1998~2013年中国规模以上工业企业数据计算而得

表6.3 分省级行政区劳动力在国有与非国有部门间的错配情况

项目	劳动力错配较低	劳动力错配较高
省级行政区	北京、上海、江苏、浙江、福建、山东、广东、海南	天津、河北、山西、内蒙古、辽宁、吉林、黑龙江、安徽、江西、河南、湖北、湖南、广西、重庆、四川、贵州、云南、陕西、甘肃、青海、宁夏、新疆

二、国有与非国有部门内部劳动力错配特征

上一小节归纳总结了国有与非国有部门间劳动力错配的特征，本小节进一步计算各部门内部劳动力边际产品价值的标准差，以总结我国国有与非国有部门内部的劳动力错配特征。同样，从全国和省级行政区两个层面展开分析。

（一）全国层面劳动力在各部门内的错配特征

从全国层面看，劳动力在各部门内的错配呈现两点特征。第一，我国国有企

业内部劳动力错配较非国有企业内部更加严重。表6.4列出了两部门1998~2013年的劳动力错配值。通过比较可见，国有企业各年的劳动力错配值均高于非国有企业，说明国有企业内部的劳动力配置失衡现象更为严重。一直以来，"铁饭碗"的传统思想吸引大批劳动者涌入国有部门，造成国有部门冗员现象严重。1993~2003年，中央推行现代企业制度改革，对国有企业进行了"抓大放小"的调整。这一改革使得一批国有大型支柱企业得到了巩固和发展，同时也促使一些落后、生产率低下的国有企业被拍卖、重组甚至申请破产。此外，这项改革还在一定程度上解决了国有企业内部冗员的问题。

表6.4 1998~2013年国有企业与非国有企业内部劳动力错配值

年份	非国有企业	国有企业
1998	0.910	1.219
1999	0.865	1.197
2000	0.871	1.197
2001	0.857	1.168
2002	0.850	1.148
2003	0.850	1.129
2004	0.841	1.072
2005	0.856	1.077
2006	0.876	1.083
2007	0.857	0.980
2008	0.818	0.836
2009	0.822	0.934
2010	0.880	1.039
2011	0.876	0.933
2012	0.898	0.958
2013	0.978	1.000

资料来源：笔者根据1998~2013年中国规模以上工业企业数据计算而得

第二，各部门内部劳动力错配的演变规律与两部门间劳动力错配的演变规律一致，都经历了先下降后上升的过程。如图6.1所示，1998~2003年，国有企业劳动力错配值在持续下降。这一时期，国有企业改革后大批下岗员工涌入非国有部门，促进了私营经济的兴盛。据统计，1997~2003年，国有企业就业人数由1.1亿降至0.69亿，私营企业就业人数从750万人上升至2 545万人，工业总产出由11.4

万亿元上升至 14.2 万亿元①。2003 年国务院国有资产监督管理委员会正式成立，国有企业改革和产权制度改革不断深化，国有企业劳动生产率、营利能力逐步增强。从图 6.1 中亦可看出，自 1998 年起全国劳动力错配不断改善，国有部门劳动力错配相比于非国有部门得到更大程度的纠正。2009 年后劳动力错配有所恶化，一方面，金融危机的冲击影响了市场活力；另一方面，随着我国经济转型，劳动力与岗位不匹配的人力资本错配问题凸显。

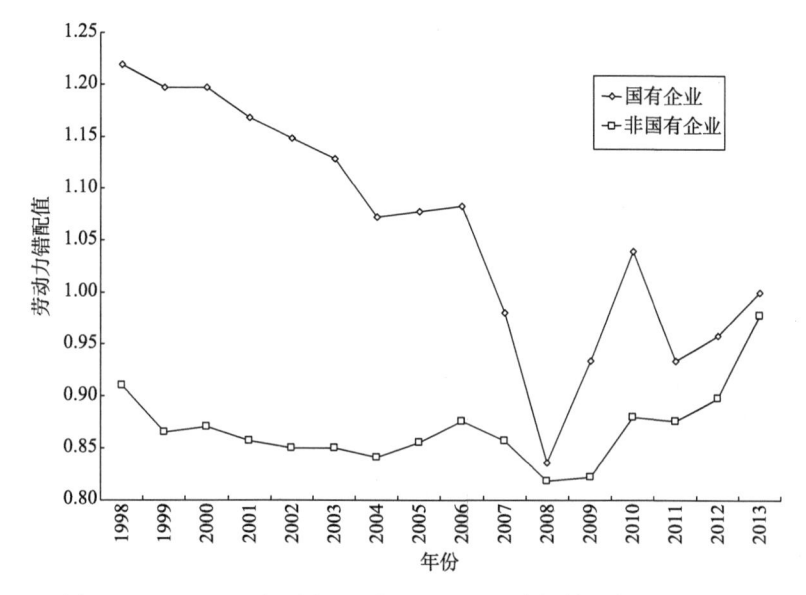

图 6.1　1998~2013 年国有企业与非国有企业内部劳动力错配的变化
资料来源：笔者根据 1998~2013 年中国规模以上工业企业数据计算而得

（二）省级层面劳动力在各部门内的错配特征

从省级层面看，劳动力在各部门内的错配表现出了以下三个特征。第一，分省级行政区数据同样显示，在 2007 年以前，几乎在所有省级行政区中，国有企业内部的劳动力错配现象都比非国有企业严重（表 6.5）。第二，沿海省市（如上海、浙江和广东）国有企业内部劳动力错配值在 2007 年后逐渐低于非国有企业的劳动力错配值，这可能是因为这些沿海省市是非国有经济较为发达的地区，市场竞争激烈，各类非国有经济的蓬勃发展，加大了 MRPL 的标准差，从而表现为劳动力错配增加。第三，部分中西部省区（如宁夏、甘肃）在 2008 年以后，国有企业内部的劳动力配置状况也得到很大改善，其错配值在大多数年份低于该省区非国有企业内部的劳动力错配值。这有可能部分归功于这些地区相对较为成功的国

---

① 资料来源：恒大研究院研究报告（https://www.sohu.com/a/275394663_467568）。

有企业改革和国家的政策扶持。银川国有企业改革模式、甘肃酒钢集团改革经验都曾被《人民日报》详细介绍和报道[①]。展望等（2021）利用省级层面数据分析发现，"西部大开发"战略改善了西部地区的人力资本错配状况。

表6.5　各省级行政区国有与非国有制造业企业内部劳动力错配值

年份	北京 非国企	北京 国企	天津 非国企	天津 国企	河北 非国企	河北 国企	山西 非国企	山西 国企	内蒙古 非国企	内蒙古 国企
1998	0.902	1.194	0.962	1.399	0.927	1.160	0.898	1.365	0.984	1.297
1999	0.885	1.170	0.836	1.319	0.884	1.153	0.847	1.333	0.944	1.223
2000	0.887	1.155	0.884	1.254	0.889	1.165	0.883	1.336	0.948	1.240
2001	0.891	1.132	0.846	1.257	0.903	1.159	0.882	1.302	0.906	1.206
2002	0.868	1.149	0.814	1.239	0.909	1.148	0.877	1.276	0.922	1.166
2003	0.855	1.116	0.802	1.199	0.914	1.121	0.898	1.300	0.889	1.186
2004	0.821	1.081	0.835	1.207	0.902	1.152	1.007	1.340	0.834	1.139
2005	0.837	1.087	0.828	1.142	0.927	1.089	0.957	1.263	0.859	1.137
2006	0.824	1.058	0.894	1.097	0.939	1.178	0.960	1.205	0.864	1.178
2007	0.817	0.872	0.866	1.086	0.933	1.102	0.945	1.167	0.852	0.985
2008	0.798	0.813	0.808	0.790	0.868	0.941	0.911	0.832	0.850	0.948
2009	0.789	0.857	0.820	0.899	0.881	0.976	1.022	1.158	0.840	1.078
2010	0.790	0.821	0.841	1.027	0.941	1.109	1.044	1.241	0.845	1.017
2011	0.811	0.843	0.836	0.899	0.922	1.024	1.020	1.109	0.845	1.007
2012	0.846	0.863	0.867	0.919	0.918	1.030	1.020	1.206	0.861	1.118
2013	0.929	0.938	0.947	0.923	0.998	0.995	1.112	1.086	0.943	0.964

年份	辽宁 非国企	辽宁 国企	吉林 非国企	吉林 国企	黑龙江 非国企	黑龙江 国企	上海 非国企	上海 国企	江苏 非国企	江苏 国企
1998	0.971	1.332	0.946	0.986	1.002	1.329	0.888	0.992	0.871	1.110
1999	0.932	1.263	0.974	1.367	0.971	1.342	0.843	0.920	0.839	1.077
2000	0.908	1.243	0.995	1.314	1.017	1.402	0.830	0.988	0.820	1.049

---

① 人民日报：银川国企通过改革破茧成蝶[EB/OL]. http://www.sasac.gov.cn/n2588025/n2588139/c2825557/content.html，2017-04-11；人民日报：从酒钢集团的实践探索看深化西部地方国企改革的现实选择[EB/OL]. http://www.sasac.gov.cn/n2588025/n2588139/c2825149/content.html，2016-11-30.

续表

年份	辽宁 非国企	辽宁 国企	吉林 非国企	吉林 国企	黑龙江 非国企	黑龙江 国企	上海 非国企	上海 国企	江苏 非国企	江苏 国企
2001	0.902	1.253	0.962	1.280	0.990	1.363	0.804	0.943	0.806	1.029
2002	0.904	1.206	0.940	1.250	0.987	1.318	0.791	0.907	0.797	1.005
2003	0.904	1.149	0.895	1.206	1.015	1.295	0.789	0.897	0.797	0.943
2004	0.899	1.166	0.914	1.258	1.029	1.336	0.773	0.927	0.782	0.909
2005	0.892	1.090	0.899	1.157	1.044	1.315	0.790	0.805	0.805	0.896
2006	0.905	1.106	0.903	1.152	1.105	1.316	0.798	0.874	0.822	0.950
2007	0.903	0.971	0.885	1.057	1.079	1.201	0.791	0.780	0.792	0.864
2008	0.855	0.834	0.821	0.837	0.974	1.018	0.796	0.783	0.805	0.849
2009	0.841	0.961	0.804	0.862	0.965	1.196	0.796	0.812	0.780	0.804
2010	0.869	1.000	0.888	0.985	1.097	1.258	0.770	0.734	0.797	0.848
2011	0.833	0.997	0.826	0.896	1.009	1.093	0.806	0.709	0.865	0.892
2012	0.853	1.093	0.813	0.999	1.008	1.098	0.850	0.791	0.892	0.896
2013	0.924	1.075	0.867	0.970	1.082	1.199	0.940	0.903	0.981	1.003

年份	浙江 非国企	浙江 国企	安徽 非国企	安徽 国企	福建 非国企	福建 国企	江西 非国企	江西 国企	山东 非国企	山东 国企
1998	0.817	1.076	0.903	1.162	1.257	1.293	0.929	1.300	0.926	1.098
1999	0.739	1.027	0.871	1.137	0.823	1.132	0.892	1.265	0.912	1.087
2000	0.717	1.026	0.909	1.090	0.831	1.138	0.881	1.265	0.917	1.105
2001	0.706	1.035	0.907	1.050	0.842	1.076	0.931	1.186	0.910	1.073
2002	0.709	0.985	0.928	1.053	0.847	1.130	0.972	1.185	0.906	1.048
2003	0.718	0.951	0.920	1.144	0.864	1.067	0.967	1.200	0.896	1.051
2004	0.731	0.953	0.895	1.017	0.849	1.043	0.955	1.245	0.867	0.978
2005	0.773	0.939	0.902	1.054	0.889	1.018	0.970	1.119	0.865	0.987
2006	0.811	1.003	0.919	1.097	0.898	1.024	1.028	1.134	0.877	1.022
2007	0.789	0.900	0.883	0.984	0.881	0.859	0.965	1.029	0.853	0.998
2008	0.799	0.777	0.816	0.860	0.792	0.767	0.845	0.887	0.843	0.811
2009	0.799	0.876	0.823	0.916	0.837	0.893	0.833	0.979	0.807	0.974
2010	0.780	0.923	0.883	0.921	0.838	0.841	0.952	1.054	0.877	1.002

续表

年份	浙江 非国企	浙江 国企	安徽 非国企	安徽 国企	福建 非国企	福建 国企	江西 非国企	江西 国企	山东 非国企	山东 国企
2011	0.908	0.886	0.862	0.891	0.840	0.872	0.889	0.994	0.853	0.955
2012	0.942	0.836	0.872	0.955	0.856	0.870	0.889	1.068	0.864	0.968
2013	1.054	0.835	0.981	0.916	0.921	1.003	0.959	1.059	0.942	0.976

年份	河南 非国企	河南 国企	湖北 非国企	湖北 国企	湖南 非国企	湖南 国企	广东 非国企	广东 国企	广西 非国企	广西 国企
1998	0.901	1.273	0.896	1.181	0.979	1.349	0.931	1.083	0.928	1.285
1999	0.860	1.224	0.891	1.191	0.918	1.298	0.872	1.054	0.852	1.237
2000	0.897	1.223	0.896	1.155	0.938	1.368	0.866	1.055	0.880	1.258
2001	0.889	1.196	0.884	1.079	0.933	1.275	0.863	1.068	0.930	1.276
2002	0.878	1.168	0.872	1.079	0.958	1.200	0.865	1.029	0.919	1.269
2003	0.866	1.204	0.877	1.040	0.956	1.137	0.851	1.009	0.951	1.285
2004	0.881	1.168	0.894	1.055	0.943	1.131	0.866	0.951	0.971	1.244
2005	0.847	1.081	0.893	1.092	0.938	1.102	0.866	0.975	0.953	1.237
2006	0.855	1.099	0.894	1.050	0.962	1.115	0.900	0.961	0.989	1.311
2007	0.850	1.022	0.885	0.969	0.903	1.057	0.889	0.807	0.930	1.084
2008	0.857	0.836	0.812	0.830	0.844	0.901	0.796	0.799	0.849	0.824
2009	0.776	0.930	0.824	0.891	0.833	0.988	0.876	0.860	0.901	1.037
2010	0.913	1.118	0.971	1.111	0.949	1.117	0.996	1.023	1.127	1.194
2011	0.899	1.025	0.849	0.910	0.831	0.960	0.909	0.879	0.979	1.036
2012	0.896	1.037	0.858	0.914	0.881	0.948	0.945	0.859	0.941	1.006
2013	0.963	1.065	0.953	0.987	0.931	0.936	1.006	0.992	0.985	1.033

年份	海南 非国企	海南 国企	重庆 非国企	重庆 国企	四川 非国企	四川 国企	贵州 非国企	贵州 国企	云南 非国企	云南 国企
1998	0.682	1.017	0.952	1.378	0.953	1.202	0.996	1.439	0.851	1.273
1999	0.712	1.157	0.907	1.271	0.927	1.167	1.013	1.397	0.830	1.251
2000	0.823	1.120	0.951	1.240	0.918	1.117	0.971	1.370	0.872	1.243
2001	0.842	1.132	0.875	1.153	0.918	1.105	0.974	1.332	0.883	1.257
2002	0.953	1.166	0.883	1.120	0.901	1.056	0.991	1.293	0.864	1.284

续表

年份	海南 非国企	海南 国企	重庆 非国企	重庆 国企	四川 非国企	四川 国企	贵州 非国企	贵州 国企	云南 非国企	云南 国企
2003	0.833	1.646	0.844	1.028	0.906	1.030	0.974	1.272	0.892	1.205
2004	0.884	1.089	0.869	0.957	0.853	1.027	1.085	1.051	0.897	1.072
2005	0.883	1.367	0.857	0.986	0.912	1.018	0.973	1.234	0.900	1.174
2006	0.818	1.338	0.869	0.922	0.927	1.020	1.001	1.186	0.918	1.225
2007	0.818	0.211	0.849	0.878	0.913	0.928	0.931	1.152	0.904	1.057
2008	0.782	0.757	0.793	0.844	0.801	0.868	0.847	0.806	0.825	0.575
2009	0.767	0.878	0.785	0.843	0.769	0.861	0.916	1.102	0.847	0.791
2010	0.890	0.969	0.993	1.046	0.925	1.099	1.071	1.247	1.022	1.182
2011	0.844	0.936	0.819	0.935	0.847	0.815	0.902	0.935	0.926	1.043
2012	0.903	1.035	0.871	0.962	0.866	0.925	0.938	0.933	0.904	1.006
2013	0.968	1.090	0.926	1.073	0.934	0.969	1.023	1.054	0.959	1.163

年份	陕西 非国企	陕西 国企	甘肃 非国企	甘肃 国企	青海 非国企	青海 国企	宁夏 非国企	宁夏 国企	新疆 非国企	新疆 国企
1998	0.895	1.369	0.830	1.133	0.870	1.192	0.876	1.299	0.858	1.277
1999	0.879	1.334	1.059	1.480	1.035	1.329	0.827	1.281	0.834	1.245
2000	0.925	1.362	1.257	1.453	1.000	1.357	0.887	1.306	0.964	1.413
2001	0.949	1.320	1.212	1.417	0.963	1.111	0.889	1.266	0.909	1.304
2002	0.952	1.298	1.049	1.338	0.970	1.102	0.907	1.329	0.897	1.386
2003	0.947	1.321	1.161	1.399	0.944	1.046	0.880	1.185	0.941	1.368
2004	0.978	1.169	1.030	1.276	0.988	0.966	0.889	1.040	0.966	1.257
2005	0.935	1.310	1.012	1.198	0.945	1.383	0.896	1.280	0.995	1.379
2006	0.948	1.273	1.005	1.257	0.939	1.380	0.875	1.413	1.016	1.443
2007	0.939	1.124	0.989	1.183	0.947	1.185	0.886	0.934	0.955	1.355
2008	0.891	0.808	0.894	0.918	0.838	0.883	0.872	0.821	1.004	0.966
2009	0.912	1.070	0.967	1.013	0.924	1.250	0.792	0.789	0.911	1.027
2010	1.089	1.328	1.125	1.260	1.024	1.102	1.000	0.866	1.147	1.284
2011	0.957	1.038	1.005	0.992	0.810	0.847	0.910	0.766	1.047	1.057

续表

年份	陕西		甘肃		青海		宁夏		新疆	
	非国企	国企	非国企	国企	非国企	国企	非国企	国企	非国企	国企
2012	0.976	1.012	1.044	0.971	0.797	1.038	0.952	0.943	1.097	1.143
2013	1.041	1.089	1.076	1.008	0.883	1.377	1.074	0.525	1.186	1.160

资料来源：笔者根据1998~2013年中国规模以上工业企业数据计算而得

根据表6.5中的数据，我们可以将各省级行政区国有部门内部劳动力错配的演变情况分为三类（表6.6）。第一类是在1998~2013年国有部门内部劳动力配置逐渐优化的省级行政区。表6.6中的"由高到低"指的是2013年该省级行政区国有部门内部劳动力错配较1998年有较大幅度下降（超过全国平均降幅）。第二类是在1998~2013年国有部门内部劳动力配置状况未见明显改善的省级行政区。表6.6中"变化不大"指的是该省级行政区2013年国有部门内部劳动力错配较1998年未有较大幅度下降（未超过全国平均降幅）。第三类是国有部门内部劳动力配置不断恶化的省级行政区。表6.6中"由低变高"指的是该省级行政区2013年国有部门内部劳动力错配较1998年有所增加。

表6.6 分省级行政区国有部门内部劳动力错配变化情况

项目	由高变低	变化不大	由低变高
省级行政区	北京、天津、山西、内蒙古、辽宁、浙江、安徽、福建、江西、湖南、广西、重庆、四川、贵州、陕西、宁夏	河北、吉林、黑龙江、上海、江苏、山东、河南、湖北、广东、云南、甘肃、新疆	海南、青海

从地域分布看，国有部门内部劳动力错配得到改善的省级行政区主要位于东部沿海和南方地区。我国的改革一般先从东部地区试点，然后逐步向内陆地区推广。东部地区市场化改革较早，市场化程度优于中西部地区。此外，东部地区还凭借沿海的地理优势，通过对外开放，聚集了生产技术、管理经验、市场观念等先进生产要素，从而推动了劳动力配置效率的提高。南方省份如湖南、四川等，均是人口大省，土地制度改革释放的农村剩余劳动力不断向东部沿海及南方地区转移。这不仅提高了劳动力流出省份的劳动力配置效率，还带动了劳动力流入省份资源配置效率的优化和经济的发展。

国有部门内部劳动力错配变化不大的省级行政区主要位于东北地区、东部少数地区和内陆地区。东北的吉林和黑龙江作为我国的老工业基地，国有经济占比一直较高，因此国有部门劳动力配置效率变化不大。内陆省份如云南、甘肃等地，生产结构较为单一，产业相对落后，且仍处于市场化改革推进阶段，因此劳动力错配虽有所改善，但减少幅度不如东部和南方地区。

同时，海南和青海的国有部门内部劳动力错配有所恶化。一方面，这两个省份的国有企业占比较低；另一方面，这两个省份均不以制造业为主要产业。数据显示，海南和青海的国有部门内部劳动力错配波动变化，并未呈现稳定趋势。

第四节 劳动力错配与企业效率

一、优化两部门间劳动力配置对企业效率改进的影响

(一) 全国层面的影响

本章使用中国工业企业数据库数据，根据第一节理论模型中的式（6.27）、式（6.28）和式（6.29），计算了1998~2013年我国制造业整体效率改善情况。在纠正资本与劳动力错配、仅纠正资本错配、仅纠正劳动力错配三种情况下，用企业全要素生产率增加的百分比来衡量优化要素资源配置的效果，结果如表6.7所示。

表6.7 1998~2013年国有与非国有制造业企业的效率改善情况

年份	优化劳动力与资本配置的效率改善 （1）	优化资本配置后的效率改善 （2）	优化劳动力配置后的效率改善 （3）
1998	38.329%	27.500%	8.275%
1999	36.411%	27.439%	6.189%
2000	35.238%	26.811%	5.925%
2001	36.244%	28.491%	5.738%
2002	35.375%	28.266%	5.128%
2003	33.665%	27.317%	4.262%
2004	34.115%	28.926%	3.305%
2005	31.781%	26.255%	3.637%
2006	31.753%	25.820%	3.953%
2007	32.783%	27.453%	3.331%
2008	50.857%	43.795%	6.649%
2009	37.642%	32.451%	3.286%
2010	34.239%	28.558%	3.975%
2011	29.623%	26.737%	2.021%

续表

年份	优化劳动力与资本配置的效率改善 （1）	优化资本配置后的效率改善 （2）	优化劳动力配置后的效率改善 （3）
2012	30.212%	26.961%	2.439%
2013	30.525%	28.061%	2.066%

资料来源：笔者根据1998~2013年中国规模以上工业企业数据计算而得

优化要素资源在国有与非国有企业间的配置后，工业企业的效率显著增加，主要呈现出下列三个特征。第一，纠正劳动力在两部门间的配置失衡后，企业效率不断提升，企业全要素生产率的增幅随着劳动力错配的改善而逐渐降低。如表6.7第（3）列所示，1998年，优化劳动力在两部门间的配置后，从整体上看，工业企业的全要素生产率可以提高8.275%。随着劳动力市场配置资源能力的加强，劳动力在两部门间的配置逐渐趋于合理，纠正劳动力错配带来的企业效率的增幅也逐渐减少到2013年的2.066%。该结果表明，随着经济转型的推进，虽然劳动力在两部门间的配置不断优化，但进入经济新常态后，劳动力在两部门间的错配依然存在，继续优化劳动力的配置，仍能获得不可忽视的企业效率的提升。这也突显了继续深化改革的重要性与必要性。

第二，纠正资本在两部门间的配置失衡后，企业效率增幅达26%以上。与劳动力在两部门间的错配逐渐改善不同，资本在两部门间的配置失衡自1998年以来并未见明显好转［表6.7第（2）列］。1998年，纠正资本错配，企业的全要素生产率可以增加27.500%；在深化改革阶段，这一增幅基本保持不变（也说明资本错配状况基本不变）；2008年金融危机加重了资本在两部门间的错配；直至2013年，纠正资本在两部门间的配置失衡后，企业的全要素生产率可提升28.061%。虽然对资本错配的讨论超出了本书的研究范围，但通过比较资本错配和劳动力错配的演变及其对企业效率的影响，可以表明我国劳动力要素市场改革过程相对更为顺利和深入，劳动力市场较资本市场能更好地发挥配置要素资源的功能。

第三，同时优化劳动力与资本在国有与非国有制造业企业间的配置，企业的全要素生产率可增加近三分之一［表6.7第（1）列］，该增幅主要来自纠正资本的错配。具体来看，纠正要素资源错配后，我国制造业企业效率的增幅从1998年的38.329%逐渐减少到2006年的31.753%。折算为当年的工业总产值，则相当于1998年增加了1.5万亿元的工业总产值，2006年则增加了6.3万亿元的工业总产值。金融危机的冲击使制造业资源错配情况加剧，纠正资源错配后，2008~2010年平均效率改善达41%，年均工业总产值将增加约12.6万亿元。2011年起，要素资源配置失衡状况未见改善，从优化资源配置中获得的企业效率增幅基本不变，从2011年的29.623%略增到2013年的30.525%。这也说明，2013年11月，中共十八届三中全会通过《中共中央关于全面深化改革若干重大问题的决定》，提出要让市场在资源配置中起"决定性作用"，深化经济体制改革，是适时且必要的。

进一步分析表明，我国部门间资本错配问题比劳动力错配更加严重，这与第三节中计算的错配值数据结论一致。一方面，资本的相对稀缺性使得资本配置更加受限。数据显示，1998~2013年，纠正资本错配后的年均效率提高约为29%，而纠正劳动力错配后的年均效率提高仅为4%。折算为工业总产值后，纠正资本错配将增加约6.9万亿元的总产值，而纠正劳动力错配增加的总产值仅为9 454亿元。另一方面，资本市场化进程相对较慢，资本配置所有制间结构性矛盾严重。资本效率提升在研究期内虽短暂减少，但金融危机后又攀升至28%，情况依然比较严峻。相比之下，劳动力要素方面则呈优化态势。20世纪80年代末，我国启动了国有企业改革，国有企业冗员逐步流向非国有企业。改革不仅解决了国有企业劳动力过剩问题，还为非国有企业发展提供充足的劳动力资源，因此部门间劳动力错配逐年缓解。

（二）省级层面的影响

进一步，本章利用式（6.29）计算了各省级行政区国有与非国有企业间劳动力错配所导致的效率损失，即纠正部门间劳动力错配后的效率改进情况。根据对式（6.29）的解释，劳动力错配存在两种形式，一种为劳动力配置不足，表现为实际产出水平低于理论最优产出水平，因而效率改善值为正；另一种为劳动力配置过度，表现为实际产出水平高于理论最优产出水平，因而效率改善值为负。无论哪一种形式，都是劳动资源的非有效配置，会降低全要素生产率和经济发展质量。

表6.8列出了1998~2013年各省级行政区优化劳动力在国有与非国有部门间的配置后，企业全要素生产率的改善情况。表6.8中数值的符号为正，则代表劳动力配置不足；符号为负，则代表劳动力配置过度。数值的绝对值越接近于0，说明劳动力在国有与非国有部门间的配置状况越接近于最优状态，从优化劳动力配置中得到的效率增加百分比越接近于0。同理，数值的绝对值越大，说明劳动力在国有与非国有部门间的错配程度越严重，从纠正劳动力错配中得到的效率增幅越大。

表6.8 1998~2013年各省级行政区国有与非国有制造业企业的效率改善情况

年份	北京	天津	河北	山西	内蒙古	辽宁	吉林	黑龙江	上海	江苏
1998	4.438%	5.360%	5.306%	-2.532%	1.981%	2.056%	15.487%	-3.123%	16.820%	12.602%
1999	3.387%	9.446%	5.930%	-3.582%	-0.520%	1.331%	-9.301%	-5.510%	15.557%	11.653%
2000	3.457%	8.944%	4.377%	-5.970%	-0.108%	0.109%	-7.753%	-9.168%	15.874%	11.635%
2001	5.152%	8.965%	3.801%	-4.037%	0.157%	1.107%	-5.754%	-7.261%	14.818%	11.051%

续表

年份	北京	天津	河北	山西	内蒙古	辽宁	吉林	黑龙江	上海	江苏
2002	5.262%	7.728%	3.127%	−6.147%	2.243%	0.331%	−3.546%	−4.353%	14.184%	10.719%
2003	8.706%	8.531%	2.533%	−5.313%	4.009%	−0.489%	−3.791%	−7.219%	12.980%	9.354%
2004	7.330%	9.937%	3.506%	−12.540%	−1.048%	1.695%	−2.521%	−11.786%	12.410%	6.746%
2005	6.595%	8.183%	4.196%	−8.994%	4.779%	−0.630%	−0.408%	−9.620%	10.197%	9.527%
2006	7.469%	9.345%	5.597%	−7.809%	6.434%	0.989%	−0.432%	−12.736%	9.645%	10.367%
2007	7.334%	8.754%	4.820%	−6.900%	7.150%	−0.433%	2.155%	−12.894%	8.666%	8.665%
2008	9.742%	10.277%	2.081%	−3.819%	2.710%	1.953%	7.354%	−17.083%	9.807%	7.891%
2009	4.618%	7.994%	4.844%	−15.844%	13.340%	7.734%	6.211%	−11.108%	4.350%	7.346%
2010	10.389%	11.382%	5.241%	−12.522%	9.386%	3.934%	4.056%	−16.586%	11.937%	11.291%
2011	5.063%	9.945%	2.760%	−6.200%	10.243%	3.552%	8.598%	−12.372%	5.943%	2.017%
2012	3.599%	9.049%	3.886%	−6.294%	9.205%	6.910%	12.952%	−10.519%	3.948%	3.558%
2013	3.757%	8.338%	3.819%	−2.517%	10.598%	5.872%	10.789%	−12.119%	2.691%	3.353%

年份	浙江	安徽	福建	江西	山东	河南	湖北	湖南	广东	广西
1998	13.192%	−2.171%	32.968%	−3.919%	8.241%	0.633%	4.517%	−5.746%	18.934%	−1.866%
1999	10.555%	−0.158%	7.580%	−2.916%	7.225%	0.307%	3.420%	−9.376%	15.584%	−3.568%
2000	10.801%	−2.717%	6.259%	−3.121%	6.312%	−0.612%	2.605%	−10.246%	14.684%	−3.409%
2001	8.191%	−2.614%	5.161%	−2.155%	5.787%	−0.579%	2.152%	−7.950%	13.334%	−4.163%
2002	7.169%	−2.797%	3.897%	−3.037%	6.202%	0.123%	1.353%	−6.863%	11.539%	−4.072%
2003	5.094%	−1.940%	0.141%	−4.694%	6.574%	−0.424%	−1.209%	−7.165%	8.998%	−5.268%
2004	3.745%	0.194%	−0.978%	−6.272%	5.834%	−0.604%	−3.496%	−5.847%	2.770%	−6.318%
2005	1.626%	1.595%	−1.402%	−4.478%	8.045%	1.089%	−1.960%	−2.421%	3.304%	−4.872%
2006	−1.180%	3.669%	−1.097%	−4.866%	8.631%	4.952%	−1.321%	−0.888%	3.079%	−2.706%
2007	−2.014%	2.612%	−3.533%	−1.525%	9.073%	6.882%	−0.116%	−1.998%	0.108%	−0.505%
2008	7.540%	6.053%	10.079%	1.677%	5.140%	1.440%	6.020%	3.062%	8.833%	−0.419%
2009	−3.171%	4.022%	−0.264%	1.503%	10.938%	5.640%	−0.175%	2.076%	−2.972%	−3.735%
2010	1.255%	3.817%	2.621%	−2.056%	10.132%	2.634%	0.255%	2.997%	−0.340%	−11.774%
2011	−5.779%	0.293%	2.007%	1.034%	6.130%	−1.758%	2.552%	14.899%	−0.966%	−5.408%
2012	−7.108%	1.823%	2.785%	3.577%	8.876%	−1.255%	4.217%	8.273%	−2.456%	−1.485%
2013	−8.941%	0.099%	4.083%	3.886%	7.715%	1.198%	3.590%	1.647%	−1.603%	−0.008%

续表

年份	海南	重庆	四川	贵州	云南	陕西	甘肃	青海	宁夏	新疆
1998	1.713%	−8.974%	5.699%	−13.803%	0.599%	−11.676%	7.931%	0.429%	−8.124%	−7.003%
1999	1.976%	−7.085%	3.063%	−12.596%	−3.235%	−12.542%	−17.996%	−0.368%	−8.868%	−5.999%
2000	2.564%	−6.654%	3.773%	−10.576%	−4.941%	−10.847%	−14.704%	−5.718%	−4.915%	−12.585%
2001	2.666%	−3.584%	3.075%	−9.405%	−6.007%	−7.358%	−10.917%	−0.135%	−7.834%	−1.080%
2002	1.341%	−3.042%	2.521%	−11.470%	−6.155%	−10.872%	−10.591%	−4.859%	−8.105%	2.093%
2003	3.124%	−1.994%	2.638%	−10.787%	2.002%	−10.525%	−12.708%	−8.174%	−5.708%	−3.156%
2004	9.570%	−0.942%	0.650%	−9.174%	2.524%	−6.804%	−8.526%	−5.814%	−2.312%	−3.437%
2005	2.170%	−2.301%	2.243%	−9.609%	5.611%	−8.729%	−9.637%	−2.002%	−6.462%	−9.161%
2006	5.672%	−1.804%	3.120%	−6.181%	8.953%	−11.368%	−9.906%	−4.248%	−0.444%	−16.339%
2007	2.261%	−2.616%	3.770%	−4.554%	10.617%	−8.603%	−8.404%	0.989%	23.069%	−12.366%
2008	7.873%	8.495%	6.031%	0.090%	7.371%	2.289%	−1.126%	9.268%	5.472%	−19.828%
2009	8.053%	−0.433%	8.313%	−6.404%	−0.929%	−7.869%	−10.630%	−7.350%	−1.841%	−9.373%
2010	3.017%	−10.871%	−2.697%	−17.216%	−1.475%	−17.688%	−18.752%	−12.467%	−10.089%	−18.122%
2011	6.584%	4.565%	8.882%	−2.338%	1.310%	−1.723%	−8.673%	0.662%	−7.360%	−15.493%
2012	7.963%	5.779%	6.566%	−0.537%	2.434%	−1.623%	−8.221%	6.089%	−8.250%	−20.159%
2013	9.799%	4.719%	5.543%	−0.391%	0.878%	−0.940%	−5.414%	6.736%	−5.080%	−18.432%

资料来源：笔者根据1998~2013年中国规模以上工业企业数据计算而得

表6.8的结果显示，在我国经济转型的重要时期，纠正劳动力部门间错配后，省级层面企业效率的改善状况呈现出下列三个特征。第一，在2013年我国经济进入新常态时，全国三分之二的省级行政区依然存在劳动力配置不足的问题，另外三分之一的省级行政区存在劳动力配置过剩。优化劳动力在部门间的配置，仍然能提高企业的生产效率。第二，区域间企业效率改善幅度的差异较大。从经济八大区上看[1]，东北三省和大西北地区，继续纠正劳动力在部门间错配后能提升的效率幅度最大，达9%；其次是北部沿海、东部沿海和南部沿海地区，仍具有5%~6%的效率提升空间；最后是黄河中游、长江中游和大西南地区，效率提升的幅度最小，低于4%。第三，同一经济区域内部，各省级行政区之间劳动力错配类型与效率增幅也不尽相同。例如，在东北地区，辽宁和吉林均表现出劳动力

---

[1] 根据国家统计局的划分标准，东北地区包括辽宁、吉林和黑龙江，大西北地区包括甘肃、青海、宁夏和新疆，北部沿海地区包括北京、天津、河北和山东，东部沿海地区包括上海、江苏和浙江，南部沿海地区包括福建、广东和海南，黄河中游地区包括山西、内蒙古、河南和陕西，长江中游地区包括安徽、江西、湖北和湖南，大西南地区包括广西、重庆、四川、贵州、云南和西藏。

配置不足的现象，但黑龙江则表现出配置过度；纠正吉林和黑龙江的劳动力错配，企业效率能增加 11%以上，而辽宁从优化劳动力配置中得到的效率增幅仅为 6%左右，是其他两省的一半。又如，在东部沿海地区，浙江的劳动力配置过剩，而江苏和上海的劳动力配置不足；浙江从纠正劳动力错配中受益的效率增幅达 9%，但江苏和上海的效率增幅仅为 3%左右。从企业效率改善幅度的区域特征上看，南方相对于北方省级行政区，沿海相对于内陆省级行政区，经济发展速度较快，各种所有制经济都比较活跃，劳动力缺口较大。因此继续优化劳动力在部门间的配置，可以进一步增加企业效率。同时，部分省级行政区如安徽、贵州等，人口众多，由于当地经济发展对劳动力需求有限，部分劳动力流出该地区。随着劳动力流出，省内劳动力配置结构改善，效率得到提升。

此外，1998~2013 年企业效率增幅的演变过程也具有五个方面的特征。第一，随着劳动力部门间错配的不断改善，企业效率增幅逐渐接近于 0。主要的沿海省级行政区，如上海、江苏、福建和广东，劳动力配置不足的状况逐年缓解；内陆省级行政区，如广西、贵州、陕西和甘肃，劳动力配置过剩的状况不断缓解。这些省级行政区，不论劳动力错配的类型如何，在 1998~2013 年都经历了劳动力错配不断改善，从而从纠正错配中获取的企业效率增幅逐渐趋于 0。第二，由于所在地区劳动力部门间错配逐年加重，企业效率损失逐年增加，故而纠正该错配可以获得的企业效率增幅也逐年增加。其中，辽宁、内蒙古、海南和青海，劳动力配置不足且不断恶化，黑龙江和新疆的劳动力配置过度且也不断加重。第三，劳动力错配程度变化不大，因而从纠正错配中可获得的企业效率增幅在 1998~2013 年基本保持稳定。这类地区包括沿海的北京、天津、河北和山东，以及中部的河南、湖北、四川和宁夏。第四，在主要转型时期，劳动力错配类型发生改变，但企业效率增幅逐渐趋于 0。例如，安徽和云南，经历了劳动力配置过度到劳动力配置不足的过程，劳动力配置不断优化，从纠正错配中获得的企业效率增幅逐渐减少。第五，劳动力配置类型发生改变，但配置状况未见好转，企业效率损失不断增大。这类地区包括江西和重庆，经历了劳动力配置过度到劳动力配置不足的过程；浙江则正好相反，经历了劳动力配置不足到过剩的过程。直至 2013 年，这些地区的劳动力部门间错配状况仍在加重，企业效率损失较高，因而从改善错配后可获得的企业效率改善也越多。总体上看，中东部地区较早进行了要素市场化改革，无论是改革进程还是改革效果都明显优于东北和西部地区，因此中东部地区的劳动力配置效率逐步优化。此外，中东部地区较早进行了产业结构调整，淘汰了很多低效率、高耗能的传统产业，因此生产效率持续增长，逐步接近最优生产率水平。然而，东北地区和西部地区经济发展仍以传统产业为主，"粗放式"生产模式的弊端仍将带来效率的损失以及环境污染、资源浪费等多重问题。

二、优化各部门内劳动力配置对企业效率改进的影响

虽然本节的研究重点在于估算纠正劳动力在国有与非国有部门间错配后企业效率的增幅，但作为比较，本部分也进一步分析了省级层面国有与非国有部门内部由劳动力配置的改善所引致的企业效率的增加幅度，以更细致地考察各部门内部优化劳动力在不同行业间配置后效率改善情况。

根据表 6.9 中的估计结果，我们可以将各省级行政区各部门内企业效率改善的特征归纳为以下三点。第一，经济转型至 2013 年时，超过三分之二的省级行政区非国有企业内的劳动力配置效率更高，表现为其对应的企业效率增幅的绝对值较该省级行政区国有企业部门的要小。这些省级行政区包括沿海地区的北京、天津、山东、上海、江苏、福建、广东和海南，东北地区的黑龙江，中部地区的山西、河南、陕西、安徽、江西、湖北和湖南，西部地区的广西、重庆、贵州、云南、青海和宁夏。其余不到三分之一的省级行政区则是国有企业内的劳动力配置效率更高，企业效率可改善的幅度较小。

第二，非国有部门效率改善的演变过程呈现出省际差异。1998~2013 年，我国 30 个省级行政区（不包括西藏、香港、澳门、台湾）中，有 19 个省级行政区的非国有部门劳动力错配问题得到了改善。这种改善体现在，这些地区通过优化非国有部门的劳动力配置，企业效率增幅的绝对值在逐年减少，如表 6.9 所示。然而，福建、江西、山东、内蒙古、海南和青海 6 个省级行政区的非国有部门劳动力错配问题并未得到明显缓解，仍呈现波动态势。此外，吉林、重庆、黑龙江、浙江和新疆这 5 个省级行政区的非国有部门劳动力配置状况甚至出现了恶化的趋势。具体来看，吉林和重庆一直面临着劳动力配置不足的问题，而黑龙江、浙江和新疆的非国有部门则从劳动力配置不足逐渐演变为劳动力配置过度。因此，对于那些劳动力错配问题依然突出的省级行政区，有效解决这一问题可以进一步提升企业的效率。

第三，国有部门效率改善的演变过程同样呈现出省际差异。1998~2013 年，有 13 个省级行政区的国有部门内部劳动力配置呈现出逐渐优化的态势，在表 6.9 中表现为这些省级行政区的企业效率增幅绝对值逐渐减少。具体而言，国有部门劳动力配置逐渐改善的省级行政区包括沿海地区的河北、山东和浙江，东北地区的辽宁和吉林，中部地区的内蒙古、陕西和湖南，以及西部地区的甘肃、重庆、四川、贵州和广西。然而，有 4 个省级行政区即黑龙江、青海、福建和广东，其国有部门内的劳动力错配问题并未呈现出显著的缓解趋势。其中，黑龙江和青海的国有部门存在劳动力配置过度的问题，而福建和广东这两个沿海省份则面临劳动力配置不足的挑战。进一步纠正这 4 个省级行政区国有部门内的劳动力配置，能继续释放当地的生产潜能。另外，有 13 个省级行政区的国有部门劳动力配置状

况呈现出恶化的迹象，导致企业效率损失逐渐增加。因此，持续推进这些地区国有部门内的劳动力配置优化工作，有助于不断提高当地企业的生产效率。

表 6.9　优化各省级行政区各部门内劳动力配置后企业效率的改善情况

年份	北京 非国企	北京 国企	天津 非国企	天津 国企	河北 非国企	河北 国企	山西 非国企	山西 国企	内蒙古 非国企	内蒙古 国企
1998	15.468%	−12.210%	18.775%	−23.910%	13.566%	−7.461%	7.403%	−23.884%	13.511%	−10.269%
1999	12.905%	−10.992%	17.334%	−16.930%	12.405%	−5.229%	5.146%	−20.880%	8.762%	−13.849%
2000	13.369%	−11.229%	15.446%	−10.991%	10.346%	−8.040%	2.555%	−26.277%	6.209%	−9.181%
2001	11.937%	−11.276%	14.564%	−8.943%	8.329%	−8.113%	3.434%	−27.417%	5.545%	−10.807%
2002	11.359%	−10.586%	12.074%	−8.500%	6.572%	−7.654%	−0.317%	−24.233%	4.790%	−2.477%
2003	11.531%	−12.485%	10.940%	−1.864%	5.084%	−7.452%	−0.605%	−22.379%	6.047%	−5.848%
2004	9.863%	−10.312%	9.906%	0.473%	5.384%	−5.738%	−3.382%	−21.644%	6.996%	−5.443%
2005	8.195%	−8.140%	8.872%	2.810%	5.684%	−4.024%	−6.160%	−20.909%	7.946%	−5.039%
2006	8.512%	−4.009%	9.707%	5.719%	6.849%	−3.563%	−6.400%	−14.248%	8.670%	−2.637%
2007	7.816%	1.501%	9.132%	5.530%	5.633%	−3.533%	−6.638%	−7.713%	8.510%	−5.786%
2008	9.490%	13.686%	10.334%	8.870%	2.286%	−6.156%	−3.818%	−3.842%	2.625%	7.865%
2009	4.989%	−0.442%	8.139%	6.295%	5.510%	−4.796%	−13.518%	−22.484%	13.702%	4.950%
2010	10.973%	7.877%	11.921%	4.713%	6.213%	−7.873%	−10.061%	−20.912%	9.720%	6.802%
2011	4.740%	10.894%	9.027%	18.250%	2.270%	9.640%	−6.363%	−5.511%	9.989%	16.534%
2012	3.363%	8.364%	8.477%	15.335%	4.027%	0.304%	−5.847%	−8.345%	9.233%	8.281%
2013	3.337%	12.534%	8.111%	11.486%	3.833%	3.368%	−4.425%	6.535%	10.699%	1.544%

年份	辽宁 非国企	辽宁 国企	吉林 非国企	吉林 国企	黑龙江 非国企	黑龙江 国企	上海 非国企	上海 国企	江苏 非国企	江苏 国企
1998	14.268%	−14.517%	21.533%	−12.550%	8.869%	−14.023%	22.069%	−0.265%	16.214%	−2.435%
1999	10.389%	−10.633%	4.837%	−17.830%	4.192%	−14.965%	20.181%	−1.957%	14.769%	−1.851%
2000	7.610%	−15.747%	4.064%	−18.252%	−1.067%	−21.487%	19.288%	−3.072%	14.167%	−0.117%
2001	6.393%	−14.287%	3.187%	−14.268%	−0.980%	−16.275%	17.104%	−3.048%	12.540%	0.730%
2002	4.520%	−12.450%	4.235%	−12.322%	−1.166%	−13.316%	15.690%	−5.683%	11.693%	2.176%
2003	2.191%	−9.157%	3.390%	−14.608%	−5.029%	−14.357%	14.101%	−3.062%	9.918%	3.414%
2004	1.219%	−7.300%	3.632%	−12.234%	−6.640%	−18.389%	12.284%	0.177%	9.735%	6.235%
2005	0.246%	−5.444%	3.873%	−9.859%	−8.251%	−22.420%	10.467%	3.415%	9.553%	9.055%

续表

年份	辽宁 非国企	辽宁 国企	吉林 非国企	吉林 国企	黑龙江 非国企	黑龙江 国企	上海 非国企	上海 国企	江苏 非国企	江苏 国企
2006	1.618%	-2.584%	4.196%	-15.557%	-12.116%	-20.821%	9.846%	5.694%	10.302%	11.792%
2007	-0.284%	-1.395%	6.289%	-13.846%	-13.089%	-9.399%	8.830%	4.809%	8.477%	13.620%
2008	1.957%	1.689%	7.340%	8.210%	-16.999%	-20.287%	9.870%	7.832%	7.873%	10.790%
2009	9.263%	-6.121%	9.171%	-4.898%	-10.536%	-16.138%	4.127%	8.758%	7.157%	12.827%
2010	4.553%	0.846%	8.113%	-8.235%	-16.524%	-17.005%	12.012%	10.580%	11.249%	12.516%
2011	3.611%	1.413%	9.517%	1.332%	-12.050%	-21.136%	5.881%	7.808%	1.682%	14.900%
2012	7.078%	-0.733%	11.560%	16.644%	-10.451%	-12.645%	3.802%	8.163%	3.256%	15.661%
2013	5.973%	0.005%	10.943%	3.510%	-12.014%	-15.859%	2.408%	12.323%	3.171%	14.897%

年份	浙江 非国企	浙江 国企	安徽 非国企	安徽 国企	福建 非国企	福建 国企	江西 非国企	江西 国企	山东 非国企	山东 国企
1998	15.866%	-4.241%	3.148%	-9.464%	34.709%	13.106%	6.351%	-12.217%	14.247%	-7.309%
1999	12.269%	-5.353%	3.754%	-5.238%	10.382%	-13.073%	7.811%	-14.328%	11.596%	-4.383%
2000	11.800%	-3.956%	0.575%	-8.725%	7.838%	-9.897%	6.011%	-14.922%	9.819%	-6.992%
2001	8.928%	-7.613%	0.094%	-9.443%	6.060%	-8.166%	1.316%	-9.022%	8.008%	-4.867%
2002	7.566%	-2.560%	-1.189%	-6.653%	4.646%	-10.589%	-0.753%	-9.121%	7.655%	-1.640%
2003	5.268%	0.074%	-1.933%	-1.961%	0.407%	-5.761%	-3.088%	-9.822%	7.491%	0.225%
2004	3.404%	2.057%	-0.852%	2.417%	-0.465%	-4.728%	-3.723%	-7.450%	7.764%	4.187%
2005	1.540%	4.039%	0.229%	6.794%	-1.338%	-3.695%	-4.357%	-5.077%	8.036%	8.149%
2006	-1.274%	2.171%	0.893%	14.195%	-1.027%	-4.004%	-5.296%	-2.905%	8.728%	6.972%
2007	-2.254%	5.888%	2.218%	5.130%	-3.487%	-6.024%	-1.050%	-5.111%	9.017%	10.166%
2008	7.527%	11.301%	6.063%	5.395%	10.101%	5.818%	1.244%	9.912%	5.083%	9.505%
2009	-3.268%	2.951%	4.058%	3.307%	-0.235%	-3.076%	2.811%	-6.885%	11.157%	6.605%
2010	1.155%	6.103%	3.820%	3.784%	2.572%	4.426%	-1.617%	-3.912%	10.333%	8.484%
2011	-6.048%	14.667%	-0.019%	10.591%	1.865%	15.404%	0.376%	5.832%	5.996%	9.772%
2012	-7.285%	9.210%	1.652%	8.361%	2.669%	14.813%	3.316%	6.072%	8.845%	10.000%
2013	-9.051%	3.917%	-0.094%	9.298%	3.982%	18.535%	3.239%	11.373%	7.699%	8.253%

续表

年份	河南 非国企	河南 国企	湖北 非国企	湖北 国企	湖南 非国企	湖南 国企	广东 非国企	广东 国企	广西 非国企	广西 国企
1998	9.814%	-17.579%	13.363%	-8.835%	5.850%	-17.440%	21.145%	6.990%	11.651%	-13.201%
1999	8.520%	-17.493%	11.053%	-7.404%	0.847%	-21.400%	17.198%	5.914%	8.859%	-14.619%
2000	6.699%	-17.975%	8.809%	-7.829%	-0.249%	-21.830%	15.873%	5.853%	6.574%	-15.653%
2001	5.023%	-16.671%	7.025%	-7.450%	-1.008%	-16.708%	14.108%	3.154%	5.542%	-19.741%
2002	4.970%	-14.545%	5.609%	-8.589%	-1.208%	-15.625%	12.217%	1.517%	3.776%	-22.108%
2003	4.166%	-14.944%	2.520%	-11.441%	-3.287%	-14.780%	9.321%	1.702%	0.245%	-19.104%
2004	3.612%	-12.957%	1.078%	-10.769%	-2.272%	-10.280%	6.320%	2.173%	-0.828%	-16.517%
2005	3.057%	-10.969%	-0.363%	-10.097%	-1.257%	-5.780%	3.319%	2.644%	-1.901%	-13.929%
2006	6.823%	-15.071%	-0.133%	-8.037%	-0.526%	-2.142%	3.142%	0.377%	-0.204%	-12.697%
2007	8.303%	-11.197%	0.894%	-6.333%	-2.412%	-0.304%	-0.076%	6.560%	-0.828%	0.813%
2008	1.495%	-2.026%	6.128%	3.084%	3.084%	2.312%	8.853%	7.132%	-0.592%	2.159%
2009	6.629%	-10.459%	1.046%	-4.265%	2.907%	-6.004%	-3.010%	-0.215%	-2.895%	-9.755%
2010	3.946%	-14.394%	1.515%	-6.877%	4.556%	-3.502%	-0.282%	-4.044%	-11.936%	-11.018%
2011	-1.844%	0.932%	1.637%	7.278%	15.145%	13.322%	-1.066%	8.870%	-6.561%	4.783%
2012	-1.334%	1.762%	3.953%	5.985%	8.091%	11.731%	-2.582%	9.514%	-2.450%	8.869%
2013	1.175%	2.771%	2.840%	9.909%	1.037%	10.140%	-1.644%	5.685%	-0.336%	4.371%

年份	海南 非国企	海南 国企	重庆 非国企	重庆 国企	四川 非国企	四川 国企	贵州 非国企	贵州 国企	云南 非国企	云南 国企
1998	6.164%	-6.303%	1.076%	-24.509%	11.005%	-10.360%	1.775%	-22.727%	8.598%	-5.916%
1999	9.863%	-16.323%	1.989%	-24.370%	7.296%	-10.550%	-1.269%	-18.275%	5.162%	-9.386%
2000	9.616%	-20.496%	0.936%	-24.309%	7.085%	-8.141%	-0.943%	-17.024%	4.141%	-12.489%
2001	11.488%	-20.482%	0.401%	-19.895%	4.893%	-6.263%	-2.010%	-14.190%	2.604%	-12.432%
2002	7.908%	-22.108%	0.908%	-19.474%	4.178%	-6.342%	-4.876%	-18.205%	1.883%	-13.965%
2003	6.029%	-59.599%	0.178%	-17.226%	3.757%	-5.912%	-5.514%	-17.946%	-0.949%	4.578%
2004	6.036%	-43.108%	-0.455%	-15.351%	3.213%	-3.898%	-5.107%	-21.819%	0.336%	10.495%
2005	6.044%	-26.618%	-1.089%	-13.475%	2.670%	-1.884%	-4.699%	-25.692%	1.621%	16.412%
2006	7.924%	-14.772%	-0.587%	-13.698%	3.397%	0.055%	-3.684%	-22.821%	0.857%	19.168%
2007	2.369%	-8.231%	-1.517%	-15.350%	3.901%	2.150%	-2.311%	-26.348%	-0.504%	24.274%

续表

年份	海南 非国企	海南 国企	重庆 非国企	重庆 国企	四川 非国企	四川 国企	贵州 非国企	贵州 国企	云南 非国企	云南 国企
2008	8.234%	2.860%	8.420%	10.581%	6.011%	6.689%	0.377%	-1.845%	7.313%	10.271%
2009	8.560%	-23.915%	-0.214%	-2.589%	9.007%	1.826%	-4.398%	-20.770%	-1.541%	2.282%
2010	3.877%	-26.611%	-9.713%	-23.712%	-1.759%	-8.928%	-13.436%	-38.073%	-6.607%	8.948%
2011	6.899%	-1.518%	4.040%	12.981%	8.967%	6.718%	-2.135%	-3.880%	-0.247%	13.543%
2012	8.388%	-6.348%	5.424%	12.569%	6.514%	7.933%	-2.042%	5.714%	1.377%	13.285%
2013	10.188%	-25.400%	4.414%	11.593%	5.641%	1.168%	-0.377%	-0.817%	0.267%	10.058%

年份	陕西 非国企	陕西 国企	甘肃 非国企	甘肃 国企	青海 非国企	青海 国企	宁夏 非国企	宁夏 国企	新疆 非国企	新疆 国企
1998	6.823%	-25.459%	12.501%	-7.285%	12.236%	-11.293%	2.041%	-24.903%	3.465%	-11.775%
1999	2.893%	-22.270%	-0.707%	-29.358%	10.534%	-14.080%	0.665%	-23.426%	6.069%	-14.762%
2000	2.279%	-22.969%	-9.890%	-26.756%	5.708%	-20.958%	3.415%	-22.446%	-3.901%	-19.774%
2001	1.478%	-18.552%	-7.827%	-16.075%	8.885%	-17.154%	2.633%	-28.471%	3.927%	-30.209%
2002	-2.831%	-19.251%	-5.728%	-20.034%	-3.535%	-15.913%	-0.383%	-19.997%	5.787%	-36.236%
2003	-4.355%	-20.620%	-7.102%	-34.120%	-7.212%	-20.986%	-1.170%	-13.183%	-1.540%	-39.393%
2004	-4.864%	-18.100%	-6.928%	-24.195%	-4.288%	-39.456%	-2.623%	-13.876%	-4.607%	-37.006%
2005	-5.373%	-15.580%	-6.755%	-14.270%	-1.364%	-57.927%	-4.077%	-14.568%	-7.673%	-34.618%
2006	-7.264%	-25.971%	-8.562%	-12.776%	-4.276%	-2.704%	0.060%	-1.628%	-14.703%	-45.885%
2007	-6.027%	-17.746%	-9.476%	-7.076%	0.986%	1.194%	-1.656%	32.788%	-11.374%	-50.074%
2008	2.060%	3.021%	-0.824%	-9.445%	11.572%	7.195%	5.358%	8.081%	-20.304%	-12.687%
2009	-4.526%	-20.570%	-11.413%	-9.806%	-3.238%	-20.564%	-1.982%	-0.915%	-8.945%	-31.275%
2010	-16.875%	-19.286%	-20.885%	-15.668%	-12.390%	-24.220%	-11.081%	-3.638%	-19.445%	-3.733%
2011	-5.877%	9.660%	-10.222%	-4.806%	0.556%	5.579%	-7.562%	14.667%	-15.465%	-15.940%
2012	-3.634%	5.313%	-7.920%	-11.159%	6.229%	0.531%	-8.374%	5.585%	-20.085%	-21.843%
2013	-2.112%	8.029%	-7.489%	1.114%	7.014%	-14.863%	-5.043%	-14.726%	-18.543%	-15.791%

资料来源：笔者根据1998~2013年中国规模以上工业企业数据计算而得

总体上看，国有部门劳动力配置的优化进程落后于非国有部门。非国有部门的劳动力市场可能更好地发挥了配置劳动力要素的功能，运作效率相对较高。非国有企业在我国发展的时间不长，却已经成为带动经济发展的重要引擎，并且在稳增长、促创新、保就业等领域发挥了巨大作用。根据国家市场监督管理总局数据，截至2021年，民营企业贡献了我国50%以上的税收，60%以上的GDP，70%以上的技术创新成果，80%以上的城镇劳动就业。2012~2021年，仅仅十年时间，我国民营企业数就翻了两番，从1 085.7万户增长到4 457.5万户，民营企业在企业总量中的占比由79.4%提高到92.1%[①]。在非国有企业快速发展过程中，诞生了一批优秀的民营企业，并在相关领域达到世界先进水平。但相较于国有企业，大多数非国有企业面临着更多的制度约束和生产困难，如融资困难、招工困难、审批困难等，掣肘企业的扩张与发展。随着要素市场化改革的推进，要素的流动性将大大提升，这将有利于部门间生产要素的合理配置，促进企业生产效率的提升。同时，随着《关于营造更好发展环境支持民营企业改革发展的意见》等政策的出台，民营企业、个体私营等非国有经济体的发展制度障碍将逐渐被清除，非国有企业将得到更广阔的发展舞台、获得更多的经济发展机会，继续推动我国未来经济增长。

国有企业的重要性对于我国改革发展的作用不言而喻。国有企业一直占据着国民经济命脉的重要行业和关键领域，它对于稳定经济发展、维护社会安宁、保护国家安全均发挥了至关重要的作用。因此，国有企业一直是各类就业者心中最佳的工作单位。国企改革虽然释放了部分"冗员"、优化了国有部门内的劳动力配置，从而提高了企业生产效率，但不能从根本上扭转人们对国企的就业依赖，大部分省级行政区国企内部劳动力错配问题依然存在。未来国企改革过程中可以考虑继续优化部门内就业结构，改善管理模式，建立能进能出的竞争机制等。

第五节 本章小结

本章测算了我国劳动力在国有与非国有部门间和部门内的错配值，以及纠正劳动力错配后能提升的企业效率。首先，构建两部门经济理论模型，推导出部门间、部门内劳动力错配及效率改进的表达式。然后，利用中国规模以上工业企业数据，测算1998~2013年我国制造业要素资源错配整体情况及分部门劳动力错配状况。

从两部门间劳动力配置状况看：第一，我国制造业资本和劳动力均存在部门

[①] 我国民营企业数量10年翻两番 成为推动经济社会发展重要力量[EB/OL]. http://www.gov.cn/xinwen/2022-03/23/content_5680738.htm，2022-03-23.

间错配，1998~2013 年要素资源错配得到一定程度的改善，且劳动力在两部门间的配置状况优于资本在两部门间的配置状况。第二，全国仅不到三分之一的省级行政区劳动力配置状况优于全国平均水平，大部分省级行政区依然存在比较严重的劳动力部门间错配问题。第三，东部沿海地区部门间劳动力错配状况优于中西部内陆地区。第四，我国三分之二的省级行政区劳动力部门间错配表现为配置不足，三分之一省级行政区存在劳动力配置过度。第五，纠正劳动力在两部门间的错配，企业效率不断提升，提升幅度随错配的改善而降低。第六，区域间企业效率改善幅度的差异较大，东北与大西北地区的企业能从改善劳动力配置中获益最大。第七，同一经济区域内部，各省级行政区之间劳动力错配类型与效率增幅不尽相同。

从各部门内劳动力配置状况看：第一，我国国有部门内部劳动力错配较非国有部门更为严重。第二，三分之二省级行政区的非国有部门内劳动力配置效率较高，其余三分之一省级行政区国有部门内的劳动力配置效率则较高。第三，非国有部门企业效率改善的演变过程呈现出省际差异，超过三分之二的省级行政区中非国有部门的劳动力配置持续优化。第四，国有部门企业效率改善的演变过程也呈现出省际差异，仅有不到一半的省级行政区，其劳动力错配得以改善；另有近一半的省级行政区，其国有部门的劳动力配置状况有所恶化。第五，非国有部门的劳动力市场发挥了更好的调节要素的作用，其优化劳动力配置的进程快于国有部门。

劳动力在国有与非国有部门间配置的演变与市场化改革进程高度相关。户籍制度改革、退休制度、劳动力市场分割和产业结构升级是导致劳动力部门间配置发生改变的主要原因。首先，户籍制度改革清除了劳动力流动障碍，流动人口能够享受流入地的基础设施及基本公共服务，促进了劳动力跨省、跨部门自由流动，改变了劳动力市场配置格局，提高了劳动力配置效率。其次，随着人口平均寿命的提高，劳动力退休年龄不断推迟，延长人力资本使用期限意味着人力资本投资收益增加，更有助于将高人力资本的劳动力留在市场内，继续发挥其人力资本价值，提高劳动力配置效率。再次，国企改革通过机构清理、人员安置等方式解决了冗员和"僵尸企业"等问题，缓解了部门间劳动力市场分割的现象，不仅改变了国企的劳动力配置格局，还为非国有经济发展提供了劳动力资源，激发市场活力，提高整体配置效率。最后，我国产业结构不断优化，有助于改善劳动力配置结构，提高劳动效率。本书将在随后的第七章实证检验上述四个因素对部门间劳动力配置的影响。

本 章 附 录

附表 6.1　资源错配计算方法的比较

作者	数据时间	纠正错配后的效率改善	模型主要假设条件
Hsieh 和 Klenow（2009）	1998~2005 年	整体配置效率改进 86.6%~115.1%	①规模报酬不变；②存在整体错配和资本错配
龚关和胡关亮（2013）	1998~2007 年	整体配置效率改进 41.35%~59.92%，资本配置效率改进 19.72%~24.24%，劳动力配置效率改进 15.83%~20.98%	①LP 法估计行业要素产出弹性；②存在整体错配、资本错配和劳动力错配
Li 和 Wang（2021）	1998~2007 年	整体配置效率改进 22.03%~23.55%，资本配置效率改进 6.55%~8.88%，劳动力配置效率改进 5.45%~9.57%	①规模报酬不变；②生产函数包含中间品投入；③考虑加成率；④存在整体错配、资本错配和劳动力错配
本书笔者	1998~2013 年	1998~2007 年，整体配置效率改进 45.92%~50.93%，资本配置效率改进 28.79%~32.32%，劳动力配置效率改进 4.95%~6.73%。1998~2013 年，整体配置效率改进 46.42%~50.93%，资本配置效率改进 28.79%~35.05%，劳动力配置效率改进 6.18%~6.73%	①OP 法估计行业要素产出弹性；②存在整体错配、资本错配和劳动力错配

主要公式的推导过程如下。

由式（6.1），总利润可以表示为

$$\pi = PY - \sum_j P_j Y_j \qquad (6A.1)$$

根据利润最大化的一阶条件，可得

$$\theta_j = \frac{P_j Y_j}{PY} \qquad (6A.2)$$

将部门产出加总，并将 $P \equiv 1$ 代入，即可得到式（6.2）。

类似地，由式（6.3），部门利润可以表示为

$$\pi_j = P_j Y_j - \sum_i P_{ij} Y_{ij} \qquad (6A.3)$$

根据利润最大化的一阶条件，可得

$$P_{ij} = P_j \left(\frac{Y_j}{Y_{ij}} \right)^{\frac{1}{\sigma}} \qquad (6A.4)$$

此即式（6.4）。

单个企业 i 的利润可以写为

$$\pi_{ij} = P_{ij}Y_{ij} - c \tag{6A.5}$$

根据企业利润最大化条件,将式(6A.5)对Y_{ij}求导,即可得到式(6.7)。进一步,企业成本等于资本成本与劳动力成本之和,即

$$c_{ij} = (1+\tau_{Kij})RK_{ij} + (1+\tau_{Lij})wL_{ij} \tag{6A.6}$$

构建拉格朗日函数:

$$\Lambda = (1+\tau_{Kij})RK_{ij} + (1+\tau_{Lij})wL_{ij} + \lambda(Y_{ij} - A_{ij}K_{ij}^{\alpha}L_{ij}^{\beta}) \tag{6A.7}$$

根据成本最小化的一阶条件,可得

$$\frac{\partial \Lambda}{\partial K_{ij}} = (1+\tau_{Kij})RK_{ij} - \lambda\alpha\frac{Y_{ij}}{K_{ij}} = 0 \tag{6A.8}$$

$$\frac{\partial \Lambda}{\partial L_{ij}} = (1+\tau_{Lij})wL_{ij} - \lambda\beta\frac{Y_{ij}}{L_{ij}} = 0 \tag{6A.9}$$

$$\frac{\partial \Lambda}{\partial \lambda} = Y_{ij} - A_{ij}K_{ij}^{\alpha}L_{ij}^{\beta} = 0 \tag{6A.10}$$

根据式(6A.8)~式(6A.10)可得式(6.8)~式(6.11)。将式(6.9)~式(6.11)代入式(6.7),即可得到式(6.12)。

第七章 人力资本配置的影响因素研究

我国劳动力错配问题内生于经济体制转轨过程,其研究具有一定的复杂性。一方面,劳动力错配是一个普遍的社会经济现象,其影响因素不胜枚举且各因素之间盘根错节,难以分辨。另一方面,我国实现了从计划经济体制到社会主义市场经济体制的彻底转变,体制机制改革使分析我国劳动力错配问题不能脱离国情,增加了研究的困难。探析劳动力错配的成因,有利于及时纠正劳动力错配、提高劳动力资源配置效率、促进生产率的提高。在新形势下,解决劳动力错配问题,对于加速传统产业升级和促进经济结构转型具有不言而喻的重要性与紧迫性。

本章立足于我国劳动力市场发展现状,尝试对我国部门间劳动力数量错配的原因进行初步探析。首先,根据本书第二章文献综述的内容从户籍制度、退休制度、劳动力市场分割和产业结构升级四个方面提出研究假设。然后,利用第六章计算出的部门间劳动力错配程度以及省级层面的统计数据,运用普通最小二乘法和固定效应法,实证检验各因素对部门间劳动力错配的影响作用。

第一节 研究假设

一、户籍制度对劳动力错配的影响

根植于我国改革发展过程中的户籍制度,是影响城乡劳动力错配的重要因素之一。我国户籍制度始于1958年颁布的《中华人民共和国户口登记条例》。该制度是依据中华人民共和国成立初期积贫积弱的现实经济状况,为适应当时特定历史时期计划经济发展而制定的,其限制农村人口向城市地区的自由迁徙。然而,随着计划经济向市场经济的过渡，该项二元制户籍制度严重阻碍了农村剩余劳动力向城镇地区转移，并逐渐形成了城乡二元对立的局面。

随着改革开放和城市化进程的推进，户籍制度的壁垒被逐渐打破。国家先后在1984年和1985年颁布《关于农民进入集镇落户问题的通知》和《公安部关于城镇暂住人口管理的暂行规定》，对符合条件的农村进城务工人员发放暂住证，户籍制度对人口流动的限制有所松动。这一改革促进了农村剩余劳动力进入城市，为工业化发展提供了大量原始劳动力，促进了我国经济的快速发展和城市化进程。进入20世纪90年代后，政府开始进行户籍制度改革的初步探索，以小城镇、特区、开发区等地为试点。2001年《关于推进小城镇户籍管理制度改革的意见》出台，进一步扩大了小城镇户籍制度改革范围。各地政府先后通过推行居住证、统一辖区内城乡户口等方式，推进城市户籍制度改革进程。2014年国务院颁布《关于进一步推进户籍制度改革的意见》，将农业和非农户口统一登记为居民户口，彻底打破了城乡居民自由迁移的户籍制度障碍。几乎同一时间，城乡基本公共服务并轨取得实质性进展[1]，"城乡一体"的新型城乡关系初见成效。城乡身份的统一意味着存在几十年的城乡户籍制度障碍被清除，城乡劳动力市场从分割走向融合，制度对劳动力流动和迁徙的影响进一步降低。目前我国仍存在可以向非农产业转移的剩余劳动力，尚未完成"库兹涅茨改造"[2]，未来户籍制度改革仍需不断深入推进（蔡昉，2018）。户籍制度的变革，逐渐打破了城乡身份的藩篱，增强了劳动力在城乡之间的流动。同时，也可能表现在增强了城乡劳动力在国有与非国有部门间的流动上。

根据中国户籍制度改革历程，提出假设1：户籍制度改革有利于劳动力流动，从而改善劳动力配置。

二、退休制度对劳动力错配的影响

我国的退休制度自中华人民共和国成立后不断更新完善。退休制度的基本内容最早源自中华人民共和国成立初期的《中华人民共和国劳动保险条例》，主要包括退休年龄、工龄、养老待遇等。1978年，国家又出台了《国务院关于工人退休、退职的暂行办法》和《国务院关于安置老弱病残干部的暂行办法》，进一步完善退休制度。制度规定，女性工人退休年龄为50周岁、女性干部退休年龄为55周岁，男性工人和干部退休年龄为60周岁。2001年，国家出台政策，将灵活

---

[1] 截至目前，我国31个省（自治区、直辖市，不包括港澳台地区）均已基本建立起统一的城乡居民基本养老保险制度和城乡居民医疗保障制度。

[2] "库兹涅茨改造"是指劳动力从农业部门转移到非农产业部门的过程，也被称作"库兹涅茨过程"。

就业人员退休年龄推迟，女性推迟至 55 周岁，男性推迟至 60 周岁。2005 年又将女性干部的退休年龄推迟至 60 周岁。不过，从整体上看，退休年龄的基本制度规定自 1978 年确立起一直沿用至今，未有较大改变。

然而，中华人民共和国成立以来，我国人口结构发生了重大改变。得益于医疗技术的飞速发展，我国的人均预期寿命已经从中华人民共和国成立初期的 40 岁延长到了 77.3 岁，老年人口不断增加。计划生育政策虽然实现了对人口规模的控制，却导致出生率降低，新出生人口规模减小。2012 年起我国劳动力数量开始减少，"人口红利"逐渐消失。一方面，劳动力的供给规模逐渐缩小，而另一方面，劳动年龄人口的社会负担却日趋加重。根据 2015 年人力资源和社会保障部的推算，我国平均退休年龄不足 54 岁，远远低于人口平均寿命，是世界上退休年龄较小的国家之一。2022 年起，我国部分省级行政区已经开始试行延迟退休方案，延长劳动力退休年龄。这一举措将有效缓解劳动力不足的现状，充分发挥高质量劳动力的人力资本优势，有助于改善劳动力配置结构，提高劳动力配置效率。

根据中国退休制度的发展，提出假设 2：延迟退休制度能增加劳动力供给，有利于改善劳动力配置。

三、劳动力市场分割对劳动力错配的影响

我国从计划经济体制向市场经济体制的转变过程中，劳动力市场上呈现出显著的所有制分割现象。国有企业与非国有企业在政策、资源配置等方面的差异与其在我国经济发展过程中扮演的角色和发挥的作用不同有很大关系。国有企业在我国国民经济中一直发挥着主导作用，其中国有大中型企业是国民经济的支柱，对整个国民经济的发展起着决定性作用。在国民经济的关键和重要部门，国有企业处于支配地位，并掌握着国家的经济命脉。非国有企业主要分布在其他产业和部门，它们也是我国社会主义市场经济的重要组成部分，是国民经济发展强劲稳定的动力和不可或缺的力量。国有企业的特殊地位决定了它在计划经济时代承担了更多的社会责任，如贡献了大部分的国家财政收入、承担了更多的社会成本、吸纳了剩余劳动力等。相较而言，早期的非国有企业并没有承担过多的社会责任。但随着非国有经济的发展和壮大，其创造的就业机会不断增多，向国家缴纳的税金不断增加，社会责任感与意识也逐渐增强。因此，国有企业制定生产目标时需综合考虑其社会责任与经济效益；而非国有企业则大多以效率最大化为目的，通过合理配置生产要素进行产品生产，追求更高的经济效益。

改革开放以后，国有企业弊端逐步暴露，国企改革拉开序幕。随着我国经济的转型，国有企业对经济的推动力逐渐减弱。一方面，国有企业机构庞杂、人员

繁多、生产率低下等问题凸显，制约了国有企业对经济发展的作用。另一方面，非国有企业异军突起，不仅盘活了经济，更拉动了就业、推动了产业结构的调整与升级。20世纪90年代，国有企业改革启动。为解决国企"冗员"问题，改革过程中关闭、破产了上百万家国有和集体企业，2 000多万名职工下岗分流。通过"抓大放小"、调整激励机制、管理体制改革等具体措施，国有企业雇用人数占比从60%进一步降至35%左右，自2003年起始终维持在约6 000万人规模。国企雇佣规模的精简，极大地提高了国有企业的生产效率与经济效益，改善了劳动力在部门内的配置结构。其释放的劳动力大多进入非国有企业，带动非公有制企业的兴起和雇佣规模的扩张，为市场经济的发展注入了新的动力。随着国企改革持续推进，部门间劳动力配置结构亦日益优化。

根据中国劳动力市场转型进程，提出假设3：降低劳动力市场分割有利于劳动力配置改善。

四、产业结构升级对劳动力错配的影响

改革开放后，我国经济转型过程伴随着产业结构和就业结构的巨大变化。具体地，如图7.1所示，我国产业结构持续优化，三次产业占GDP的比例关系经历了由"二一三"向"二三一"，再向"三二一"的演变过程。在改革开放之初的1978~1984年，劳动力市场尚未形成，经济类型比较单一，城镇非私营单位就业人员全部在国有单位与城镇集体单位就业[①]，产业结构以"二一三"为主。随着劳动力市场的培育和发展，第二产业GDP占比基本稳定，在45%上下小幅波动；第一产业GDP占比迅速减少；而第三产业GDP占比显著增加。这一时期的产业结构呈现出"二三一"的结构。经济进入新常态后，产业结构继续优化，第三产业GDP占比在2012年首次超过第二产业GDP占比后，仍然持续上升，成为国民经济中的主导产业；第二产业和第一产业GDP占比持续下降。当前我国的产业结构较为合理，呈现出"三二一"的特征；不过，与世界发达国家的产业结构相比，我国产业结构仍有继续升级的空间。

劳动力需求是引致需求，产业结构的变更导致各产业对劳动力需求发生改变。不过我国三次产业间就业结构的调整滞后于三次产业GDP结构的调整。具体来看，如图7.2所示，改革开放以来，三次产业间的就业结构经历了由"一二三"向"一三二"再向"三二一"的演变过程。在1994年我国在若干城市开展现代企业制度试点之前，仍有一半以上的劳动力在第一产业（即农业部门）就业，而在第三产业就业人数占比不断增加，但低于第二产业的就业人数占比。随着国

---

① 数据来自2020年《中国统计年鉴》。

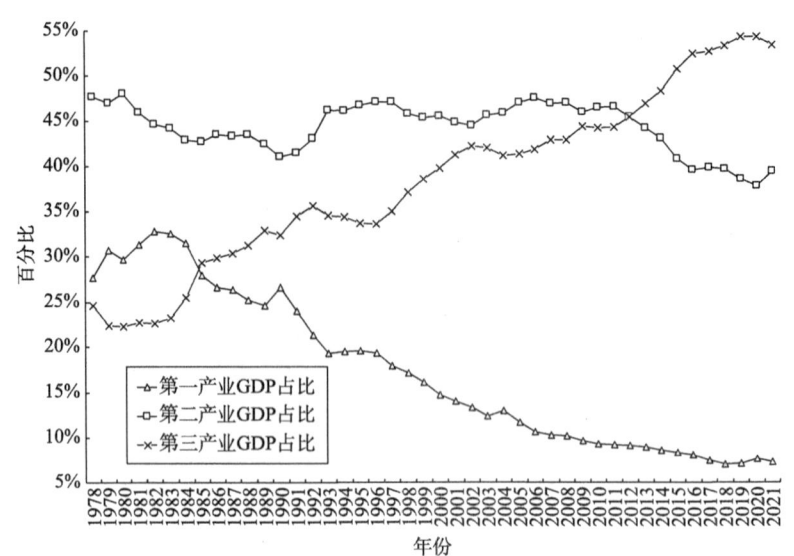

图 7.1 1978~2021 年三次产业 GDP 占比的变化

资料来源：国家统计局年度数据库

有企业逐渐退出以第二产业为主的竞争性行业，第二产业的就业人数占比有增加但增加缓慢，而第三产业就业人数占比则持续增加。2011 年，第三产业就业人数占比首次超过第一产业就业人数占比，第三产业因此成为就业人数最多的产业类型；第二产业就业人数占比则在随后的 2014 年也超过第一产业就业人数占比，形成了当前"三二一"的就业结构特征。

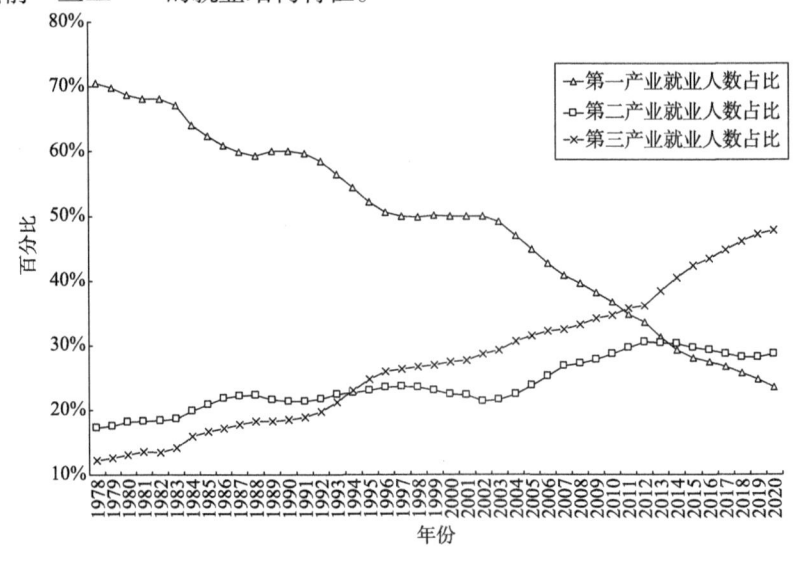

图 7.2 1978~2020 年三次产业就业人数占比的变化

资料来源：国家统计局年度数据库

进一步分析第二产业即工业部门内部国有与非国有经济就业占比的变化，我们发现，自 20 世纪 90 年代初尚未实施市场经济以来，工业部门内部 90% 以上的就业都集中在国有部门（图 7.3）。随后在 1997 年正式实行国有企业改制，工业部门内部国有经济的就业占比大幅下降；在我国加入世界贸易组织之初，工业部门内部国有经济就业占比已下降至低于非国有经济就业占比的水平。进入经济新常态后，国有经济就业占比保持在 18% 左右，而非国有经济就业占比则超过了 80%。可见，在经济转型期，产业结构的迅速调整还伴随着产业内部所有制就业结构的巨大调整。

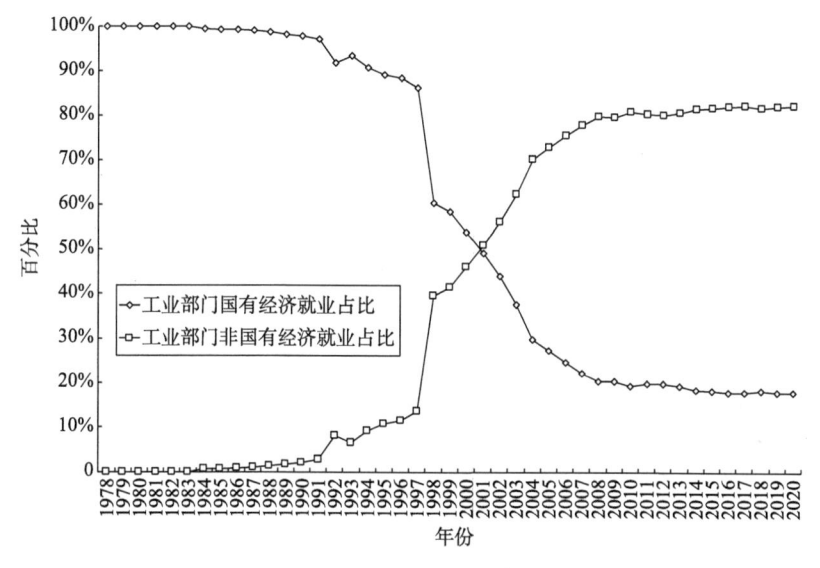

图 7.3　1978~2020 年工业部门国有与非国有经济就业占比的变化

资料来源：1978~1997 年数据来自 1998 年《中国工业经济统计年鉴》；1998~2016 年数据来自 2017 年《中国工业统计年鉴》；2017~2020 年数据来自 2021 年《中国统计年鉴》

图 7.4 进一步分析了产业间就业结构调整与所有制部门间就业结构调整之间的相关关系①。其中，横轴代表工业部门就业占比，如图 7.2 所示，1978~2020 年，第二产业（即工业部门）的就业占比从 17.3% 缓慢上升到 28.7%；纵轴代表工业部门内部国有经济就业占比，如图 7.3 所示，工业部门内部国有经济就业占比从 1978 年的 100% 迅速下降到 2020 年的 17.8%。图 7.4 中的直线拟合了工业部门就业占比与工业部门内部国有经济就业占比间的线性相关性。可见，随着工业部门就业占比的稳步增加，工业部门内部国有经济就业占比迅速减少，两者之间

---

① 由于缺少第一产业与第三产业国有经济与非国有经济就业人数的统计数据，本章未能考察第一产业和第三产业内部国有经济占比的变化，遂以第二产业内部国有经济就业占比变化为例，窥探产业间就业结构变化与所有制就业结构变化之间的相关关系。

存在显著的负向关系。因此，产业结构升级会引起产业间就业结构的变化，同时还会引起不同所有制部门间就业结构的变化，最终导致劳动力在不同所有制部门间配置效率发生改变。

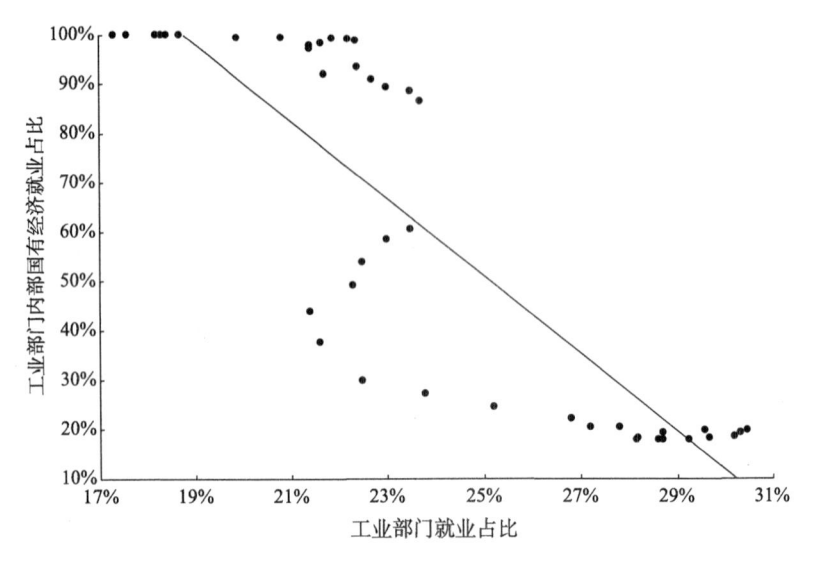

图 7.4　工业部门就业占比与工业部门内部国有经济就业占比间的相关关系

资料来源：图 7.2 和图 7.3 中数据

根据中国产业结构升级特征，提出假设 4：产业结构升级有利于促进劳动力配置改善。

第二节　模型与数据

一、计量模型

本节构建基准模型（7.1），检验上述四个假设。

$$\mathrm{LM}_{pt} = \alpha_0 + \alpha_1 X_{pt} + \alpha_2 Z_{pt} + \delta_p + \varphi_t + \varepsilon_{pt} \quad (7.1)$$

其中，下标 p 表示省份，t 表示年份；LM 表示纠正部门间劳动力错配后的效率改进情况，数据来自第六章的计算结果。根据定义，纠正劳动力错配后的效率改进越小，说明实际生产状况越接近有效配置时的最优生产状况，劳动力部门间错配程度越轻；反之，纠正劳动力错配后的效率改进越大，则说明部门间劳动力错配问题越严重。由于劳动力部门间配置不足和配置过度都是劳动力错配的具体表现形式，实证分析中效率改进采用其绝对值形式。因此，LM 值越大，说明劳动力在两部门间的错配越严重；其值越小，说明劳动力在两部门间的错配程度越低。

X 代表第一节中提及的影响因素，包括：①户籍制度改革情况，用非本地户籍人口占本地户籍人口比例反映；该变量的数值越大，表示户籍改革力度越大，效果越显著，有更多的非本地户籍人口流入。研究重点关注回归系数 α_1，若 $\alpha_1>0$ 且显著，意味着二元户籍制度改革加剧了劳动力部门间错配；反之，若 $\alpha_1<0$ 且显著，则表明户籍制度改革有利于缓解劳动力部门间错配。②退休制度，用65岁及以上的老年人口数占地区 16~64 岁劳动人口数的比重衡量，该比重越高，说明该地区老龄化问题越严重，若执行延迟退休政策，能释放的老年人力资本也相应越多。研究重点关注回归系数 α_1，若 $\alpha_1<0$ 且显著，则表明实行延迟退休制度有利于缓解劳动力部门间错配；反之，若 $\alpha_1>0$ 且显著，意味着当前退休制度加剧了劳动力部门间错配。③劳动力市场分割状况，用地区企业所得税占总税收收入的比重反映。研究重点关注回归系数 α_1，若 $\alpha_1>0$ 且显著，意味着所有制分割加剧了劳动力部门间错配；反之，若 $\alpha_1<0$ 且显著，则表明劳动力所有制分割有利于缓解劳动力部门间错配。④产业结构，分别用三大产业增加值占 GDP 的比重衡量，估计中将第三产业增加值占比作为控制组。

Z 为其他影响部门间劳动力配置效率的控制变量，包括地区人力资本结构（小学及以下学历人口比例和大专及以上学历人口比例）、政府干预（财政支出占 GDP 比重）和地区开放水平（外商投资占 GDP 比重）。δ_p 和 φ_t 分别表示地区固定效应和年份固定效应，ε_{pt} 为随机误差项。

二、变量说明、数据来源与描述性统计

本章的被解释变量为劳动力在国有与非国有制造业企业间的错配程度，用纠正部门间劳动力错配后的效率改进的绝对值反映（亦可称为部门间劳动力错配导致的效率损失）。该值越大，说明部门间劳动力错配越严重。本章使用第六章的估算结果，即利用 1998~2013 年中国工业企业数据计算出纠正各省级行政区部门间劳动力错配后的效率改进程度。如表 7.1 所示，劳动力配置效率改进的最小值为 -0.202，最大值为 0.330。该值为负，说明劳动力存在配置过度的现象，当前的劳动力配置规模已经超出了最优配置规模，从而导致短期的总产出大于潜在产出，但是这种类型的生产难以持续且导致生产效率的损失。该值为正，说明劳动力配置不足，导致短期总产出小于潜在产出，存在生产效率损失。不论是纠正劳动力配置过度还是纠正劳动力配置不足，都是优化劳动力配置从而改进生产效率的过程。因此，本章用劳动力错配后的效率改进的绝对值来衡量改善劳动力在部

门间配置失衡后的效率提升。

表 7.1 各变量描述性统计

变量	观测值	均值	标准差	最小值	最大值
劳动力配置效率改进	480	0.005	0.075	−0.202	0.330
劳动力配置效率改进绝对值	480	0.060	0.045	0.000	0.330
非户籍人口占比	480	0.128	0.102	0.017	0.651
老年人口抚养比	480	0.117	0.025	0.061	0.219
企业所得税占比	480	0.138	0.048	0.043	0.327
第一产业 GDP 占比	480	0.140	0.073	0.006	0.379
第二产业 GDP 占比	480	0.468	0.076	0.198	0.615
小学及以下学历人口比例	480	0.332	0.130	0.032	0.693
大专及以上学历人口比例	480	0.092	0.069	0.009	0.536
政府干预	480	0.173	0.081	0.057	0.612
地区开放水平	480	0.034	0.029	0.001	0.205

本章核心解释变量之一的户籍制度，用各省级行政区非户籍人口占其户籍人口比例来衡量。户籍制度改革处在持续推进中，因此其衡量指标呈现出阶段性特点。20 世纪 90 年代至 2014 年前，户籍制度改革主要以放松或解除劳动力流动的约束为主要目的，这一时期学者多用流动（户籍）人口规模变化反映户籍制度改革成效。随着城乡户口统一和落户政策的实施，落户指标成为反映不同地区户籍制度改革进程的新指标。考虑到本书研究时期并参考邹一南和李爱民（2013）、李拓等（2016）、刘欢和席鹏辉（2019）等的研究，我们选择用非户籍人口占比反映户籍制度情况。非户籍人口占比越高，意味着劳动力流动越容易，说明户籍制度改革力度越大；反之，非户籍人口占比越低，说明劳动力流动越困难，户籍制度仍可能是限制劳动力流动的重要制度障碍。各省级行政区数据来自历年《中国统计年鉴》。此外，为了检验非户籍人口占比的历年变化是否能很好地反映户籍制度改革，我们计算了非户籍人口占比与西南财经大学公布的落户门槛指数[①]的相关性。研究发现两者的相关系数达 0.8 以上，且在 1%的显著性水平上显

[①] 2021 年，西南财经大学经济与管理研究院公共经济与行为研究平台和中国家庭金融调查与研究中心联合公布了中国城市 2000~2013 年和 2014~2016 年落户门槛指数。落户门槛综合了历年各城市投资落户、纳税落户、购房落户和人才引进落户条件，测算采用投影寻踪法、熵值法和等权重法，可以较好地反映我国户籍制度改革进展。由于落户条件每年变化不大，因此各城市 2000~2013 年落户门槛指数为单一值。我们计算了省级行政区内各城市平均落户门槛，检验其与各省级行政区历年平均外来人口比例的相关性。研究结果表明，外来人口比例与落户门槛指数显著正相关。具体结果详见本章附录。

著。该结果表明了本章使用非户籍人口占比反映户籍制度改革情况的合理性和有效性。

本章核心解释变量之二的延迟退休制度，用各省级行政区65岁及以上老年人口占地区劳动年龄人口比重来衡量，该变量又被称为老年人口抚养比。使用老年人口抚养比反映退休制度的原因有两个。第一，按照延迟退休方案，我国的退休年龄将延迟至65岁。第二，由于统计局只在人口普查年份公布各地区人口年龄结构，故只能近似地使用65岁及以上老年人口数反映退休人口数情况。老年人口抚养比越高的地方，退休人数相对越多，市场上的劳动力供给越少；反之，老年人口抚养比越低的地方，退休人数相对越少，市场上的劳动力供给越多。因此，从某种意义上说，老年人口抚养比的变化折射出退休人口与劳动人口的动态变化。市场上劳动力供给是否充足会直接影响部门间劳动力配置的效率和结构，因此，老年人口抚养比会影响部门间劳动力配置。本章使用的各省级行政区老年人口抚养比数据来自历年《中国统计年鉴》。

本章核心解释变量之三的劳动力市场分割，用地区企业所得税占总税收入的比重反映。已有研究表明，国有企业承担了更多的社会责任，会主动及时地缴纳企业所得税等各种税费；而非国企出于利益考虑，会存在较强的避税动机（王跃堂等，2012；Chan et al.，2013）。陈冬等（2016）利用企业所得税占地区总税收收入的比重衡量国有企业对地区的影响。本章借鉴该做法，计算了各省级行政区企业所得税占税收收入的比重，以反映劳动力市场的所有制分割情况。地区企业所得税占比越高，则代表该地区国有企业势力越强，市场所有制分割越严重；反之，企业所得税占比越低，市场所有制分割越不明显。相关数据来自历年各省级行政区统计年鉴。

本章核心解释变量之四的产业结构，用地区第一产业占GDP的比重和第二产业占GDP的比重反映。研究期内，我国产业结构持续优化，第二、第三产业占比持续增加。2012年，第三产业比重首次超过第二产业，成为国民经济最重要的部门。产业结构相关数据来自历年《中国统计年鉴》。

此外，回归模型中还控制了以下省份特征变量。

（1）人力资本结构。Akerman等（2015）和Yao（2019）的研究表明，地区人力资本水平的提升将有利于提高劳动力配置效率。利用历年《中国劳动统计年鉴》相关数据，计算了各省级行政区小学及以下学历人口比例和大专及以上学历人口比例，并在基准模型中加以控制。

（2）政府干预。政府的宏观调控以及一些政策措施也可能会影响资源配置。Alpenberg和Karlsson（2019）以及Wu和Yang（2020）发现，由于政策偏好和政治考虑，政府干预会恶化资源配置效率。相反地，Cull等（2015）、Kung和Ma（2018）则认为，适当的政府干预有利于缓解资源错配。用各省级行政区财政支出占 GDP 比重反映政府干预程度，财政支出占比越高，说明政府干预程度越严重①。相关数据来自历年《中国统计年鉴》。

（3）地区开放水平。考虑到地区开放水平不同对资源的吸引力不同，我们在模型中还控制地区开放水平，用各省级行政区外商直接投资占地区生产总值的比重衡量。才国伟和杨豪（2019）发现外商直接投资可以改善我国制造业资源错配，Li 等（2022）则认为开放会引致过度投资和恶性竞争，不利于资源有效配置。各省级行政区外商直接投资和地区生产总值数据来自历年各省级行政区统计年鉴。

本章所有与价格相关的数据均以 1998 年为基期按各省级行政区公布的价格指数进行平减。由于西藏的相关数据缺失较为严重，本章计算数据并未包含西藏。经过计算，最终获得 30 个省级行政区（不包括港澳台和西藏）16 年的平衡面板数据。各变量描述性统计如表 7.1 所示。

第三节 实证结果

一、户籍制度对劳动力错配的影响

本节使用普通最小二乘法来估计模型（7.1），回归结果如表 7.2 所示。实证结果显示，户籍政策改革有利于降低劳动力在国有与非国有制造业企业间的错配。如表 7.2 所示，非户籍人口占比对部门间劳动力错配的影响始终为负，且在 1% 的水平上显著。这说明，非户籍人口占比增加，部门间劳动力错配的效率改进减少，即非户籍人口占比增加可以缩小实际产出水平与有效产出水平的差距。换句话说，非户籍人口占比增加可以减少部门间劳动力错配的效率损失。根据表 7.2 第（5）列的估计结果，非户籍人口占比每增加 10 个百分点，部门间劳动力错配效率损失可减少 1.65 个百分点。研究结果表明，户籍制度改革破除了劳动力流动障碍，增强了劳动力的流动性，从而改善劳动力部门间错配，提高劳动力在不同所有制部门间的配置效率。

---

① 这里值得一提的是，并非所有的财政支出都代表政府干预市场的行为，从而会降低市场配置效率。地方政府支出中有关系到民生社稷的公共基础服务等支出，对于公共品的支出并非干预市场的行为。但是，不论从概念还是从统计数据上，都难以完全区分清楚财政支出中干预市场配置资源的内容。因此，假定各省级行政区各年间政府干预市场资源配置的支出占其总财政支出的比例不变，那么通过考察总的地方财政支出占地方生产总值的比重的变化，依然可以部分反映出地方政府干预市场行为的变化对劳动力部门间错配的影响。

表 7.2　户籍制度对部门间劳动力错配影响回归结果

变量	（1）	（2）	（3）	（4）	（5）
非户籍人口占比	−0.162*** (0.046)	−0.188*** (0.046)	−0.191*** (0.050)	−0.178*** (0.050)	−0.165*** (0.050)
小学及以下学历人口比例		0.148** (0.058)	0.150** (0.059)	0.169*** (0.059)	0.163*** (0.059)
大专及以上学历人口比例			0.013 (0.080)	0.033 (0.080)	0.048 (0.080)
政府干预				0.180*** (0.066)	0.167** (0.066)
地区开放水平					0.195* (0.116)
常数项	0.086*** (0.007)	0.021 (0.026)	0.020 (0.027)	−0.010 (0.029)	−0.018 (0.030)
省份固定效应	Yes	Yes	Yes	Yes	Yes
年份固定效应	Yes	Yes	Yes	Yes	Yes
观测值	480	480	480	480	480
R^2	0.081	0.095	0.095	0.110	0.116

注：括号内的数值为标准误

***、**、*分别表示在 1%、5%、10%的水平上显著

其他控制变量的估计结果表明：

第一，低人力资本劳动力增加不利于纠正部门间劳动力错配，且影响显著；高人力资本劳动力增加对部门间劳动力错配的影响并不显著。这一结果与 Akerman 等（2015）和 Yao（2019）的研究结论相互呼应，表明人力资本水平会影响劳动力配置效率。该结果还说明，虽然深化户籍改革可以增强各级人力资本劳动力在不同所有制部门间的流动，从而降低部门间的劳动力错配，但是该积极作用会在一定程度上被低教育水平劳动力带来的错配加剧而弱化。二元户籍制度的放松，有利于大量农村劳动力转移到城镇地区，但这些劳动力的受教育水平通常较低，主要集中在非国有部门工作。这使得该部门低教育水平劳动力供给大幅增加，可能会产生超额供给，从而压低该类劳动力的工资。进一步表现为在大量雇用低教育水平劳动力的行业中，国有与非国有部门企业间的边际劳动产出的离差较大，即部门间劳动力错配较为严重。表 7.2 的第（2）列中，当加入小学及以下学历人口比例变量后，代表户籍政策的非户籍人口占比变量前的系数绝对值增大，说明放松城乡户籍管制对劳动力错配的改善作用被由低教育水平劳动力占比增加而导致的错配增加抵消了一部分（约为 16%）。有意思的是，我们并没有发现高教育水平劳动力占比对改善劳动力部门间错配的影响作用。这可能部分地印证了第四章的研究结果。在第四章中，我们利用家庭住户调查，以劳动力供给端

的数据刻画了人力资本在部门间错配的演变规律。其中，我们发现，引起国有与非国有部门间错配的主要是低人力资本劳动力的配置失衡。因此，优化高人力资本劳动力在部门间的配置能带来的效率改善空间不大。结合本节的估计结果，即高教育水平劳动力占比的提高对改善两部门间劳动力错配的作用在统计上不显著。

第二，政府干预会显著影响部门间劳动力错配，且政府干预程度越深，部门间劳动力错配越严重。我国资源错配问题由来已久，它与传统"粗放型"型经济主要依靠行政力量增加要素投入而忽视发展质量有关。正在进行的供给侧结构性改革，就是要充分发挥市场在资源配置中的决定性作用，更好发挥政府的作用，减少政府对市场经济的干预，提高要素资源配置效率。在表7.2的第（4）列中加入政府干预变量（即财政支出占地区生产总值比重）后，该变量前的系数为正且在1%的水平上显著，同时户籍政策变量（即非户籍人口占比）前系数的绝对值变小［与第（3）列相比］。这一结果说明，户籍政策执行力度越强的省级行政区，政府干预得越少，劳动力流动越通畅，部门间劳动力错配的改善就越大。

第三，地区开放水平越高，部门间劳动力错配越严重。表7.2的第（5）列结果显示，地区开放水平变量（即外商直接投资占地区生产总值的比重）前系数为正且在10%的水平上显著，表明随着地区外商直接投资占比的增加，该地区劳动力在部门间的错配程度加深。本节的估计结果与Li等（2022）的研究结果一致。这可能是由于在本章研究的转型时期（1998~2013年），外商直接投资主要集中在第二产业[①]，导致劳动力过多地配置在第二产业，不利于产业结构从第二产业向更高生产效率的第三产业升级，从而引致效率损失。根据边际报酬递减规律，单位要素投入增加带来的效率提升将减少。我国转型前期与中期"粗放型"生产方式导致的资源浪费、产能过剩问题都说明仅仅依靠要素投入带来的经济增长难以为继。经济高质量发展需依靠资源的合理配置和技术进步。

二、退休制度对劳动力错配的影响

执行延迟退休年龄政策，降低老年人口抚养比，能够减少部门间劳动力错配的效率损失。表7.3中的估计结果显示，老年人口抚养比的系数为正且在1%的水平上显著，说明降低该变量会缩小实际产出水平与有效产出水平的差距，即降低部门间劳动力错配的效率损失。根据老年人口抚养比指标的测度，其分子是65岁及以上的人口数，分母是16~64岁人口数。结合退休政策，该变量的减少，主要

[①] 根据国家统计局历年统计数据，1998年，第二产业外商直接投资占比高达72.9%，该占比于2003年上升到最高的84.2%后，开始逐年下降；2011年时降到48.1%，首次低于第三产业外商直接投资占比（50.2%）。直至2013年，第二产业的外商直接投资占比仍达42.2%。

意味着分子数值的减少和分母数值的增加。倘若执行延迟退休政策，如将退休年龄延迟到 70 岁，那么分子则变为 70 岁及以上的人口数，分母则成为 16~69 岁的人口数。这也意味着，执行延迟退休年龄政策，在人口出生率与死亡率变化不大的情况下，老年人口抚养比下降。表 7.3 第（5）列的结果表明，老年人口抚养比降低 10 个百分点，部门间劳动力错配效率损失能降低 4.85 个百分点。这一估计结果说明，人口老龄化是导致劳动力配置失衡的重要因素之一，积极应对人口老龄化可能是解决劳动力错配的有效途径之一。其他控制变量的回归结果与前文类似。

表 7.3 退休制度对部门间劳动力错配影响回归结果

变量	（1）	（2）	（3）	（4）	（5）
老年人口抚养比	0.590*** (0.152)	0.632*** (0.152)	0.619*** (0.157)	0.549*** (0.159)	0.485*** (0.167)
小学及以下学历人口比例		0.126** (0.057)	0.123** (0.057)	0.140** (0.057)	0.136** (0.057)
大专及以上学历人口比例			−0.026 (0.077)	−0.009 (0.077)	−0.001 (0.077)
政府干预				0.160** (0.067)	0.154** (0.067)
地区开放水平					0.145 (0.121)
常数项	0.014 (0.017)	−0.047 (0.033)	−0.043 (0.034)	−0.061 (0.035)	−0.060 (0.035)
省份固定效应	Yes	Yes	Yes	Yes	Yes
年份固定效应	Yes	Yes	Yes	Yes	Yes
观测值	480	480	480	480	480
R^2	0.086	0.096	0.096	0.108	0.111

注：括号内的数值为标准误
***、**分别表示在 1%、5%的水平上显著

三、劳动力市场分割对劳动力错配的影响

降低劳动力市场上的所有制分割，有助于减少劳动力部门间错配导致的效率损失。表 7.4 第（1）列的估计结果显示，企业所得税占比变量的系数为正且在 5%的水平上显著，说明所有制分割与部门间劳动力错配呈正相关关系。地区企业所得税占比越高，说明地区国有企业影响力越大，所有制分割就越明显，劳动力部门间错配的效率改进空间则越大。该估计结果说明，所有制分割会恶化实际产出水平与有效产出水平的差距，造成劳动力所有制间配置扭曲，导致劳动效率损失。

表 7.4 劳动力市场分割对部门间劳动力错配影响回归结果

变量	（1）	（2）	（3）	（4）	（5）
企业所得税占比	0.161** (0.078)	0.147* (0.078)	0.159** (0.078)	0.128 (0.079)	0.115 (0.079)
小学及以下学历人口比例		0.083 (0.057)	0.073 (0.058)	0.100* (0.058)	0.100* (0.058)
大专及以上学历人口比例			−0.113 (0.076)	−0.081 (0.076)	−0.052 (0.077)
政府干预				0.187*** (0.067)	0.171** (0.067)
地区开放水平					0.242** (0.116)
常数项	0.059*** (0.011)	0.023 (0.027)	0.031 (0.028)	0.000 (0.029)	−0.055 (0.035)
省份固定效应	Yes	Yes	Yes	Yes	Yes
年份固定效应	Yes	Yes	Yes	Yes	Yes
观测值	480	480	480	480	480
R^2	0.063	0.068	0.073	0.089	0.098

注：括号内的数值为标准误
***、**、*分别表示在 1%、5%、10%的水平上显著

有意思的是，在表 7.4 第（4）列中控制了地区的政府干预变量后，企业所得税占比的系数下降了 19.5%，而且在统计上不再显著。这说明，当我们考虑了地区的政府干预程度后，所有制分割或者说国有部门占比并不会影响到劳动力在部门间的错配。首先，企业所得税占比与政府干预程度成正比，说明企业所得税占比更高的地区，即国有经济更具优势的地区，政府干预程度通常较深，财政支出占地区生产总值的比重较大。其次，与前文的发现相同，政府干预程度加深，会增加劳动力部门间错配的效率损失，而国有经济势力大小本身并不影响劳动力在部门间的错配状况。该结论在进一步控制了地区开放水平后依然成立［表 7.4 第（5）列］。该结果表明，所有制分割通过政府干预导致了劳动力部门间的错配。因此，即使劳动力市场上依然存在所有制分割的现象，只要有效地控制政府干预的程度，劳动力部门间错配导致的效率损失就能被控制在一定范围内。这为我国坚定不移做强做优做大国有企业、促进国有企业高质量发展的同时，又能优化国有与非国有企业间劳动力的配置提供了一条解决思路。其他控制变量的回归结果也与前文类似。

四、产业结构升级对劳动力错配的影响

第三产业增长落后不利于劳动力部门间的配置效率提升。如表 7.5 所示，相

对于第三产业 GDP 占比,第一产业 GDP 占比的提高和第二产业 GDP 占比的提高均会增加部门间劳动力错配的效率损失,恶化劳动力部门间配置效率。在逐步增加控制变量后,第一产业 GDP 占比和第二产业 GDP 占比对部门间劳动力错配的影响依然显著为正。这意味着,产业结构的优化有利于缩小实际产出水平与有效产出水平的差距,提高部门间的劳动力配置效率。

表 7.5 产业结构升级对部门间劳动力错配影响回归结果

变量	(1)	(2)	(3)	(4)	(5)
第一产业 GDP 占比	0.293** (0.125)	0.269** (0.123)	0.270** (0.124)	0.273** (0.123)	0.298** (0.124)
第二产业 GDP 占比	0.261*** (0.064)	0.326*** (0.066)	0.324*** (0.068)	0.312*** (0.068)	0.296*** (0.068)
小学及以下学历人口比例		0.199*** (0.061)	0.197*** (0.063)	0.214*** (0.063)	0.200*** (0.063)
大专及以上学历人口比例			−0.008 (0.079)	0.014 (0.079)	0.024 (0.079)
政府干预				0.182*** (0.066)	0.170** (0.066)
地区开放水平					0.192 (0.117)
常数项	−0.098** (0.048)	−0.210*** (0.059)	−0.209*** (0.061)	−0.232*** (0.061)	−0.234*** (0.061)
省份固定效应	Yes	Yes	Yes	Yes	Yes
年份固定效应	Yes	Yes	Yes	Yes	Yes
观测值	480	480	480	480	480
R^2	0.089	0.111	0.098	0.127	0.132

注:括号内的数值为标准误
***、**分别表示在1%、5%的水平上显著

其他控制变量的回归结果与前文类似。不过,虽然地区开放水平对部门间劳动力错配的影响为正,但是在统计上不显著。这一结果说明,外商直接投资占地区生产总值比重更高的地区,第二产业更发达。比较表 7.5 第(4)列和第(5)列的结果,我们可以看到,当控制了地区开放水平变量后,第二产业 GDP 占比变量前的系数降低了5%,虽然减小的幅度不大,但结合地区开放水平变量前的系数在统计上不显著,可以认为,外商直接投资占比更高的地区,劳动力错配程度更大,主要是由于该地区的第二产业占比较高,延缓了向高生产率的第三产业部门升级的进程。

有意思的是,比较表7.2、表7.3、表7.4 与表 7.5 中的估计结果,我们发现这四个控制变量对劳动力部门间错配的影响作用基本相同,结果较为稳健。具体上

看，小学及以下学历人口比例每增加 10 个百分点，劳动力在不同所有制部门间错配导致的效率损失就会增加 1~2 个百分点。地区财政支出占地区生产总值的比重每增加 10 个百分点，劳动力错配造成的效率损失会增加 1.5~1.9 个百分点。外商直接投资占地区生产总值的比重每增加 10 个百分点，企业效率损失则增加 2 个百分点左右。

第四节　本章小结

本章实证检验了可能影响部门间劳动力错配的因素，主要利用第六章得出的各省级行政区劳动力在所有制部门间的错配数据，估计了户籍制度、退休制度、劳动力市场分割和产业结构升级对我国部门间劳动力配置效率的影响作用。研究结果发现，第一，户籍制度释放劳动力流动性，有利于提高劳动力部门间配置效率。第二，人均寿命延长的背景下，传统退休制度退休年龄较小，老年人口抚养比持续增加，会加重劳动力部门间错配。推行延迟退休政策，降低老年人口抚养比，有助于优化劳动力在部门间的配置。第三，劳动力市场的所有制分割会加剧劳动力部门间错配，增加劳动配置效率损失。第四，产业结构升级有利于缓解劳动力部门间的错配。第一、第二产业 GDP 占比提高会增加部门间劳动力错配效率损失，不利于劳动力部门间优化配置。因此，改革应从减少劳动力流动的户籍障碍和市场分割障碍、增加有效劳动力供给、优化产业结构提供就业岗位等方面不断推进。

本章为认识我国部门间劳动力错配的影响因素提供了初步经验证据，但仍存在以下四点不足之处。第一，所使用的各省级行政区劳动力部门间错配数据，是利用中国工业企业数据库数据估计而得的。目前，中国工业企业数据库仅提供 1998~2013 年的企业调查数据，本章难以对最近几年我国制造业资源错配以及部门间劳动力错配进行计算[1]。中国工业企业数据库是目前我国唯一的涵盖全部国有及规模以上非国有企业的微观数据库，包含超过 330 万条企业调查数据，是使用最为广泛的企业调查数据库。调查涵盖了我国经济转型过程中经济增速最快的时期[2]，对于认识我国经济发展、产业变革具有重要研究意义。第二，资源错配是复杂的社会经济现象，是多重因素共同作用的结果，本章仅单独检验了户籍制

---

[1] 中国上市公司数据库可以提供最近年份的微观企业数据。但是，利用上市公司数据估算劳动力配置效率可能会遇到选择性偏差的问题。换句话说，上市公司数据不具有代表性。

[2] 中国实际 GDP 的年均增长率（以 2021 年价格计算）先增后减。1978 年改革开放至 1997 年，GDP 年均增长率约为 8.9%，1998~2013 年加速至 9.8%，2014~2021 年减慢至 6.2%。

度、退休制度、劳动力市场分割和产业结构升级四个因素对部门间劳动力错配的影响。考虑到改革的复杂性和多样性，本章并未能对多个因素的因果关系进行进一步识别。第三，本章虽然试图检验户籍制度与退休制度对劳动力错配的影响，但实证部分是估计的简约式，并不是直接做政策评估。第四，由于中国工业企业数据库没有员工调查数据，本章仅能对劳动力部门间的数量错配问题进行探究，未能对劳动力部门间的质量错配问题进行研究。劳动力数量错配和劳动力质量错配是劳动力错配的两个维度，对于认识我国劳动力错配问题都具有重要意义。

未来研究可在如下方面进行深入探索。第一，在我国经济由中高速增长转向高质量发展的转型期，我国工业部门劳动力部门间错配呈现出的新变化和新规律。第二，劳动力部门间错配的新变化对企业效率的改善作用。第三，利用企业-员工配对调查数据，考察我国部门间劳动力质量错配的演变规律，以及估算纠正劳动力的质量错配后企业效率改善的幅度。第四，评估优化劳动力配置效率的各项制度与政策。

本 章 附 录

附表 7.1 非户籍人口比例与落户门槛相关系数

变量	非户籍人口比例	落户门槛 投影寻踪法	落户门槛 等权重法	落户门槛 熵值法
非户籍人口比例	1			
落户门槛 投影寻踪法	0.853***	1		
落户门槛 等权重法	0.843***	0.985***	1	
落户门槛 熵值法	0.845***	0.984***	0.993***	1

***表示在1%的水平上显著

第八章 优化人力资本配置的对策

本书旨在揭示人力资本在国有与非国有部门间配置失衡的演变特征以及估算其对经济总产出、居民消费及企业生产效率的影响，结合宏观统计数据、住户调查数据及企业调查数据，从宏观到微观，从居民到企业，试图做出较为全面的探析，各项研究内容和结果间互为补充。本书最重要的一个发现是，在中国从政府指令计划向市场配置资源的转型进程中，逐渐破除了劳动力市场的所有制身份藩篱，人力资本在国有与非国有部门间的配置逐渐趋于均衡。

这是我国经济转型四十多年来在劳动力市场改革上取得的成就之一，值得肯定。但是，我们还是要很谨慎地看待这一成果。首先，分劳动力异质性来看，低人力资本（即高中及以下学历）劳动力在国有与非国有部门间的错配是导致部门间错配的主要来源。经济进入新常态以来，一方面，低人力资本在国有部门的就业占比下降，但是可测量的工资依然高于非国有部门的水平。另一方面，高人力资本（大专及以上学历）的劳动力依然较多地聚集在国有部门，但是可测量的平均工资却低于非国有部门。这意味着，国有部门可能承担了更高的低人力资本劳动成本，而非国有部门则承担了更高的高人力资本劳动成本，所以，从整体劳动力上看，人力资本在两部门间的配置趋于均衡，但可能依然存在异质性劳动力错配的问题。其次，分地区来看，虽然人力资本在部门间的错配大体上呈现由东部地区向中西部地区逐渐增加的趋势，但是导致企业效率损失的劳动力错配类型不尽相同，有些地区企业生产效率的损失是由劳动力部门间配置过度引起的，有些地区的效率损失则是由劳动力部门间配置不足引起的。

因此，虽然从整体上看，中国劳动力市场上的所有制分割现象逐渐消失，但是在异质性劳动力和不同地区之间，该所有制分割现象依然存在。为了更好地巩固已有的改革成果，继续深化劳动力市场改革，在异质性劳动力以及不同地区之间进一步打破所有制身份藩篱，本章结合前文的研究结果提出可行的对策。

第一节 宏观层面的政策

一、建立公平的竞争环境

人力资本在国有部门与非国有部门间存在错配的根源并不完全归因于所有制差异本身。产权归属不同是表象，其根源是两部门间在激励机制和资源配置机制方面存在差异。同时发挥"看得见的手"和"看不见的手"的作用，双管齐下，畅通各类生产要素在所有制部门间的流动，在产权归属依然存在差异的情况下，也能同时提高国有和非国有部门的经济效率。

第一，充分发挥市场在资源配置中的决定性作用，更好发挥政府作用。构建高水平社会主义市场经济体制，厘清政府和市场边界，尊重市场决定资源配置的基本规律，构建统一开放、竞争有序的市场体系，减少政府对资源的直接配置和干预。政府应继续发挥宏观调控职能，及时发现和适时调节生产要素市场配置结构失衡及整体要素配置效率下降等宏观经济问题，维护市场稳定。由政府主导，建设公平要素交易制度，确保各类市场主体公平获取各种生产要素，提高资源利用效率和生产效率。

第二，打破所有制障碍，建立不同所有制企业间公平竞争的经济环境。第六章的研究结果之一是发现资本在国有与非国有部门间的错配更为严重，而且未呈现缓和的迹象。虽然已历经长期的金融改革，但是中国的银行体系仍以国有控股银行为主，其贷款对象主要倾向于地方政府以及国有控股或参股公司，从而导致非国有企业尤其是中小微民营企业面临较大的融资压力。此外，由于政策偏向，国有经济在汽车、交通运输、能源、电信、金融、教育及医疗等关键行业仍然享有垄断权力和垄断利润（陈诗一，2017）。因此，要纠正人力资本在不同所有制之间的错配，不仅需要从劳动力市场改革方面发力，而且应该建立不同所有制企业间公平竞争的经济环境。政府应当建立降低非国有企业尤其是高生产率企业的融资约束的体制机制；打破所有制障碍，让非国有企业可以自由进入竞争性行业，加快国有企业退出竞争性行业；消除税收等方面的差异，对非国有企业进行减税降费。

第三，深化户籍制度改革，畅通劳动力流动渠道。第七章的研究结果发现，非户籍人口占比的增加有利于降低当地劳动力在国有与非国有部门间的错配。该结果表明劳动力流动本身促进了资源的优化配置。根据《2022年新型城镇化和城乡融合发展重点任务》通知要求，"各类城市要根据资源环境承载能力和经济社会发展实际需求，畅通在本地稳定就业生活的农业转移人口举家进城落户渠道。城区常住人口300万以下城市落实全面取消落户限制政策。实行积分落户政策的城市确保社保缴纳年限和居住年限分数占主要比例。鼓励人口集中流入城市区分中心城区和新区郊区等区域，制定差异化落户政策。推动具备条件的都市圈和城市群内户籍准入年限同城化累计互认"。未来应不断推进户籍制度改革，破除劳动力在城乡、行业、所有制间的流动限制，引导劳动力向需求地区自由流动。

第四，提供公平的激励与保障，引导人力资本要素合理畅通有序地流动。降低劳动力流动障碍后，如何吸引以及如何留住外来人口是当地政府制定人才政策时需考虑的重要因素。具体来讲，制定非公有制经济部门中各类人才平等享受政府人才吸引、培养、评价、考核、激励、使用等方面的各项政策；把非公有制经济部门的人才培训与开发纳入全国各地的人才发展规划。健全政府部门宏观调控、市场主体公平竞争、人才自主择业的人力资本流动配置机制。深入贯彻落实中央《关于构建更加完善的要素市场化配置体制机制的意见》和习近平总书记在中央财经委员会第十次会议上关于"在高质量发展中促进共同富裕"的讲话精神[1]，着力破除妨碍人力资本流动的户籍、地域、身份、档案、人事关系等障碍，为非公有制部门就业的高级人才在落户、子女入学、社保、医疗、住房等方面提供优质高效的"一卡通"服务，全面落实支持非公有制转移人才的财政政策，实现流动人员档案信息联通，引导更多的人力资本流向非公有制经济部门，在促进劳动力社会性流动的过程中实现共同富裕。

二、健全劳动力市场运作机制

第一，建立并规范职业经理人市场，激活高级人才的选聘和流动机制。在关系国计民生的重点行业和关键领域做强做优做大国有资本和国有企业，在竞争性领域推进国有企业的混合制改革，在坚持以公有制经济为主体的所有制结构下继续发展非公有制经济，关键在于建立并规范职业经理人市场，明晰国有资产所有权、法人财产权及企业的经营权。本书的研究发现高人力资本劳动力聚集在国有部门，而非国有部门高人力资本的平均工资更高，这说明非国有部门需要支付较高的劳动报酬才能吸引到高人力资本劳动力。因此，需要根据市场对高级人才的供需情况，形成一套规范的职业经理人选聘、考评、培育、激励与约束的制度，以市场化选聘方式畅通职业经理人的身份转换通道，以任期制和契约化管理方式构建职业经理人监督体系，以差异化的薪酬制度实现强激励与硬约束结合的价值

---

[1] 习近平主持召开中央财经委员会第十次会议[EB/OL]. https://www.gov.cn/xinwen/2021-08/17/content_5631780.htm, 2021-08-17.

评估系统，以机制化退出方式促进职业经理人队伍新陈代谢，构建"能进能出""能增能减""能上能下"三位一体的职业经理人市场，促进在各类企业内部形成激励相容的委托代理关系。公有制与非公有制经济单位均可到职业经理人市场上按照既定的标准和规范选聘高级人才，高级人才也可以根据各类企业的招聘条件和岗位职位要求选择合适的就职单位，即选聘由市场充分选择、流动由市场推动、价值由市场评估、监督体系由市场构建，从而促进高级人才在不同所有制经济间的流动，推进经济高质量发展。

第二，创建具有市场化特色的人才集聚平台，开辟引才聚才新通道。依托国家自主创新示范区建设，布局建设高技能人才集聚平台，着力打造"龙头企业+高层次人才"区域性创新高地。以一批国家级技术创新平台吸引人才集聚、支撑人才发展。以"灵活向上向下"为导向打通所有制经济间的人才流通渠道，重点培育一批培育人才的龙头企业，健全市场化、社会化的人才管理体制。推动非公有制经济部门成为各层次人力资本发展的主体，探索建立人力资本共享平台，为各类人才提供物质、服务、技术等方面的支持与保障，焕发促进共同富裕的强大引擎。

第三，建立产学研创新联盟，拓展社会合作渠道，共享高人力资本劳动力。在经济全球化和市场竞争日益激烈的背景下，为实现企业的可持续发展，必须注重创新和技术进步，而创新的主体是人才。国有部门在吸引人才方面始终具有较强的优势，一直是绝大部分本科及以上学历劳动力的首选。在非国有部门中，除了少数具有垄断优势的民营企业能吸引部分高学历研发人才外，大多数的民营企业缺乏人才优势，难以持续创新和推进生产技术进步，使得生产和经营长期徘徊在较低的技术水平上，影响企业的长远发展。因此，可以建立产学研创新联盟来打破这一僵局。该联盟属于企业性质，由政府和企业共同出资并明确出资比例，产权与经营权分离，按现代企业制度进行经营管理，统一招聘科研人员；联盟内的科研人员只与该联盟产生劳动雇佣关系。联盟以项目组的方式运营，承接各个企业的研发外包业务，并为各个企业提供定制的科研与开发服务，科研成果的产权归受托企业所有，联盟收取科研服务费用。该联盟可以最大限度地集聚人才，并在各类企业和经济组织之间共享人才，促进创新和技术进步。

三、释放人口质量红利

第一，积极推行延迟退休政策，充分挖掘人力资本存量。本书第七章的研究结果指出，延迟退休有利于纠正劳动力错配，提高劳动力配置效率。随着我国人口数量红利日渐消失，延迟退休已成为必然的趋势。为了更好地利用已积累的人力资本优势，从而提高生产效率，我国将采用渐进式的延迟退休政策。通过延迟退休政策，能缓解劳动力供给不足的问题，提高整体劳动力质量，进而推动我国经济发展。

第二，增加教育支出，提升人力资本，建设全球人才高地。当今时代，人才早已成为引领科技创新、驱动产业变革、促进区域发展的关键因素，也日益成为增强国家综合国力、赢得国际竞争主动的战略资源。激烈的世界竞争归根到底是人才的竞争。人才已成为越来越重要的资源。一方面，应持续推进教育制度改革，落实"科教兴国"战略、扩大高等教育范围，增加教育投入和支出，促进各级各类教育协调发展，培养具有更好技术水平、更强知识储备、更高素质的各类人才，充分发挥人力资本对推动产业结构调整、促进经济发展的作用。另一方面，做好海外人才吸引和优秀人才回国的管理和统筹工作，通过各类引才引智计划，促进我国人力资本结构高级化发展。

四、优化经济发展方式

第一，加大对外开放的广度和深度，提高资源利用效率。2020年中共中央政治局常务委员会会议提出："要深化供给侧结构性改革，充分发挥我国超大规模市场优势和内需潜力，构建国内国际双循环相互促进的新发展格局。"[①]这是我国当前面对经济转型压力和国际市场萎缩的重大战略调整，也是从被动参与国际经贸合作转向主动推进的一个重要契机。"双循环"以发挥国内市场规模优势，增强开放领域和范围为主要方式，利用国际国内两个市场、两种资源，促进国内国际循环相互衔接。这意味着经济全球化大趋势下，资源错配问题可以依托国际市场进行纠正和改善。跨境要素流动不仅可以有效解决我国的资源约束问题，还可以推动本土企业的"学习效应"的技术进步，加快产业链升级和产业结构调整，促进经济高质量发展。

第二，加快产业结构调整，推动产业结构升级。传统粗放式生产经营方式不仅占用大量资源，还导致部分产业产能过剩，造成资源浪费。本书研究也发现，产业结构优化升级有利于提高劳动力资源配置效率，改善生产效率。未来应持续推进产业整合，淘汰落后产业，将有限的生产要素资源投入更具竞争优势的产业中，优化供给质量，提高全要素生产率，加快产业结构调整步伐，推动实现产业结构升级。

---

① 习近平主持中央政治局常务委员会会议 分析国内外新冠肺炎疫情防控形势 研究部署抓好常态化疫情防控措施落地见效 研究提升产业链供应链稳定性和竞争力[EB/OL]. https://www.gov.cn/xinwen/2020-05/14/content_5511638.htm, 2020-05-14.

第二节 微观层面的政策

一、继续深化国有企业改革

第一,继续推进深化国有企业改革工作,提高国有企业效率。即使保持当前人力资本在部门间的配置状态不变,提高国有企业效率也能缓解人力资本的错配问题。为了优化人力资本配置,不仅需要引导高人力资本流向非国有部门,而且需要继续深化国有企业改革,做强做优做大国有企业,增强国有企业活力,提高国有企业生产效率。例如,推进公司股份制改革;管理上逐步取缔"一把手一言堂"等现象,建立健全公司法人治理结构,加强外部董事队伍建设,推行职业经理人制度,实行内部培养和外部引进相结合,畅通现有经营管理者与职业经理人身份转换通道;完善激励和约束机制,实行与社会主义市场经济相适应的企业薪酬分配制度,建立健全与劳动力市场基本适应、与企业经济效益和劳动生产率挂钩的工资决定和正常增长机制。

第二,深化国有企业混合所有制改革。目前,混合所有制改革已取得不错进展,中央企业中混合所有制企业占比已超过70%。在民航、电信、石油等重要行业和关键领域,混改试点正在稳步开展。作为新一轮深化国有企业改革的重点工作,未来应持续推进混合所有制改革,加快产权制度的改革与创新,坚持市场导向的基本方向不动摇,按照现代企业制度的基本架构,以股权结构为基础,从法律层面切实保障混合所有制国有企业的各类出资人的产权权益,提高国有企业运转效率,优化国有企业市场布局,促进多种所有制经济协同高质量发展。

第三,规范国有企业用工制度,优化人力资本配置结构。建立符合社会主义市场经济和现代企业制度要求的新型劳动关系和用工制度,建立健全以合同管理为核心、以岗位管理为基础的用工制度,形成人员能上能下、能进能出的合理流动机制。同时,按照《中华人民共和国劳动法》等相关规定,与职工签订劳动合同,保证国企员工的基本权益。第四章的分析指出,国有部门承担了更高的低人力资本劳动力的劳动成本,降低这部分劳动力成本可能是增加国有部门生产效率的一个办法。针对季节性用工、临时用工等动态用工情况,可交由中介公司,以劳务派遣或外包的形式承包给专门公司,允许国企内部建立多种形式相结合的用工制度。这样不仅使企业的用工形式更加灵活,还可以有效降低企业用工成本,减少辅助性、临时性岗位人力资源的浪费,不断优化国有企业内部人力资本结构。

第四，完善国有企业人才管理制度，形成现代化人力资源管理机制。一方面，要健全市场化人才管理机制。完善人才引进、绩效考核、晋升与退出的动态管理体系，坚持"公开、公平、公正"的原则，对工作业绩和工作能力进行科学合理的考核。另一方面，要构建完整的人才培养体系。针对不同岗位、不同技能水平的员工，开展有针对性的岗前培训、过程培训、实务培训等，提高职工的知识与技能水平，更好地匹配岗位需求。确保人才各尽其能、各得其所，充分发挥各类人才在生产经营过程中的积极性、主动性和创造性。

二、完善薪酬和社会福利制度

第一，深化工资薪酬制度改革，激发人力资本活力。以入选国务院国企改革"双百行动"的"双百企业"为全国各地的改革尖兵，完善企业分配、激励、保障、评价制度，减少甚至消除公有制经济部门的工资溢价，尤其是各类福利溢价，建立与工作业绩紧密联系、充分体现人力资本价值和有利于吸引高技能人才的激励机制。引导各类企业加强对人才的激励保障，完善政府特殊津贴制度，健全市场化、社会化的人才管理体制，创新更具竞争力的非公有制经济人才集聚机制。以提升中低收入群体的工资水平为目标创新工资薪酬机制，通过个人所得税税制改革、最低工资政策改革等扩大中低收入群体的工资增长空间，不断消除体制机制"身份藩篱"，促进全体人民共同富裕。

第二，调整工资结构，构建岗位绩效工资制度体系。不断完善员工的薪酬激励机制，打破传统工资结构中以基本工资为主的情况，设计更加合理的工资结构，并注重各个工资模块的作用。基本工资应根据职工的职称、技能、学历、工龄等因素来确定，以保证员工基本收入；岗位工资应根据工作职责来确定，充分体现以岗定薪、岗变薪变的基本原则；绩效工资应与企业效益以及职工的岗位职责、工作业绩和实际贡献直接挂钩。构建岗位绩效工资制度，形成重实绩、重贡献的分配激励机制，激发员工的生产积极性与创造性。

第三，调整分配结构，完善企业内部分配机制。由于历史和制度等原因，一些企业在新老员工的管理方式和薪酬制度等方面仍存在显著差异。为了妥善处理新老员工在岗位职责和利益分配方面的关系，需要建立以岗位工资为主的基本工资制度，实行按劳分配为主、效率优先、兼顾公平的分配方式，进一步优化和调整企业分配结构。此外，还应推动建立工资正常增长机制，优化调节高层、中层、基层员工的薪酬比例，合理设置差距，优先保证基层员工的工资分配和合理的工资增长，以缩小企业内部收入差距。

第四，完善社会保障体系，提高基本公共服务能力和范围。我国虽已建成世界最大规模社会保障体系,但仍存在城乡待遇水平不同、不同所有制参保率差异等问题,影响劳动者就业选择。最新的研究发现国有部门比非国有部门提供了更多的福利,包括城市户口、养老保险、医疗保险、失业保险、工伤保险、生育保险、住房公积金及住房补贴(Li et al., 2023)。这些福利令国有部门依然具有较大的吸引力。因此,需要完善基本公共服务,让国有部门当前享有的福利具有普惠性,惠及劳动力市场上的每一位参与者,从而降低国有部门高福利的吸引力。完善社会保障体系,不仅有利于保护劳动者的合法权益,还有利于促进劳动者的职业流动和灵活就业,促进劳动力要素的充分流动和合理配置。此外,还需要从最广大人民群众的根本利益出发,增加政府公共服务财政支出,健全基本公共服务制度,优化公共服务环境,完善服务项目、范围、标准和作用,提高基本公共服务的可及性和公平性,为广大群众服务。

第五,加强劳动关系治理体系建设,构建和谐稳定劳动关系。这是加大非国有部门对劳动力吸引力的最基本条件。全面实行劳动合同制度,依法规范劳动合同的订立、履行、变更、解除、终止等全过程,提高劳动合同签订率,特别是提高一些民营企业的劳动合同签订率和履行质量,切实保证劳动者的合法权益。还需要规范劳务派遣、非全日制、劳务外包等用工行为,加强对企业劳动用工的动态监督和管理,推动中国特色和谐稳定劳动关系的建设和发展。

三、提升劳动力就业技能

第一,完善职业教育和培训机制,鼓励劳动力参加各类培训,不断提升就业技能。第七章的研究结果指出,低教育水平劳动力的占比增加会恶化部门间的人力资本配置状况。缓解该错配的方法,并非畅通低教育水平劳动力在各部门间的流动,而是应当提升其整体的教育水平与技能水平,从而提升其在各部门的劳动生产率。加强职业教育和培训是提高低技能劳动力技能的重要途径。政府可以通过提高对职业教育和培训的投入,建立健全职业教育和培训机制。例如,提供更多培训课程、延长培训时间、提高培训方式的灵活性,以及提高培训的针对性和实效性。同时,为了鼓励更多的低技能劳动力参加培训,政府可以提供经济补贴、学费减免等激励措施,吸引他们积极参与。

第二,消除不同所有制企业间的人才待遇差异,改变各类劳动力的就业观念。国有企业的岗位溢价,如"铁饭碗"观念和高福利待遇等,吸引了很多高人力资本劳动力进入国有部门。在决定高人力资本劳动力的就业流向时,工资水平的力量相对薄弱。相对于市场,政府似乎更能决定高层次人力资本的流向。这种人力资本错配抑制了劳动生产率的提高,因此必须通过完善劳动力市场制度,优化人力资本配置,来达到人尽其才,提高我国的生产效率。一方面,鼓励非国有部门提供与国有部门同等的人才待遇,如设置与国有部门相同的落户条件、提供相同的社保水平和提高非货币补贴等;另一方面,打破国有部门"铁饭碗"的固有观念,岗位晋升和淘汰与业务绩效挂钩,让国有部门的工资决定机制更加市场化。

参 考 文 献

白重恩. 2016. 对新二元经济的思考[J]. 经济研究参考, (13): 13-15.

柏培文. 2012. 中国劳动要素配置扭曲程度的测量[J]. 中国工业经济, (10): 19-31.

柏培文, 杨志才. 2019. 中国二元经济的要素错配与收入分配格局[J]. 经济学（季刊）, 18（2）: 639-660.

才国伟, 杨豪. 2019. 外商直接投资能否改善中国要素市场扭曲[J]. 中国工业经济, (10): 42-60.

蔡昉. 2010. 户籍制度改革与城乡社会福利制度统筹[J]. 经济学动态, (12): 4-10.

蔡昉. 2018. 农业劳动力转移潜力耗尽了吗？[J]. 中国农村经济, (9): 2-13.

陈冬, 孔墨奇, 王红建. 2016. 投我以桃, 报之以李: 经济周期与国企避税[J]. 管理世界, (5): 46-63.

陈林, 罗莉娅, 康妮. 2016. 行政垄断与要素价格扭曲——基于中国工业全行业数据与内生性视角的实证检验[J]. 中国工业经济, (1): 52-66.

陈诗一. 2017. 资源误配、经济增长绩效与企业市场进入: 国有与非国有部门的二元视角[J]. 学术月刊, 49（1）: 42-56, 65.

陈言, 李欣泽. 2018. 行业人力资本、资源错配与产出损失[J]. 山东大学学报（哲学社会科学版）, (4): 146-155.

陈永伟, 胡伟民. 2011. 价格扭曲、要素错配和效率损失: 理论和应用[J]. 经济学（季刊）, (4): 1401-1422.

陈钊. 2000. 住房抵押贷款理论与实践[M]. 上海: 复旦大学出版社.

陈钊, 陆铭, 金煜. 2004. 中国人力资本和教育发展的区域差异: 对于面板数据的估算[J]. 世界经济, (12): 25-31, 77.

陈自芳. 2019. 70年来中国区域协调发展的反思与推进[J]. 区域经济评论, (5): 21-27.

程杰, 尹熙. 2020. 流动人口市民化的消费潜力有多大？——基于新时期中国流动人口消费弹性估算[J]. 城市与环境研究, (1): 34-54.

程绍珍. 1998. 农业女性化趋势与农村女性人力资本关系的实证研究[J]. 郑州大学学报（哲学社会科学版）, (3): 83-88.

戴金红. 2020. 赡养负担、父母支持与家庭人力资本投资[D]. 山东大学硕士学位论文.

邓宏图,徐宝亮,邹洋. 2018. 中国工业化的经济逻辑:从重工业优先到比较优势战略[J]. 经济研究,(11):17-31.

董翔宇,赵守国,王忠民. 2020. 从人口红利到人力资本红利——基于新经济生产方式的考量[J]. 云南财经大学学报,36(2):3-11.

方福前. 2009. 中国居民消费需求不足原因研究——基于中国城乡分省数据[J]. 中国社会科学,(2):68-82,205-206.

盖庆恩,朱喜,程名望. 2015. 要素市场扭曲、垄断势力与全要素生产率[J]. 经济研究,50(5):61-75.

盖庆恩,朱喜,史清华. 2013. 劳动力市场扭曲、结构转变和中国劳动生产率[J]. 经济研究,48(5):87-97,111.

甘春华. 2010. 劳动力配置的二次扭曲分析:兼论大学生就业难与企业用工荒[J]. 深圳大学学报(人文社会科学版),27(3):82-87.

葛晶,李勇. 2019. 行政垄断视角下人力资本错配的成因及其解释[J]. 中南财经政法大学学报,(5):43-52,159.

龚关,胡关亮. 2013. 中国制造业资源配置效率与全要素生产率[J]. 经济研究,48(4):4-15,29.

郭玉婷. 2020. 上海市流动人口住房租赁消费需求弹性研究[D]. 华东师范大学硕士学位论文.

黄隽,曾丹. 2021. 中国文化消费收入弹性的变动趋势研究[J]. 经济纵横,(9):80-91.

纪雯雯,赖德胜. 2018. 人力资本配置与中国创新绩效[J]. 经济学动态,(11):19-31.

金光照,陶涛,刘安琪. 2020. 人口老龄化与劳动力老化背景下中国老年人力资本存量与开发现状[J]. 人口与发展,26(4):60-71.

靳来群. 2015. 所有制歧视所致金融资源错配程度分析[J]. 经济学动态,(6):36-44.

靳卫东. 2010. 人力资本与产业结构转化的动态匹配效应——就业、增长和收入分配问题的评述[J]. 经济评论,(6):137-142.

赖德胜,纪雯雯. 2015. 人力资本配置与创新[J]. 经济学动态,(3):22-30.

李春玲,李实. 2008. 市场竞争还是性别歧视——收入性别差异扩大趋势及其原因解释[J]. 社会学研究,(2):94-117,244.

李钢,梁泳梅. 2011. "用工荒"与"大学生就业难"为什么会并存[J]. 中国经贸导刊,(7):36-37.

李静. 2017. 人力资本错配:产业比较优势演进受阻及其解释[J]. 统计与信息论坛,32(10):95-101.

李静,陈月萍. 2019. 人力资本分布区域极化与动态演进——基于中国省级维度的测算[J]. 统计与信息论坛,34(6):44-50.

李静,楠玉. 2016. 中国产业比较优势演进为何受阻——基于人力资本错配的视角[J]. 财经科学，（12）：67-76.

李静，楠玉. 2017. 为何中国"人力资本红利"释放受阻?——人力资本错配的视角[J]. 经济体制改革，（2）：31-35.

李静，楠玉，刘霞辉. 2017. 中国经济稳增长难题：人力资本错配及其解决途径[J]. 经济研究，52（3）：18-31.

李静，司深深. 2020. 人才错配下的消费增长——公共部门人才膨胀何以影响消费支出[J]. 当代经济科学，42（1）：49-59.

李鲁，王磊，邓芳芳. 2016. 要素市场扭曲与企业间生产率差异：理论及实证[J]. 财经研究，42（9）：110-120.

李拓，李斌，余曼. 2016. 财政分权、户籍管制与基本公共服务供给——基于公共服务分类视角的动态空间计量检验[J]. 统计研究，33（8）：80-88.

李拓晨，梁蕾，李韫畅. 2021. 高技术产业专业集聚、人力资本错配与创新绩效——以医药制造业为例[J]. 科研管理，42（4）：131-137.

李新建，赵瑞美. 1999. 性别歧视与女性就业[J]. 妇女研究论丛，（1）：3-8.

李勇，葛晶，李佩. 2020. 混合所有制改革是否有助于缓解人力资本配置扭曲[J]. 南京审计大学学报，17（6）：101-110.

李勇，葛晶，李桥鸽. 2021. 国有产权、人力资本错配和全要素生产率损失[J]. 中国经济问题，（1）：35-51.

李勇，马芬芬. 2021. 人力资本错配如何扭曲了产业结构升级[J]. 经济经纬，38（2）：82-90.

梁琦，陈强远，王如玉. 2013. 户籍改革、劳动力流动与城市层级体系优化[J]. 中国社会科学，（12）：36-59，205.

梁泳梅，李钢，董敏杰. 2011. 劳动力资源与经济发展的区域错配[J]. 中国人口科学，（5）：36-48，111.

刘欢，席鹏辉. 2019. 户籍管制与流动人口家庭化迁移——基于2016年流动人口监测数据的经验分析[J]. 经济与管理研究，40（11）：82-95.

刘璐宁. 2015. 我国劳动力市场中过度教育问题研究[D]. 首都经济贸易大学博士学位论文.

刘文勇，李国栋. 2005. 以人力资本投资角度对"大学生就业难"与"民工荒"现象的分析[J]. 思想政治教育研究，（6）：22-24.

刘小玄. 2000. 中国工业企业的所有制结构对效率差异的影响——1995年全国工业企业普查数据的实证分析[J]. 经济研究，（2）：17-25，78-79.

刘小玄，李双杰. 2008. 制造业企业相对效率的度量和比较及其外生决定因素（2000—2004）[J]. 经济学（季刊），（3）：843-868.

刘秀梅，田维明. 2005. 我国农村劳动力转移对经济增长的贡献分析[J]. 管理世界，（1）：91-95.

龙玉其. 2013. 对我国退休制度改革的反思与前瞻[J]. 理论导刊，（3）：8-11.

鲁晓东，连玉君. 2012. 中国工业企业全要素生产率估计：1999-2007[J]. 经济学（季刊），11（2）：541-558.

罗德明，李晔，史晋川. 2012. 要素市场扭曲、资源错置与生产率[J]. 经济研究，47（3）：4-14，39.

马超. 2021. 延迟退休政策对人力资本驱动经济增长的影响研究[J]. 中国物价，（4）：34-37.

马颖，何清，李静. 2018. 行业间人力资本错配及其对产出的影响[J]. 中国工业经济，（11）：5-23.

曼昆. 2015. 经济学原理：微观经济学分册[M]. 7版. 梁小民，梁砾译. 北京：北京大学出版社.

聂辉华，贾瑞雪. 2011. 中国制造业企业生产率与资源误置[J]. 世界经济，34（7）：27-42.

聂辉华，江艇，杨汝岱. 2012. 中国工业企业数据库的使用现状和潜在问题[J]. 世界经济，（5）：142-158.

潘锦棠. 2003. 性别人力资本理论[J]. 中国人民大学学报，（3）：94-104.

潘士远，朱丹丹，徐恺. 2021. 人才配置、科学研究与中国经济增长[J]. 经济学（季刊），21（2）：427-444.

彭新万. 2005. 论我国人力资本有效形成的制度变革——以农村剩余劳动力转移为例[J]. 商业研究，（23）：131-133.

邱牧远，王天宇，梁润. 2020. 延迟退休、人力资本投资与养老金财政平衡[J]. 经济研究，55（9）：122-137.

沈晓栋，赵卫亚. 2005. 我国城镇居民消费与收入的动态关系——基于非参数回归模型的实证分析[J]. 经济科学，（1）：18-22.

施发启. 2005. 对我国能源消费弹性系数变化及成因的初步分析[J]. 统计研究，（5）：8-11.

史晋川. 2016. 供给侧结构性改革要破除新二元经济结构[J]. 浙江经济，（5）：8.

宋大强，皮建才. 2020. 要素价格扭曲的经济效应：一个文献综述[J]. 经济社会体制比较，（3）：171-181.

孙宁华，堵溢，洪永淼. 2009. 劳动力市场扭曲、效率差异与城乡收入差距[J]. 管理世界，（9）：44-52，187.

谭涛，张燕媛，唐若迪，等. 2014. 中国农村居民家庭消费结构分析：基于QUAIDS模型的两阶段一致估计[J]. 中国农村经济，（9）：17-31，56.

谭永生. 2007. 农村劳动力流动与中国经济增长——基于人力资本角度的实证研究[J]. 经济问题探索，（4）：80-84.

唐琦，夏庆杰，李实. 2018. 中国城市居民家庭的消费结构分析：1995—2013[J]. 经济研究，53（2）：35-49.

王兵，吴延瑞，颜鹏飞. 2010. 中国区域环境效率与环境全要素生产率增长[J]. 经济研究，45（5）：95-109.

王甫勤. 2010. 人力资本、劳动力市场分割与收入分配[J]. 社会，30（1）：109-126.

王林辉，董直庆. 2012. 资本体现式技术进步、技术合意结构和我国生产率增长来源[J]. 数量经济技术经济研究，（5）：3-18.

王跃堂，王国俊，彭洋. 2012. 控制权性质影响税收敏感性吗？——基于企业劳动力需求的检验[J]. 经济研究，（4）：52-63.

温涛，孟兆亮. 2012. 我国农村居民消费结构演化研究[J]. 农业技术经济，（7）：4-14.

文东伟. 2019. 资源错配、全要素生产率与中国制造业的增长潜力[J]. 经济学（季刊），18（2）：617-638.

问锦尚，姚志，郑志浩. 2021. 双循环下农村居民消费需求弹性测算与结构变化预测——基于QUAIDS模型的应用[J]. 经济问题探索，（3）：61-70.

吴幽. 2021. 人口流动、代际收入差距与消费弹性——基于中国微观数据库的实证[J]. 商业经济研究，835（24）：60-63.

冼国明，徐清. 2013. 劳动力市场扭曲是促进还是抑制了FDI的流入[J]. 世界经济，36（9）：25-48.

谢千里，罗斯基，张轶凡. 2008. 中国工业生产率的增长与收敛[J]. 经济学（季刊），（3）：809-826.

谢千里，罗斯基，郑玉歆. 1995. 改革以来中国工业生产率变动趋势的估计及其可靠性分析[J]. 经济研究，（12）：10-22.

解晋. 2019. 中国分省人力资本错配研究[J]. 中国人口科学，（6）：84-96，128.

邢春冰. 2005. 不同所有制企业的工资决定机制考察[J]. 经济研究，（6）：16-26.

邢春冰. 2007. 经济转型与不同所有制部门的工资决定——从"下海"到"下岗"[J]. 管理世界，（6）：23-37，171.

徐秋艳，李秉龙. 2015. 基于AIDS模型的中国农村居民消费结构分析[J]. 统计与信息论坛，30（1）：71-75.

徐文全，梁冬，岳浩永. 2006. 弹性退休年龄改革和养老金缺口的弥补：基于人力资本理论[J]. 市场与人口分析，（2）：33-37.

薛欣欣，辛立国. 2015. 国有部门员工被过高支付还是拥有特殊人力资本——来自有限混合模型的估计结果[J]. 南方经济，（10）：85-98.

杨汝岱. 2015. 中国制造业企业全要素生产率研究[J]. 经济研究，50（2）：61-74.

杨伟国，陈玉杰，张成刚. 2010. 职业性别隔离的测度[J]. 中国人口科学，（3）：77-87，112.

杨志才. 2019. 要素配置、收入差距与经济增长的实证研究[J]. 经济与管理研究，40（10）：16-29.

杨志才，柏培文. 2017. 要素错配及其对产出损失和收入分配的影响研究[J]. 数量经济技术经济研究，34（8）：21-37.

姚先国，谭岚. 2005. 中国经济转型中城镇女性劳动供给行为分析——兼论动态博弈框架下教育决策的内生性问题[J]. 经济论坛，（8）：33-37.

姚洋.1998.非国有经济成分对我国工业企业技术效率的影响[J].经济研究,(12):29-35.

姚洋,章奇.2001.中国工业企业技术效率分析[J].经济研究,(10):13-19,28-95.

姚毓春,袁礼,董直庆.2014.劳动力与资本错配效应:来自十九个行业的经验证据[J].经济学动态,(6):69-77.

叶春辉,封进,王晓润.2008.收入、受教育水平和医疗消费:基于农户微观数据的分析[J].中国农村经济,(8):16-24.

易翠枝.2007.婚姻市场的教育分层与女性人力资本投资[J].华东经济管理,(2):127-130.

易明,吴婷.2021.R&D资源配置扭曲、TFP与人力资本的纠偏作用[J].科学学研究,39(1):42-52.

尹志超,甘犁.2009.公共部门和非公共部门工资差异的实证研究[J].经济研究,44(4):129-140.

余东华,范思远.2011.生产性服务业发展、制造业升级与就业结构优化——"民工荒与大学生就业难"的解释与出路[J].财经科学,(2):61-68.

袁霓.2011.用工荒与就业难并存的经济学分析[J].改革与战略,27(1):163-164,174.

袁志刚,解栋栋.2011.中国劳动力错配对TFP的影响分析[J].经济研究,46(7):4-17.

岳经纶.2017.不同群体女性各年龄段收入差异对拉平男女退休年龄的影响[J].社会保障评论,1(3):43-56.

詹韵秋.2020.人力资本错配:困境、影响及应对策略[J].中国西部,(5):108-116.

展望,周建军,蒋选.2021.中国省际和产业间人力资本错配状况及趋势——基于面板数据的统计分析[J].长沙理工大学学报(哲学社会版),36(6):100-109.

张邦科,邓胜梁,陶建平.2011.我国城镇居民的消费收入弹性研究:1980~2008[J].统计与决策,(17):116-118.

张伯超,靳来群,秘燕霞.2019.我国制造业要素密集度异质性产业间资源错配与产业结构升级[J].当代经济管理,41(2):60-67.

张车伟,薛欣欣.2008.国有部门与非国有部门工资差异及人力资本贡献[J].经济研究,(4):15-25,65.

张广婷,江静,陈勇.2010.中国劳动力转移与经济增长的实证研究[J].中国工业经济,(10):15-23.

张国旺,王孝松.2014.计划生育政策是否促进了中国经济增长?——基于教育人力资本视角的理论和经验研究[J].中南财经政法大学学报,(3):3-11,158.

张抗私.2009.就业性别歧视与人力资本投资倾向的交互作用分析[J].浙江大学学报(人文社会科学版),39(5):103-112.

张同斌.2016.从数量型"人口红利"到质量型"人力资本红利"——兼论中国经济增长的动力转换机制[J].经济科学,(5):5-17.

张槭槭,崔玉倩.2020.高人力资本女性更愿意生育二孩吗——基于人力资本的生育意愿转化研究[J]. 清华大学学报（哲学社会科学版），35（2）：182-193.

张颖熙. 2014. 中国城镇居民服务消费需求弹性研究——基于 QUAIDS 模型的分析[J]. 财贸经济，（5）：127-135.

张原，陈建奇. 2008. 人力资本还是行业特征：中国行业间工资回报差异的成因分析[J]. 世界经济，（5）：68-80.

张志柏. 2008. 中国能源消费的弹性系数：估计与分析[J]. 数量经济技术经济研究，（7）：42-53.

郑秉文. 2010. 如何从经济学角度看待"用工荒"[J]. 经济学动态，（3）：73-78.

中国经济增长前沿课题组. 2014. 中国经济增长的低效率冲击与减速治理[J]. 经济研究，49（12）：4-17，32.

周兴，王芳. 2013. 国有部门与非国有部门工资差异的演变与分解——基于非条件分位数回归的分解方法[J]. 经济科学，（3）：48-60.

朱琳，徐波，汪波. 2017. 我国劳动力资源错配程度测算与分析——基于产业和区域视角[J]. 技术经济与管理研究，（1）：12-17.

朱喜，史清华，盖庆恩. 2011. 要素配置扭曲与农业全要素生产率[J]. 经济研究，46（5）：86-98.

邹一南，李爱民. 2013. 户籍管制、城市规模与城市发展[J]. 当代经济研究，（9）：53-60.

Akerman A, Gaarder I, Mogstad M. 2015. The skill complementarity of broadband Internet[J]. The Quarterly Journal of Economics, 130（4）：1781-1824.

Alpenberg J, Karlsson F. 2019. Resource allocation and capital investment practice in Swedish local government: a messy business[J]. Journal of Business Research, 101：897-905.

Alvarez-Cuadrado F, Poschke M. 2011. Structural change out of agriculture: labor push versus labor pull[J]. American Economic Journal: Macroeconomics, 3（3）：127-158.

Aoki S. 2012. A simple accounting framework for the effect of resource misallocation on aggregate productivity[J]. Journal of the Japanese and International Economies, 26（4）：473-494.

Bai P, Cheng W. 2016. Labour misallocation in China: 1980-2010[J]. Applied Economics, 48（25）：2321-2332.

Barro R J. 2001. Human capital and growth[J]. American Economic Review, 91（2）：12-17.

Bartelsman E, Haltiwanger J, Scarpetta S. 2013. Cross-country differences in productivity: the role of allocation and selection[J]. American Economic Review, 103（1）：305-334.

Becker G S. 2009. Human Capital: A Theoretical and Empirical Analysis, with Special Reference to Education[M]. Chicago：The University of Chicago Press.

Ben-Porath Y. 1967. The production of human capital and the life cycle of earnings[J]. Journal of Political Economy, 75（4, Part 1）：352-365.

Bhagwati J N, Wan H. 1979. The "Stationarity" of shadow prices of factors in project evaluation, with and without distortions[J]. The American Economic Review, 69（3）: 261-273.

Brandt L, Biesebroeck J V, Zhang Y F. 2012. Creative accounting or creative destruction? Firm-level productivity growth in Chinese manufacturing[J]. Journal of Development Economics, （97）: 339-351.

Brandt L, Biesebroeck J V, Zhang Y F. 2014. Challenges of working with the Chinese NBS firm-level data[J]. China Economic Review, （30）: 339-352.

Brandt L, Hsieh C T, Zhu X. 2008. Growth and structural transformation in China[C]//Brandt L, Rawski T G. China's Great Economic Transformation. Cambridge: Cambridge University Press: 683-728.

Brandt L, Tombe T, Zhu X. 2013. Factor market distortions across time, space and sectors in China[J]. Review of Economic Dynamics, 16（1）: 39-58.

Broda C, Weinstein D E. 2006. Globalization and the gains from variety[J]. The Quarterly Journal of Economics, 121（2）: 541-585.

Busso M, Madrigal L, Pagés C. 2013. Productivity and resource misallocation in Latin America[J]. Journal of Macroeconomics, 13（1）: 903-932.

Caselli F. 2005. Accounting for cross-country income differences[J]. Handbook of Economic Growth, 1: 679-741.

Chan K H, Mo P L L, Zhou A Y. 2013. Government ownership, corporate governance and tax aggressiveness: evidence from China[J]. Accounting and Finance, 53（4）: 1029-1051.

Chanda A, Dalgaard C. 2008. Dual economies and international total factor productivity differences: channelling the impact from institutions, trade, and geography[J]. Economica, （75）: 629-661.

Chen J, Jin M. 2014. Income elasticity of housing demand in China: micro-data evidence from Shanghai[J]. Journal of Contemporary China, 23（85）: 68-84.

Chen K J, Irarrazabal A. 2015. The role of allocative efficiency in a decade of recovery[J]. Review of Economic Dynamics, 18（3）: 523-550.

Cull R, Li W, Sun B, et al. 2015. Government connections and financial constraints: evidence from a large representative sample of Chinese firms[J]. Journal of Corporate Finance, 32: 271-294.

Davis B, Winters P, Carletto G, et al. 2010. A cross-country comparison of rural income generating activities[J]. World Development, 38（1）: 48-63.

De Vries G J. 2014. Productivity in a distorted market: the case of Brazil's retail sector[J]. The Review of Income and Wealth, 60（3）: 499-524.

Di Maria C, Stryszowski P. 2009. Migration, human capital accumulation and economic development[J]. Journal of Development Economics, 90（2）: 306-313.

Dias D A, Marques C R, Richmond C. 2016. Misallocation and productivity in the lead up to the Eurozone crisis[J]. Journal of Macroeconomics, 49: 46-70.

Dougherty C, Selowsky M. 1973. Measuring the effects of the misallocation of labour[J]. Review of Economics and Statistics, 55(3): 386-390.

Duarte M, Restuccia D. 2010. The role of the structural transformation in aggregate productivity[J]. The Quarterly Journal of Economics, 125(1): 129-173.

Erosa A, Koreshkova T, Restuccia D. 2010. How important is human capital? A quantitative theory assessment of world income inequality[J]. The Review of Economic Studies, 77(4): 1421-1449.

Esteban J, Gradín C, Ray D. 2007. An extension of a measure of polarization, with an application to the income distribution of five OECD countries[J]. The Journal of Economic Inequality, 5(1): 1-19.

Foster E, Sonnenschein H. 1970. Price distortion and economic welfare[J]. Econometrica, 38(2): 281-297.

Fredriksson P, Hensvik L, Skans O N. 2018. Mismatch of talent: evidence on match quality, entry wages, and job mobility[J]. American Economic Review, 108(11): 3303-3338.

Fukuyama H, Weber W L. 2009. A directional slacks-based measure of technical inefficiency[J]. Socio-Economic Planning Sciences, 43(4): 274-287.

Gollin D, Parente S L, Rogerson R. 2007. The food problem and the evolution of international income levels[J]. Journal of Monetary Economics, 54(4): 1230-1255.

Hamermesh D. 1973. Labor Demand[M]. Princeton: Princeton University Press.

Hayashi F, Prescott E C. 2008. The depressing effect of agricultural institutions on the prewar Japanese economy[J]. Journal of Political Economy, 116(4): 573-632.

Hazan M. 2009. Longevity and lifetime labor supply: evidence and implications[J]. Econometrica, 77(6): 1829-1863.

Hendel I, Nevo A. 2006. Measuring the implications of consumer inventory behavior[J]. Econometrica, 74: 1637-1673.

Hoque M M, King E M, Montenegro C E, et al. 2019. Revisiting the relationship between longevity and lifetime education: global evidence from 919 surveys[J]. Journal of Population Economics, 32(2): 551-589.

Hospidoa L, Moral-Benito E. 2016. The public sector wage premium in Spain: evidence from longitudinal administrative data[J]. Labour Economics, 42: 101-122.

Hsieh C T, Hurst E, Jones C I, et al. 2019. The allocation of talent and us economic growth[J]. Econometrica, 87(5): 1439-1474.

Hsieh C T, Klenow P J. 2009. Misallocation and manufacturing TFP in China and India[J]. The

Quarterly Journal of Economics, 124(4): 1403-1448.

Hsieh C T, Song Z M. 2016. Grasp the large, let go of the small: the transformation of the state sector in China[R]. Brookings Papers on Economic Activity, 1: 295-366.

Hyder A, Reilly B. 2005. The public and private sector pay gap in Pakistan: a quantile regression analysis[J]. Pakistan Development Review, 44(3): 271-306.

Imbens G W, Rubin D B. 2015. Causal Inference for Statistics, Social, and Biomedical Sciences[M]. New York: Cambridge University Press.

Jin Y, Li H, Wu B. 2011. Income inequality, consumption, and social-status seeking[J]. Journal of Comparative Economics, 39(2): 191-204.

Jurajda Š, Terrell K. 2009. Regional unemployment and human capital in transition economies[J]. Economics of Transition, 17(2): 241-274.

Kostøl A R, Mogstad M. 2015. Earnings, disposable income, and consumption of allowed and rejected disability insurance applicants[J]. American Economic Review, 105(5): 137-141.

Krueger A B, Summers L H. 1988. Efficiency wages and the wage structure[J]. Econometrica, 56(2): 259-293.

Kung J K, Ma C. 2018. Friends with benefits: how political connections help to sustain private enterprise growth in China[J]. Economica, 85: 41-74.

Laffont J J, Tirole J. 1993. A Theory of Incentives in Procurement and Regulation[M]. Cambridge: MIT Press.

Levinsohn J, Petrin A. 2003. Estimating production functions using inputs to control for unobservables[J]. The Review of Economic Studies, 70(2): 317-341.

Li C, Zhang J, Lyu Y. 2022. Does the opening of China railway express promote urban total factor productivity? New evidence based on SDID and SDDD model[J]. Socio-Economic Planning Sciences, 80: 101269.

Li H, Meng L, Xiong Y, et al. 2023. Job preferences and outcomes for China's college graduates[J]. The China Quarterly, forthcoming.

Li N, Wang Y. 2021. Estimating resource misallocation: distinguishing factor market distortions from variable markups[J]. Economics Letters, 207: 110027.

Lucas Jr R E. 1988. On the mechanics of economic development[J]. Journal of Monetary Economics, 22(1): 3-42.

Midrigan V, Xu D Y. 2014. Finance and misallocation: evidence from plant-level data[J]. The American Economic Review, 104(2): 422-458.

Mincer J. 1974. Schooling, experience, and earnings[R]. National Bureau of Economic Research, Inc.

Mizala A, Romaguera P, Gallegos S. 2011. Public-private wage gap in Latin America

(1992-2007): a matching approach[J]. Labour Economics, 18 (1): 115-131.

Morikawa M. 2016. A comparison of the wage structure between the public and private sectors in Japan[J]. Journal of the Japanese and International Economies, 39: 73-90.

Mueller R E. 1998. Public-private sector wage differentials in Canada: evidence from quantile regressions[J]. Economics Letters, 60 (2): 229-235.

Murphy K M, Shleifer A, Vishny R W. 1991. The allocation of talent: implications for growth[J]. The Quarterly Journal of Economics, 106 (2): 503-530.

Murphy K M, Shleifer A, Vishny R W. 1993. Why is rent-seeking so costly to growth?[J]. The American Economic Review, 83 (2): 409-414.

Olley G, Pakes A. 1996. The dynamics of productivity in the telecommunications equipment industry[J]. Econometrica, 64 (6): 1263-1297.

Parente S L, Prescott E C. 2002. Barriers to Riches[M]. Cambridge: MIT Press.

Parente S L, Prescott E C. 2005. A unified theory of the evolution of international income levels[C]//Aghion P, Durlauf S N. Handbook of Economic Growth. Amsterdam: Elsevier: 1371-1416.

Poncet S. 2003. Measuring Chinese domestic and international integration[J]. China Economic Review, 14 (1): 1-21.

Restuccia D, Rogerson R. 2008. Policy distortions and aggregate productivity with heterogeneous establishments[J]. Review of Economic Dynamics, 11 (4): 707-720.

Restuccia D, Rogerson R. 2013. Misallocation and productivity[J]. Review of Economic Dynamics, 16 (1): 1-10.

Restuccia D, Yang D T, Zhu X. 2008. Agriculture and aggregate productivity: a quantitative cross-country analysis[J]. Journal of Monetary Economics, 55 (2): 234-250.

Romer P M. 1990. Endogenous technological change[J]. Journal of Political Economy, 98 (5, Part 2): S71-S102.

Rosen S. 2008. Human capital[C]//Durlauf S N, Blume L E. The New Palgrave Dictionary of Economics. London: Palgrave Macmillan: 5991-6006.

Schultz T W. 1981. Investing in People[M]. Berkeley: University of California Press.

Schwartz J. 2020. Job competition, human capital, and the lock-in effect: can unemployment insurance efficiently allocate human capital[J]. The B.E. Journal of Macroeconomics, 20 (1): 1-23.

Song Z, Storesletten K, Zilibotti F. 2011. Growing like China[J]. American Economic Review, 101 (1): 196-233.

Sun W, Wang X, Ying X. 2012. Does life expectancy affect private educational investment in China?[J]. China & World Economy, 20 (4): 37-55.

Tansel A. 2005. Public-private employment choice, wage differentials, and gender in Turkey[J].

Economic Development and Cultural Change, 53（2）: 453-477.

Tse R Y C, Raftery J. 1999. Income elasticity of housing consumption in Hong Kong: a cointegration approach[J]. Journal of Property Research, 16（2）: 123-138.

Vella F. 1994. Gender roles and human capital investment: the relationship between traditional attitudes and female labour market performance[J]. Economica, 61（242）: 191-211.

Vollrath D. 2009. How important are dual economy effects for aggregate productivity?[J]. Journal of Development Economics, 88（2）: 325-334.

Vollrath D. 2014. The efficiency of human capital allocations in developing countries[J]. Journal of Development Economics, 108: 106-118.

Wei S J, Xie Z, Zhang X. 2017. From "Made in China" to "Innovated in China": necessity, prospect, and challenges[J]. Journal of Economic Perspectives, 31（1）: 49-70.

Wu S, Yang Z. 2020. Informal government preferences and asymmetric land allocation in China[J]. Land Use Policy, 99: 105085.

Xie Y, Lu P. 2015. The sampling design of the China Family Panel Studies（CFPS）[J]. Chinese Journal of Sociology, 1（4）: 471-484.

Yao Y. 2019. Does higher education expansion enhance productivity?[J]. Journal of Macroeconomics, 59: 169-194.

Zhang Y, Ji Q, Fan Y. 2018. The price and income elasticity of China's natural gas demand: a multi-sectoral perspective[J]. Energy Policy, 113: 332-341.

附录　劳动力市场改革大事记

1951 年
·2 月 26 日 中央人民政府政务院发布《中华人民共和国劳动保险条例》（已于 1953 年 1 月 9 日《政务院关于中华人民共和国劳动保险条例若干修正的决定》修改）以保护工人职员的健康，减轻其生活中的困难。

1955 年
·8 月 31 日 国务院发布《关于国家机关工作人员全部实行工资制和改行货币工资制的命令》（1987 年 1 月 3 日废止）。
　　·对国家机关工作人员生活待遇制度进行重大改革。
　　·将现有一部分工作人员所实行的供给（包干）制待遇一律改为工资制待遇。
　　·为了符合"按劳取酬""同工同酬"原则。
　　·个人承担其与家属的一切生活费用。
　　·废除：
　　　　·现行包干费
　　　　·老年优待费
　　　　·家属招待费
　　　　·病员伙食补贴
　　　　·回家旅费
　　　　·妇女卫生费
　　　　·生育费
　　　　·保育费
　　　　·保姆费
　　　　·儿童医药费
　　　　·公费生待遇
　　　　·其他：子女教养补助费、入学学杂费、宿费等

·使用公家房屋和家具、水电一律缴租纳费。
·在国家机关及所属事业单位先行废除工资分的计算办法，改用货币工资制。

1956 年
·1 月 14~20 日 周恩来在中共中央关于知识分子问题会议上提出《关于知识分子问题的报告》。
·充分肯定知识分子在社会主义建设中的作用。
·宣布知识分子的绝大部分已经是工人阶级的一部分。
·提出制定科学技术发展远景规划任务。

1980 年
·9 月 25 日 中共中央发布《关于控制我国人口增长问题致全体共产党员、共青团员的公开信》，提倡一对夫妻只生育一个孩子。

1982 年
·颁布《中华人民共和国宪法》，将城乡劳动者个体经济正式作为社会主义公有制经济的补充成分纳入体制之内。

1984 年
·5 月 10 日 国务院颁发《关于进一步扩大国营工业企业自主权的暂行规定》。
·放宽企业在人事劳动管理、工资奖金使用方面的约束。
·10 月 20 日 中国共产党第十二届中央委员会第三次全体会议通过《中共中央关于经济体制改革的决定》。
·强调大力发展个体经济。

1985 年
·1 月 5 日 国务院发布《关于国营企业工资改革问题的通知》。
·企业工资总额同经济效益挂钩，有一定的浮动比例。
·国家对企业的工资实行分级管理体制。
·企业与国家机关、事业单位的工资改革和工资调整脱钩。

1986 年
·7 月 12 日 国务院发布实施若干关于劳动制度改革的文件。
·《国营企业实行劳动合同制暂行规定》（于 2001 年 10 月 6 日失效）

强调国营企业在国家劳动工资计划指标内招用常年性工作岗位上的工人，除国家另有特别规定者外，统一实行劳动合同制。

·《国营企业招用工人暂行规定》（于 2001 年 10 月 6 日失效）改革国营企业招工制度，要求贯彻执行先培训后就业的原则，面向社会、公开招收、全面考核、择优录用；强调必须实行劳动合同制。

·《国营企业辞退违纪职工暂行规定》（于 2001 年 10 月 6 日失效）加强国营企业的劳动纪律，明确规定可以辞退职工的情形。

·《国营企业职工待业保险暂行规定》（于 1993 年 5 月 1 日实施《国有企业职工待业保险规定》后废止）保障国营企业职工在待业期间的基本生活需要。

1987 年

·8 月 5 日 国务院发布《城乡个体工商户管理暂行条例》（2011 年 11 月 1 日实施《个体工商户条例》后失效）。

·为个体工商户的合法权益提供法律保护。

1988 年

·国务院发布和实施系列住房改革。

·2 月 25 日 《关于在全国城镇分期分批推行住房制度改革的实施方案》提出我国城镇住房制度改革目标：按照社会主义有计划的商品经济的要求，实现住房商品化。

·6 月 25 日 国务院发布《中华人民共和国私营企业暂行条例》（2018 年失效）。

·私营企业招工必须签订劳动合同。

·私营企业有条件的应当为职工办理社会保险。

·9 月 8 日 国务院发布《关于提高部分专业技术人员工资的通知》。

·提高教育、科研、卫生三部门副高职称起点工资标准。

·提高中小学班主任基金标准，建立超课时酬金制度。

·1957 年原专家干部升一级工资。

·国家机关、事业单位护士的工资标准提高 10%。

1992 年

·1~2 月 邓小平视察南方谈话；10 月 国有企业现代企业制度改革启动。

·3 月 8 日 国务院发布实施《国家中长期科学技术发展纲领》。

·改变国家对科技人员统包统揽的管理模式，有计划地开放科技劳务市场。

·10 月 中共十四大确定我国经济体制改革的目标是建立社会主义市场经济体制。

1993 年

·11 月 中共十四届三中全会通过《中共中央关于建立社会主义市场经济体制若干问题的决定》，强调"使市场在资源配置中起基础性作用"。

·《中华人民共和国公司法》第 64 条规定：国务院确立的生产特殊产品的公司或者属于特定行业的公司，应当采取国有独资公司形式。

· 军工和供水

· 供电

· 城市公共交通

· 邮电通信

· 交通

· 能源

1994 年

·7 月 5 日 全国人大常委会发布《中华人民共和国劳动法》。

· 国家对工资总量实行宏观调控。

· 用人单位依法自主确定本单位的工资分配方式和工资水平。

· 国家实行最低工资保障制度。

· 国家实行劳动者每日工作时间不超过 8 小时、平均每周工作时间不超过 44 小时的工时制度。

·7 月 18 日 《关于深化城镇住房制度改革的决定》（于 2016 年失效）。

· 改革住房供应管理：由单位化转向社会化、专业化。

· 全面推行住房公积金制度。

1995 年

·3 月 25 日 国务院决定修改职工工作时间。自 1995 年 5 月 1 日起，职工每周工作 40 小时。

·4 月 16 日 国务院办公厅发布《关于实施再就业工程的报告》。

· 企业失业职工逐年增多，1994 年达 180 万人，相当于前 7 年失业职工人数的总和。

· 平均失业周期由前几年的 4 个月增加到 6 个月。

· 300 万人待岗放长假。

- 鼓励自谋职业。
- 支持企业组织富余职工到乡镇企业或其他联营企业从事生产经营和劳务工作。

1997 年
- 中共十五大提出国有经济战略调整和国有企业战略改组任务。
  - 关系国民经济命脉的主页行业和关键领域：国民经济占支配地位。
    - 极少数国家独资经营企业。
  - 竞争性行业和领域：资产重组、结构调整。
    - 推行股份制。
    - 发展混合所有制。
    - 放开搞活国有中小企业。
  - 公益性行业。
- 9 月 2 日 国务院发布《关于在全国建立城市居民最低生活保障制度的通知》（于 2016 年失效），为妥善解决城市贫困人口的生活困难问题。

1998 年
- 1998~2000 年 国有企业三年改革脱困行动计划实施。
- 5 月 17 日 国务院发布《关于做好 1998 年普通高等学校毕业生就业工作的通知》。
  - 中华人民共和国成立以来高校毕业生最多的一年，达 106 万名应届毕业生。
  - 企业减员增效、政府机构改革分流人员的同时补充高素质的高校毕业生。
  - 支持鼓励到集体、私营、联营和股份制企业工作。
- 6 月 9 日 中共中央、国务院发布《关于切实做好国有企业下岗职工基本生活保障和再就业工作的通知》。
  - 建立再就业服务中心。
  - 鼓励大力发展集体和个体、私营经济。
  - 鼓励下岗职工自谋职业或组织起来就业。
- 7 月 3 日 《关于进一步深化城镇住房制度改革加快住房建设的通知》。
  - 停止住房实物分配、逐步实行住房分配货币化。
  - 建立和完善以经济适用住房为主的住房供应体系。
  - 全民所有制工业企业自主经营、自负盈亏。

1999 年

· 3 月 15 日 全国人民代表大会通过实施《中华人民共和国宪法修正案》。

   · 与 1993 年宪法修正案相比,确立"在法律规定范围内的个体经济、私营经济等非公有制经济是社会主义市场经济的重要组成部分"。

   · 国家保护个体经济、私营经济等非公有制经济的合法的权利和利益。

· 9 月 22 日 中共第十五届四中全会通过《中共中央关于国有企业改革和发展若干重大问题的决定》。

   · 从战略上调整国有经济布局。

   · 坚持有进有退。

   · 有所为有所不为。

   · 提高国有经济的控制力。

   · 国有经济要控制的行业。

      · 涉及国家安全的行业。

      · 自然垄断行业。

      · 提供重要公共产品和服务的行业。

      · 支柱产业。

      · 高新技术产业中的骨干产业。

2002 年

· 7 月 6 日 国务院办公厅发布《关于在事业单位试行人员聘用制度意见的通知》。

   · 人事管理由身份管理向岗位管理转变。

· 9 月 12 日 中共中央、国务院发布《关于进一步做好下岗失业人员再就业工作的通知》。

2003 年

· 5 月 12 日 国务院办公厅《关于加快推进再就业工作的通知》(于 2015 年失效)。

   · 提出大力发展非公有制经济成分,为下岗失业人员创造岗位和机会。

   · 鼓励自谋职业、自主创业。

· 5 月 29 日 国务院办公厅《关于做好 2003 年普通高等学校毕业生就业工作的通知》(于 2015 年失效)。

   · 扩招本科学生毕业的第一年,毕业生人数达 200 多万。

   · 受非典疫情影响,就业形势严峻。

   · 鼓励党政机关和国有企业事业单位新增专业技术人员和管理人员。

·鼓励中小企业和民营企事业单位聘用高校毕业生。
·鼓励高校毕业生自主创业。

·10月13日 中共中央委员会发布《中共中央关于完善社会主义市场经济体制若干问题的决定》。
·个体、私营非公有制经济是促进我国社会生产力发展的重要力量。
·清理和修订限制非公有制经济发展的法律法规和政策。
·消除体制性障碍。

·12月19日 国务院《关于进一步加强人才工作的决定》：落实人才强国战略。
·破除妨碍人才流动的各类限制。
·重视非公有制经济和社会组织人才工作：一视同仁。

2005年

·2月19日 国务院发布《关于鼓励支持和引导个体私营等非公有制经济发展的若干意见》。
·中华人民共和国首个旨在鼓励、支持和引导民营经济发展的政策性文件。
·提出非公经济36条：
·消除影响非公有制经济发展的体制性障碍。
·确立平等的市场主体地位。
·实现公平竞争。

·11月4日 国务院发布《关于进一步加强就业再就业工作的通知》。
·城镇新增劳动力就业：
·高校毕业生。
·下岗失业人员。
·农村富余劳动力转移。
·多渠道开发就业岗位：
·全面引导非公经济发展、第三产业发展。
·发展劳动密集型中小企业。
·灵活就业。
·凡不能依法支付解除劳动合同的经济补偿金并妥善解决拖欠职工债务的，不得裁减人员。

2006年

·1月31日 国务院发布《关于解决农民工问题的若干意见》。

·建立城乡统一的劳动力市场和公平的就业制度。

·保障农民工合法权益的政策体系。

·惠及农民工的城乡公共服务体制和制度。

·6月14日实施,国务院颁布《公务员工资制度改革方案》,实行国家统一的职务与级别相结合的公务员工资制度。

·健全公务员工资水平正常增长机制,使公务员的工资水平与经济社会发展水平相适应。

·有效调控地区工资差距。

·10月13日 国务院发布《劳动和社会保障事业发展"十一五"规划纲要(2006年-2010年)》(于2015年失效)。

·成就:

·"十五"期末,城镇新增就业4 200万人,下岗再就业1 800万人;五年转移农业劳动力4 000万人。

·劳动关系调整机制初步形成。

·问题:

·就业形势依然严峻。

·劳动力供大于求,缺口1 000万左右。

·体制转轨时期遗留的国有、集体企业下岗失业人员再就业问题尚未全部解决。

·国有企业重组改制和关闭破产中的职工分流安置问题。

·高校毕业生。

·农村转移劳动力。

·劳动关系矛盾日益突出。

·国企历史遗留关系。

·工资分配关系不合理。

·加班、拖欠和克扣劳动者工资。

·目标:

·就业持续增长。

·劳动者素质不断提高。

·社保体系完善。

·劳动关系和谐。

·劳动保障法制健全。

·任务:

·发展经济、促进就业。

·引导非公有制经济发展。

- 实施积极就业政策。
  - 促进下岗失业人员再就业。
  - 自谋职业、自主创业。
- 城乡统筹就业。
- 建立就业服务体系。
- 健全劳动关系。
  - 调节企业工资收入分配。
    - 完善工资指导线。
    - 劳动力市场工资指导价位。
      - 找到市场价格。
    - 完善国有企业收入分配规则和监管机制。
- 11月23日 国务院发布《关于推进企业解决工资拖欠问题的若干意见》。
  - 加快企业土地资产变现，解决企业工资历史拖欠问题。

2007 年
- 6月29日 人大常委会通过《中华人民共和国劳动合同法》，于2008年1月1日正式实施。
- 8月30日 全国人大常委会通过《中华人民共和国就业促进法》，2015年4月24日修正。
- 2012年12月28日 全国人大常委会通过《关于修改〈中华人民共和国劳动合同法〉的决定》。
  - 进一步规定了劳务派遣的内容。

2008 年
- 2月3日 国务院发布《关于做好促进就业工作的通知》。
  - 体制转轨遗留的下岗失业人员再就业问题基本解决。
  - 坚持劳动者自主择业、市场调节就业、政府促进就业方针，努力创造公平就业环境。
  - 促进非公有制经济发展、中小企业发展，鼓励和规范灵活就业。
  - 改善创业环境，促进创业带动就业。
- 9月26日 国务院发布《关于促进以创业带动就业工作的指导意见》。
  - 劳动者自主择业、市场调节就业、政府促进就业。
  - 就业专项资金：职业介绍、职业培训、公益性岗位、职业技能鉴定、社会保险。
  - 增加中小企业的融资渠道。

- 引导农业富余劳动力有序转移。
- 12月23日 中共中央办公厅转发《中央人才工作协调小组关于实施海外高层次人才引进计划的意见》。
  - 支持、鼓励非公有制企业和民办非企业单位引进海外高层次人才。

2010~2017年
- 多个政府工作报告和意见强调公有与非公有制经济依法平等使用生产要素。
  - 市场配置资源的基础性作用（2010年）。
  - 依法平等使用生产要素（2012年）。
  - 权利平等、机会平等，废除对非公有制经济的各种不合理规定（2013年）。
  - 全面实施市场准入负面清单制度，清理废除妨碍统一市场和公平竞争的各种规定和做法（2017年）。
  - 各地要按照建立统一开放、竞争有序的人力资源市场要求，维护人力资源市场的良好秩序。完善市场信息发布制度。

2010年
- 5月7日 国务院出台《关于鼓励和引导民间投资健康发展的若干意见》（民间投资新36条）。
  - 第一份专门针对民间投资发展、管理和调控方面的综合性政策性文件。
  - 进一步明确和细化"非公经济36条"等文件中有关放宽市场准入的政策规定。
  - 提出鼓励民间资本进入相关行业和领域的具体范围、途径方式、政策保障。

2011年
- 2月26日 国务院办公厅发布《关于积极稳妥推进户籍管理制度改革的通知》（于2015年失效）。
  - 放宽中小城市和小城镇落户条件。
  - 引导非农产业和农村人口有序向中小城市和建制镇转移。
  - 逐步实现城乡基本公共服务均等化。

2012年
- 1月24日 国务院发布《关于批转促进就业规划（2011—2015年）的通知》。

- 主要任务和政策措施。
  - 提高经济发展对就业的拉动能力。
    - 落实就业优先战略。
    - 着力发展吸纳就业能力强的产业和企业。
    - 促进以创业带动就业。
    - 发展家庭服务业促进就业。
  - 实施更加积极的就业政策。
    - 财政保障政策。
    - 税收优惠政策。
    - 金融支持政策。
      - 导向劳动密集型产业。
      - 服务业。
      - 小微型企业。
      - 自主创业。
    - 对外贸易政策。
      - 鼓励开展对外劳动合作。
    - 实施鼓励劳动者多渠道、多形式就业的扶持政策。
  - 统筹做好城乡、重点群体就业工作。
    - 推进城乡和区域就业统筹协调发展。
    - 切实做好高校毕业生和其他青年群体的就业工作。
    - 推进农业富余劳动力转移就业。
    - 做好淘汰落后产能企业职工安置工作。
    - 加强对困难群体的就业援助。
  - 大力开发人力资源。
  - 加强人力资源市场建设。
    - 加快形成统一规范灵活的人力资源市场。
      - 逐步消除人力资源市场城乡分割、地区分割和身份分割。
    - 加强公共就业和人才服务。
    - 大力发展人力资源服务业。
  - 加强失业预防和调控。
  - 健全劳动关系协调机制和企业工资分配制度。
    - 健全劳动标准体系和劳动关系协调机制。
    - 深入推进工资收入分配制度改革。
      - 建立健全企业工资决定机制和正常增长机制。
      - 完善人力资源市场工资指导价位和行业人工成本信息

制度。
- 建立统一规范的企业薪酬调查和信息发布制度。
- 严格规范国有企业、金融机构高管人员薪酬管理。
- 加强了对保障监察和劳动人事争议调解仲裁。
- 3月20日 国务院全体会议提出：
  - 坚决落实向社会承诺的"约法三章"。
  - 本届任期内，政府性的楼堂馆所一律不得新建。财政供养的人员只减不增。
  - 三公经费只减不增。
- 8月17日 中共中央组织部等11个部门联合发布通知，启动国家高层次人才特殊支持计划，简称"国家特支计划"。

2013年
- 2月3日 国务院发布《关于深化收入分配制度改革若干意见的通知》。
  - 充分发挥市场机制在要素配置和价格形成中的基础性作用。
  - 更好地发挥政府对收入分配的调控作用。
  - 规范收入分配秩序，增加低收入者收入，调节过高收入。
  - 以非公有制企业为重点，推行工资集体协商制度，逐步解决一些行业企业职工工资过低问题。
  - 加强国有企业高管薪酬管理，缩小国有企业内部分配差距。
  - 完善机关事业单位工资制度。
  - 严格控制国有及国有控股企业高管人员职务消费。
  - 加强领导干部收入管理。
- 11月12日 中共十八届第三次会议通过《中共中央关于全面深化改革若干重大问题的决定》。
  - 紧紧围绕使市场在资源配置中起决定性作用深化经济体制改革。
  - 发展进入新阶段，改革进入攻坚期和深水区。
  - 各种所有制经济依法平等使用生产要素。
  - 准确界定不同国有企业功能。
    - 公益性企业：国有资本加大投入，提供公共服务。
    - 自然垄断行业：国有资本继续控股经营。
  - 国有企业要合理增加市场化选聘比例，合理确定并严格规范国有企业管理人员薪酬水平、职务待遇、职务消费、业务消费。
  - 允许民间资本依法设立中小型银行等金融机构。
  - 加快事业单位分类改革，建立事业单位法人治理结构。

- 建立农村产权流转交易市场。
- 建立上海自由贸易试验区。
- 消除一切影响平等就业的制度障碍和歧视；扶持创业。
- 健全资本、知识、技术、管理等由要素市场决定的报酬机制。
- 经济改革核心问题是处理好政府和市场的关系。
- 使市场在资源配置中起决定性作用和更好发挥政府作用。

2014 年
- 4月25日 国务院颁布行政法规《事业单位人事管理条例》。
  - 提出订立聘用合同。
    - 第十四条 本单位连续工作满10年且距法定退休年龄不足10年，订立聘用至退休的合同。
- 5月10日 习近平首次提出"新常态"重要论断。
- 9月12日 国务院发布《关于进一步做好为农民工服务工作的意见》。
- 11月20日 中共中央办公厅发布《关于引导农村土地经营权有序流转发展农业适度规模经营的意见》。
  - 2016年10月22日 中共中央办公厅、国务院办公厅印发《关于完善农村土地所有权承包权经营权分置办法的意见》。

2015 年
- 1月14日 国务院印发《关于机关事业单位工作人员养老保险制度改革的决定》。
  - 从2014年10月1日起对机关事业单位试行社会统筹与个人账户相结合制度。
- 1月15日 中办、国务院印发《关于县以下机关建立公务员职务与职级并行制度的意见》。
  - 调整基层公务员经济待遇的重要改革文件。
  - 主要打破乡镇公务员职务晋升空间小、待遇低乡镇留不住人的现状。
- 3月21日 国务院颁布《关于构建和谐劳动关系的意见》。
  - 规定依法足额支付加班加点工资。
- 3月27日 国务院办公厅发布《关于印发机关事业单位职业年金办法的通知》。
  - 职业年金是指机关事业单位及其工作人员在参加机关事业单位基本养老保险的基础上建立的补充养老保险制度。
- 6月11日 国务院发布《关于大力推进大众创业万众创新若干政策措施

的意见》。
- 2016~2017 年 国务院办公厅确定了两批共 120 个双创示范基地。
- 8 月 24 日 《关于深化国有企业改革的指导意见》中国有企业的划分：
  - 公益类。
  - 主业处于充分竞争行业和领域的商业类。
  - 主业处于重要行业和关键领域的商业类。
- 9 月 23 日 国务院发布《关于国有企业发展混合所有制经济的意见》。
  - 国有资本、集体资本、非公有资本等交叉持股、相互融合的混合所有制经济是基本经济制度的重要实现形式。
- 10 月 25 日 国务院发布《关于改革和完善国有资产管理体制的若干意见》。
  - 要求建立健全与劳动力市场基本适应，与企业经济效益、劳动生产率挂钩的工资决定和正常增长机制。
- 其他事业单位改革：
  - 3 月 17 日 中共中央、国务院印发《国有林场改革方案》。
  - 3 月 17 日 中共中央、国务院印发《国有林区改革指导意见》。
  - 4 月 23 日 国务院办公厅发布《关于全面推开县级公立医院综合改革的实施意见》。
  - 5 月 6 日 国务院办公厅发布《关于城市公立医院综合改革试点的指导意见》。

2016 年
- 2 月 27 日 中共中央印发《关于深化人才发展体制机制改革的意见》。
  - 研究制定在国有企业建立职业经理人制度的指导意见。
  - 健全人才顺畅流动机制。
- 12 月 26 日 中共中央、国务院印发《关于稳步推进农村集体产权制度改革的意见》。
  - 农村集体产权制度改革向全国推开。

2017 年
- 2 月 6 日 中共中央、国务院印发《新时期产业工人队伍建设改革方案》。
- 9 月 1 日 全国人大常委会通过《中华人民共和国中小企业促进法（2017 修订）》。
- 9 月 8 日 中共中央、国务院发布《关于营造企业家健康成长环境弘扬优秀企业家精神更好发挥企业家作用的意见》。
- 9 月 19 日 中共中央、国务院发布《聘任制公务员管理规定（试行）》。

- 引导高校毕业生到中小企业就业。
- 帮助中小企业引进创新人才。

2018 年

· 5 月 13 日 国务院发布《关于改革国有企业工资决定机制的意见》。
- 问题：
  - 国有企业工资决定机制市场化分配程度不高。
  - 分配秩序不够规范。
  - 监管体制不健全。
- 深化企业内部分配制度。
  - 以岗位工资为主的基本工资制度，参照劳动力市场工资价位。

2020 年

· 3 月 30 日 中共中央、国务院发布《关于构建更加完善的要素市场化配置体制机制的意见》。
- 推进土地要素市场化配置。
- 引导劳动力要素合理畅通有序流动。
  - 深化户籍制度改革。
  - 畅通劳动力和人才社会性流动渠道。
  - 完善技术技能评价制度。
  - 加大人才引进力度。
- 推进资本要素市场化配置。
  - 完善股票市场基础制度。
  - 加快发展债券市场。
  - 增加有效金融服务供给。
  - 主动有序扩大金融业对外开放。
- 加快发展技术要素市场。
  - 健全职务科技成果产权制度。
  - 完善科技创新资源配置方式。
  - 培育发展技术转移机构和技术经理人。
  - 促进技术要素与资本要素融合发展。
  - 支持国际科技创新合作。
- 加快培育数据要素市场。
  - 推进政府数据开放共享。
  - 提升社会数据资源价值。

·加强数据资源整合和安全保护。

2021 年
·培养壮大创新型、应用型和技能型人才队伍。
  ·1 月 26 日 人力资源和社会保障部办公厅关于印发《技能人才薪酬分配指引》的通知。
  ·2 月 1 日 与财政部一起发布《关于充分发挥职业技能提升行动专账资金效能扎实推进职业技能提升行动的通知》。
  ·4 月 8 日 发布《关于深入推进职业技能提升行动全面推广职业培训券有关工作的通知》以职业培训券为抓手,大规模开展职业技能培训。
  ·4 月 30 日 发布《关于加强新职业培训工作的通知》,培养大批高素质劳动者和技术技能人才。
  ·6 月 8 日 发布《关于全面推行中国特色企业新型学徒制加强技能人才培养的指导意见》,力争使企业技能岗位新入职员工都有机会接受高质量岗前职业技能培训,力争使企业技能岗位转岗员工都有机会接受转岗转业就业储备性技能培训,达到"转岗即能顶岗"。
  ·6 月 30 日 印发《"技能中国行动"实施方案的通知》,编制发布技能人才需求指引,对接技能密集型产业,实施重点群体专项培训计划,大力推行"互联网+职业技能培训",广泛开展新职业新业态新模式从业人员技能培训。
  ·11 月 5 日 《关于印发技工教育"十四五"规划的通知》提出到 2025 年,基本形成技工教育体系更加完善、布局更加合理、特色更加突出、技能人才培养规模和质量更加契合经济社会发展需要的良好局面。
  ·2 月 23 日 中共中央办公厅、国务院办公厅印发《关于加快推进乡村人才振兴的意见》。
    ·加快培养农村二三产业发展人才。
    ·加快培养乡村公共服务人才。
    ·加快培养乡村治理人才。
    ·加快培养农业农村科技人才。
    ·充分发挥各类主体在乡村人才培养中的作用。
    ·建立健全乡村人才振兴体制机制。
  ·6 月 29 日 人力资源和社会保障部发布《关于印发人力资源和社会保障事业发展"十四五"规划的通知》。
    ·推动实现更加充分更高质量就业。
      ·促进创业带动就业、多渠道灵活就业。

- 健全多层次社会保障体系。
- 激发人才创新活力。
  - 促进人才顺畅有序流动。
  - 加强技能人才队伍建设。
  - 加强专业技术人才队伍建设。
- 深化企事业工资收入分配制度改革。
  - 深化国有企业工资分配制度改革。
  - 促进扩大中等收入群体。
- 构建和谐劳动关系。
- 提高基本公共服务能力和质量。
- 强化规划实施保障。

· 7月16日 《关于维护新就业形态劳动者劳动保障权益的指导意见》。
- 规范用工，明确劳动者权益保障责任。
- 健全制度，补齐劳动者权益保障短板。
  - 落实公平就业制度，消除就业歧视。
  - 健全最低工资和支付保障制度，推动将不完全符合确立劳动关系情形的新就业形态劳动者纳入制度保障范围。
  - 完善休息制度，推动行业明确劳动定员定额标准，科学确定劳动者工作量和劳动强度。
  - 健全并落实劳动安全卫生责任制，严格执行国家劳动安全卫生保护标准。
  - 完善基本养老保险、医疗保险相关政策，各地要放开灵活就业人员在就业地参加基本养老、基本医疗保险的户籍限制，个别超大型城市难以一步实现的，要结合本地实际积极创造条件逐步放开。
  - 强化职业伤害保障，以出行、外卖、即时配送、同城货运等行业的平台企业为重点，组织开展平台灵活就业人员职业伤害保障试点，平台企业应当按规定参加。
  - 督促企业制定修订平台进入退出、订单分配、计件单价、抽成比例、报酬构成及支付、工作时间、奖惩等直接涉及劳动者权益的制度规则和平台算法，充分听取工会或劳动者代表的意见建议，将结果公示并告知劳动者。
- 提升效能，优化劳动者权益保障服务。
- 齐抓共管，完善劳动者权益保障工作机制。

· 8月23日 国务院印发《"十四五"就业促进规划》。
- 坚持经济发展就业导向，不断扩大就业容量。

- 全面增强就业吸纳能力。
  - 强化就业优先导向的宏观调控。
  - 促进制造业高质量就业。
  - 扩大服务业就业。
  - 拓展农业就业空间。
  - 支持中小微企业和个体工商户持续稳定发展增加就业。
- 培育接续有力的就业新动能。
  - 促进数字经济领域就业创业。
  - 支持多渠道灵活就业和新就业形态发展。
- 提高区域就业承载力。
  - 推动区域就业协调发展。
  - 实施特殊类型地区就业促进行动。
  - 壮大县乡村促就业内生动力。

· 强化创业带动作用，放大就业倍增效应。
  - 不断优化创业环境。
    - 深化创业领域"放管服"改革。
    - 加强创业政策支持。
    - 实现创业资源开放共享。
  - 鼓励引导各类群体投身创业。
    - 激发劳动者创业的积极性主动性。
    - 全方位培养引进用好创业人才。
  - 全面升级创业服务。
    - 打造全生态、专业化、多层次的创业服务体系。
    - 建设特色化、功能化、高质量的创业平台载体。

· 完善重点群体就业支持体系，增强就业保障能力。
  - 持续做好高校毕业生就业工作。
    - 拓宽高校毕业生市场化社会化就业渠道。
    - 强化高校毕业生就业服务。
  - 高度重视城镇青年就业。
    - 为城镇青年创造多样化就业机会。
    - 增强城镇青年职业发展能力。
    - 强化城镇青年就业帮扶。
  - 加强退役军人就业保障。
    - 改革完善退役军人安置制度。
    - 支持退役军人自主就业。

- 推进农村劳动力转移就业。
    - 稳定和扩大农村劳动力外出就业规模。
    - 促进农村劳动力就地就近就业。
    - 加快农业转移人口市民化。
  - 统筹其他重点群体就业。
    - 稳定脱贫人口就业。
    - 持续开展困难群体就业援助。
    - 促进其他群体就业。
- 提升劳动者技能素质，缓解结构性就业矛盾。
  - 大规模多层次开展职业技能培训。
  - 构建系统完备的技术技能人才培养体系。
    - 推行"学历证书+职业技能等级证书"制度。
    - 实施"技能中国行动"。
- 推进人力资源市场体系建设，健全公共就业服务体系。
  - 建设高标准人力资源市场体系。
    - 开展"互联网+人力资源服务"行动。
  - 健全全方位公共就业服务体系。
- 优化劳动者就业环境，提升劳动者收入和权益保障水平。
  - 改善劳动者就业条件。
  - 促进平等就业。
    - 畅通劳动力和人才社会性流动渠道。
    - 努力消除就业歧视。
  - 维护劳动者合法权益。
- 妥善应对潜在影响，防范化解规模性失业风险。
  - 健全监测预警机制。
  - 全面强化风险应对处置。
- 实施更加有力的保障措施，确保规划任务落实落地。
  - 加强党的领导。
  - 强化资金保障。
  - 提升政策效果。
  - 鼓励探索创新。
  - 认真组织实施。

·9月12日 人力资源和社会保障部、国家发展和改革委员会、民政部、财政部发布《关于实施提升就业服务质量工程的通知》。

- 切实承担辖区内劳动者就业失业管理服务职能，凡年满16周岁（含）

至依法享受基本养老保险待遇、有劳动能力、有就业要求、处于失业状态的城乡劳动者（含港澳台劳动者）均可在常住地（或户籍地或参保地或就业地）进行失业登记。

·加强零工市场建设，将零工信息纳入公共就业服务范围，有条件的地区可在公共招聘网开设零工信息（灵活就业）专区，组织开展招聘。

·11月18日 人力资源和社会保障部、国家发展和改革委员会、财政部、商务部、市场监管总局关于推进新时代人力资源服务业高质量发展的意见。

·大力提升人力资源服务水平。

·实施"互联网+人力资源服务"行动。

·不断强化人力资源支撑经济高质量发展作用，进一步推动协同发展。

·健全完善高水平人力资源服务产业园体系，进一步推动集聚发展。

·着力促进人力资源服务助力共建"一带一路"，进一步推动开放发展。

·抓紧建设高标准人力资源市场体系，进一步推动规范发展。

·实行财政支持政策。

·落实税收优惠政策。

·拓宽投融资渠道。

·完善政府购买服务。

·夯实发展基础。

·加强人才保障。

资料来源

北大法宝数据库（https://www.pkulaw.com/）.

中共中央党史和文献研究院. 2018. 改革开放四十年大事记[M]. 北京：人民出版社.

中共中央党史研究室. 2017. 党的十八大以来大事记[M]. 北京：人民出版社，中共中央党校出版社.

中央财经领导小组办公室. 1999. 中国经济发展五十年大事记[M]. 北京：人民出版社，中共中央党校出版社.

后 记

人力资本错配是笔者长期关注的研究问题。在过往的研究中笔者发现，中国改革开放四十多年来，随着劳动力市场的培育和发展，教育回报率不断攀升，已达到世界平均水平，城镇地区的平均受教育水平与发达国家的差距也逐渐缩小；但是，我国的劳动生产率依然较低、创新能力不足。这一现象激发了笔者探究其原因的兴趣，并逐渐形成一个假设，即其根源在于人力资本要素配置失衡。同时，笔者参与的另一项研究也发现，近年来高水平人力资本劳动力不断向国有部门聚集，导致人才供需结构在国有和非国有部门之间配置不合理，生产效率和创新能力较高的民营企业难以获得高教育水平和高技能劳动力。因此，在前期研究的基础上，本书尝试分析改革开放初期至今人力资本要素在国有和非国有部门间的错配现象、衡量错配程度，讨论该要素错配对经济总产出、居民消费及企业生产效率的影响程度，并提出优化人力资本配置的政策措施。

本书可以说是课题组成员集体努力的结晶，在此衷心感谢所有课题组成员。斯坦福大学经济政策研究所李宏彬教授的指导启发了笔者对人力资本错配问题更深入的思考。浙江大学经济学院的张海峰教授在项目执行过程中提出了很多富有建设性的意见和建议。大连海事大学公共管理与人文艺术学院的刘雅婕老师和浙江财经大学经济学院的臧丽君老师（在本项目开展期间，她们在浙江大学公共管理学院攻读博士学位），以及浙江大学经济学院在读博士生崔丽娟与崔雪，在文献收集、数据整理和实证分析方面做出了重要贡献。刘雅婕参与了第六章至第八章初稿的撰写；臧丽君参与了第三章初稿的撰写；崔丽娟参与了第四章与第五章初稿的撰写；崔雪参与了第二章与第五章初稿的撰写。课题组成员间的精诚合作和无私奉献，使得本课题的研究成果得以最终集结成书。

由衷感谢香港中文大学刘佐德全球经济及金融研究所的刘遵义教授。他对本书第四章的初稿提出了极为宝贵的修改建议，并指点笔者以全球视野来理解中国经济改革。感谢浙江大学管理学院陈凌教授，他最初引领笔者进入国有企业改制的研究领域。感谢浙江大学经济学院张俊森教授对笔者的指导、鼓励和支持。他们一直以来的谆谆教导，令笔者受益终身。

诚挚感谢批准本课题立项和结题的各位匿名评委、专家。课题组根据五份匿名评审意见对书稿做了详尽细致的修改，提升了本书的学术价值。感谢浙江大学经济学院和公共管理学院的领导及同事，在本课题申请、结题和出版工作中给予的大力支持与帮助。同时，特别感谢科学出版社编辑们高效、仔细和认真的工作。

　　最后，我要感恩我的家人。感谢他们一直以来毫无保留的付出，他们的鼓励和支持是我坚持前行的动力。感谢我的祖辈和父辈，是他们的人生经历促使我研究中国经济改革中劳动力市场培育、发展和完善的这一过程。感谢我的丈夫和儿子，他们的笑容照亮前路。

熊艳艳

2023 年 4 月于杭州